経営とワークライフに生かそう!

産業・組織心理学

改訂版

山口裕幸・髙橋 潔・芳賀 繁・竹村和久［著］

ARMA
有斐閣アルマ
Specialized

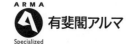

改訂にあたって

本書の初版第1刷が刊行された2006年4月から14年余りが過ぎました。たくさんの方々が読んでくださったお陰で，ありがたいことに改訂版のご要望をいただきました。初版刊行当時は各領域で熱く研究に取り組んでいたわれわれ4人の著者が，学生だけでなく，ビジネスパーソンにも広く読んでいただける内容を心がけて，わかりやすくかつ本格的な書を目指して執筆したのが本書です。その思いは，初版の「はじめに」に記してありますのでご覧いただけると幸いです。

改訂版のお誘いに，そろそろベテランの域に入ってきた4人は，感謝の気持ちをもちつつも，正直なところ少しためらうところもありましたが，もう一踏ん張り頑張ってみようということになりました。改訂版なのだから，加筆・修正の箇所は必要最低限にしましょう，ということだったのですが，いざ筆を入れはじめると，さまざまな研究のトピックやテーマにおいて進歩や入れ替わりもあって，想定していたよりも多くの加筆と削除，そして修正を行うことになりました。

初版と比べて変わりのないところは，時代を超えて本質的に大切な内容なのであり，加筆・修正がなされているところは，時代や社会の変化に応じて産業・組織心理学の研究が適応的変化を進めたことがらなのだとご理解いただけるとありがたいです。初版をおもちの方には，その本質と変化をご確認いただきながら，読み進めるおもしろさを味わっていただくこともできるのではないかと思います。

今回の改訂作業を進めるにあたって，有斐閣書籍編集第2部の渡辺晃さん，中村さやかさんには，献身的で真摯なサポートをいただきました。少し尻込みしそうになるわれわれを力強く後押ししてくださいました。心より深くお礼申し上げます。

2020年　令和初めての啓蟄を迎えながら

著 者 一 同

本書のWebサポートページ（下記）で各種補足資料を紹介しております。ぜひご利用ください。
http://www.yuhikaku.co.jp/books/detail/9784641221543

はじめに

産業・組織心理学（industrial/organizational psychology；IOPsych, IOΨ）を学ぶことの意義はどんなところにあるのでしょうか。学校に通いながら勉強を中心とした生活を送った後には，多くの人が，組織に所属したりあるいは組織を経営したりしながら仕事に従事するワークライフを長期にわたって送ることになります。その長期にわたるワークライフを充実したものとできるか否かは，私たちにとって大切な問題です。本書は，私たちが充実したワークライフを送り，またその基盤となる組織経営を効果的なものとするために，どんなことが重要な鍵を握るのか，という観点に立って企画し，構成しました。

産業・組織心理学は，産業活動に従事する人々，そして組織体に関する心理学の分野であり，多様な研究領域によって構成されています。その研究領域について，わが国の産業・組織心理学会は，大きく4つの分野に分類しています。それは，①組織に所属する人々の行動の特性やその背後にある心理，あるいは人々が組織を形成し，組織としてまとまって行動するときの特性について研究する「組織行動」（organizational behavior；OB）の領域，②組織経営の鍵を握る人事評価や人事処遇，あるいは人材育成について研究する「人的資源管理」（human resource management；HRM）の領域，③働く人々の安全と心身両面の健康を保全し，促進するための方略について研究する「安全衛生」（safety and health；SH）の領域，そして，④よりすぐれたマーケティング戦略に生かすべく消費者心理や宣伝・広告の効果を研究する「消費者行動」（consumer behavior；CB）の領域です。

本書では，各領域をその専門家である１人の著者が担当し，冒頭で示した基本方針に沿って，担当領域における重要なテーマを精選し，内容を構成しました。できるだけ長く読んでいただけるように，時代を超えて重要な問題を取り上げて，解説することを心がけました。そして，それらを全体として統合することによって，ワークライフと経営に生かせる産業・組織心理学の理論と知見を体系的にまとめあげた著書として編みあげることを試みました。ワークライフを本格的に経験していない学生にとっては，産業・組織心理学は，いまひとつ現実感の伴わない学習領域であることを考えて，組織に所属しはじめた時点から，人は実際に何を経験するのか，という実践的な視点を大切にしようという共通の目標をもって執筆に取り組みました。他方，現にワークライフを送っているビジネス・パーソンの方々にとっても，多様な要素が渦巻く混沌とした現実のワークライフの様相を，シンプルに客観的に把握するための視点と，その基盤となる理論を提供するものとなることを目指しました。はたして，私たち著者の願いが，形となって伝わるものになっているのかは，読者のみなさまのご批評を仰がねばなりません。みなさまからのご意見やご希望をお待ちしております。

本書の企画・編集には，櫻井堂雄氏をはじめとして有斐閣のみなさまの献身的なご支援をいただきました。とりわけ櫻井さんの我慢強いサポートには著者一同敬服しており，おかげでなんとかここまでたどり着くことができました。心より深く感謝申し上げます。

2006年２月

著者一同

本書の構成と章の流れ

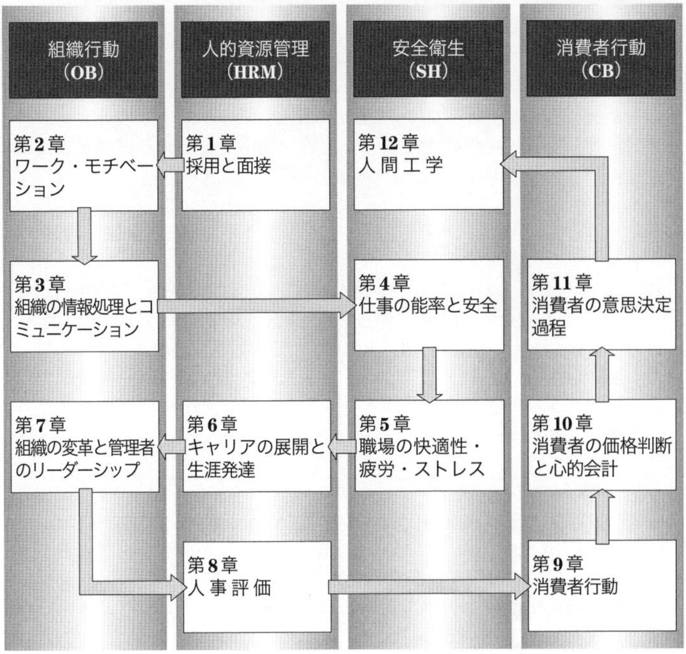

矢印で示した章の流れは，第 8 章までは，学生が就職活動をして，職に就き，組織で働いていくワークライフのプロセスを展望しながら構成しています。第 9 章以降は，マーケティングや空間・機器等のデザインのように，心理学との関連が強く，産業分野で非常に重要なテーマを取り上げています。4 つの領域をクロスしながら章は展開されていますが，各章がどの領域に深く関連するものなのか，この図で確認しながら読み進めてみてください。

著者紹介

山口 裕幸（やまぐち ひろゆき）　　執筆：第**2**章，第**3**章，第**7**章

京都橘大学総合心理学部教授，九州大学名誉教授

［主著］『〈先取り志向〉の組織心理学 ── プロアクティブ行動と組織』有斐閣，2012年，共編／『組織と職場の社会心理学』ちとせプレス，2020年／『新版・チームワークの心理学 ── 持続可能性の高い集団づくりをめざして』サイエンス社，2024年／『チーム・ダイナミックスの行動科学 ── 組織の生産性・安全性・創造性を高める鍵はどこにあるのか』ナカニシヤ出版，2024年，編著

髙橋　潔（たかはし きよし）　　執筆：第**1**章，第**6**章，第**8**章

立命館大学総合心理学部教授，神戸大学名誉教授

［主著］『Jリーグの行動科学 ── リーダーシップとキャリアのための教訓』白桃書房，2010年，編著／『人事評価の総合科学 ── 努力と能力と行動の評価』白桃書房，2010年（日本労務学会学術賞）／『評価の急所（へそ）── パラダイムシフトを迎える人事評価』生産性労働情報センター，2013年／『ゼロから考えるリーダーシップ』東洋経済新報社，2021年

芳賀　繁（はが しげる）　　執筆：第**4**章，第**5**章，第**12**章

株式会社社会安全研究所技術顧問，立教大学名誉教授

［主著］『失敗のメカニズム ── 忘れ物から巨大事故まで』文庫版：角川書店，2003年／『うっかりミスはなぜ起きる ── ヒューマンエラーを乗り越えて』中央労働災害防止協会，2019年／『失敗（エラー）ゼロからの脱却 ── レジリエンスエンジニアリングのすすめ』KADOKAWA，2020年／『セーフティIIとは？ ── 「失敗を減らす」から「成功を増やす」へ』中央労働災害防止協会，2024年

竹村 和久（たけむら かずひさ）　　執筆：第**9**章，第**10**章，第**11**章

早稲田大学文学学術院教授

［主著］『行動意思決定論 ── 経済行動の心理学』日本評論社，2009年／*Foundations of economic psychology: A behavioral and mathematical approach*. Springer, 2019.／*Behavioral decision theory: Psychological and mathematical descriptions of human choice behavior*, 2nd ed. Springer Nature, 2021.

目　次

第3章 組織の情報処理とコミュニケーション 41

正確な情報共有と組織の的確な判断のために

第4章 仕事の能率と安全 61

生産性と安全性は両立するのか

第9章 消費者行動 161

消費者心理がわかったら何の役に立つのか

第10章 消費者の価格判断と心的会計 181

「安い」「高い」とどうして思うのか

第11章 消費者の意思決定過程 203

消費者はどんな決め方をしているのか

第1章　採用と面接

就職活動では何が問われているのか

プロローグ　Prologue

就職対策本部となった理香の部屋に集まった拓人，光太郎，瑞月の3人。テーブルの上には，エントリーシート対策本や『就職四季報』が積まれている。

理香が書いた模擬エントリーシートが気になっている光太郎。

光太郎「何これ？」

理香「練習用のエントリーシート。どこでも聞かれそうなことがまとめられてて便利だよ」

光太郎「へぇー。でも俺，バンドしかしてこなかったしなぁ。書くことなんてねぇよ」

理香「そんなことないでしょ。ねえ？」

光太郎「いやいや。そんな英語ペラペラみたいなさ，強いカードもってる人に言われたくないの」

いつも落ち着いていて，どこか冷めている拓人が，面接対策本をめくりながらつぶやいた。

拓人「でも，お前がもってるカードを，強いカードに見せることはできるんじゃないの？」

光太郎「え？　どういうこと？」

拓人「就活ってトランプのダウトみたいなもんでさ。ダウトのときに1（エース）を13（キング）だって言うみたいに，どんなカードでも裏返して差し出すわけでしょ。つまり，いくらでも嘘はつけるわけでしょ」

光太郎「嘘？　そういうもん？」

拓人「もちろん嘘って，バレたらおしまいだけども」

瑞月「拓人くんの分析って，説得力あるよね」

理香「まあ，戦い方は人それぞれだよね」

映画『何者』（2016，朝井リョウ原作，三浦大輔監督，東宝）より

就職活動で問われること

就職活動では第一印象がものをいうといわれている。就職ガイダンスの中でも，エントリーシートの書き方，志望動機の絞り込み方などと並んで，身だしなみや挨拶の仕方などについて指導され，第一印象を悪くしないように促される。また，就職活動を有利に導くように，履歴書の写真をデジタル画像処理したり，自分を明るく見せようとして美容整形手術（リクルート整形）を受けることなども話題になっている。だが，人間にはさまざまな特徴がある。年齢，性別，身長，体重，顔かたちは誰でも違う。頭のよさや学力，能力の高さ，性格，真面目さ，やる気のもち方，英語が得意なこと，コンピュータに強いこと，絵がうまいこと，もの知りなこと，スポーツが得意なこと，お金持ちなことなど，強みのアピールの仕方は人それぞれだ。

では，就職活動でいったいあなたの何が問われているのか。会社側とすれば，応募者の何を見極めようとしているのか。産業・組織心理学が役立ってきた１つの場面が，人材の採用活動である。まずはそれを見ていこう。

1　人間の能力とは

就職活動で判断される評価要素として，まず能力が挙げられるだろう。能力が高い人はいくつも内定をもらえるし，会社や組織に入ってちゃんと働けるには，仕事に必要な能力を身につけなければならない。この能力というのはいったい何を指しているのか。

『広辞苑』を引いてみれば，**能力**とは「物事をなし得る力やはたらき」と書いてある。日常用語では，何かができる力ということを指しているから，多種多様な資質が想定されている。語尾に「能力」が付く言葉を考えてみよう。例えば思考能力，日本語能力，コミュニケーション能力，計算能力，処理能力，運動能力など，さまざまな用語が思いあたるだろう。また，ビジネスでは，問題解決能力，計画立案能力，適応能力，対人能力，調整能力，折衝能力，統合能力などの造語が次々に生み出されている。はたまた「脳力」，「段取り力」（齋藤，2003)，「老人力」（赤瀬川，1998）などの人目を引くキャッチな造語がなされるご時勢だから，われわれがふだん何気なくもっている能力観を，いっそうややこしくしている。だが心配はない。心理学で発展してきた理論と研究を知っていれば，能力観にも一本筋が通ってくる。

能力に関する科学的研究の歴史は大変古く，20世紀初頭にまでさかのぼることができる。中核をなしてきたのが心理学であり，その焦点は，一言でいえば，知的な側面に絞られてきたといってよい。専門用語としての「能力」は，日常用語でいう能力のように意欲面や行動面，技術面などを含めて考えるのではなく，「知的能力」もしくは「知能」として限定的にとらえられてきたのである。

ただし，2010年代に訪れた第3次AI（人工知能）ブームのおかげで，知的能力の一部分，例えば音声認識や画像認識，多量のデータ解析，翻訳，ゲームなどについては，人間のもつ知的能力がコンピュータによって代替されたり，凌駕されたりしている。マークシート式の入試ならば，有名大学に入れるくらいの知能をAIはもっているし，簡単な小説が書けるくらいのレベルにまで達している。AIの登場によって，人間の能力にも新たな光があたっているのだ。

能力単一説

知的能力（もしくは**知能**）に関する最も初期の理論は，イギリスの心理学者スピアマン（Spearman, 1904）によって提唱された。彼は英語，フランス語，古典，数学，音楽といった教科の学業成績が高い相関をもつこと，つまりある教科で高い成績をとる生徒が他の教科でもよい成績をとる傾向に着目し，2つの能力を想定した。すなわち，すべての教科とあらゆる知的活動に共通して働く**一般知能因子（g 因子）**と，各教科や個別の知的活動に固有に発揮される複数の**特殊因子（s 因子）**である。

この2つのうちでより注目されたのが一般知能因子（g 因子）である。ここから，能力があらゆる活動，あらゆる場面を通じて発揮される単一の因子からなっているという「**単一説**」が展開されたのである。いわゆる「優秀な」生徒は，全教科で優秀というわけだ。いろいろな種類の賢さがあるのではなくて，「地頭のよさ」は1つだという考え方は，とてもわかりやすい。IQ（知能指数）がすべてというのでは単純すぎるし，倫理的・哲学的批判も呼んでしまうが，知性全般をカバーする1つの能力指標を想定できることは，少なくとも経営組織に関わる分野では，大きな意味をもっている（Hogan & Hogan, 1990）。

能力群因子説

能力に関わる心理学的研究は，因子分析法の発展と切っても切れない関係にある。この技法が発展するに伴って，実証データの解析に基づいて，知的能力がいくつかの要素群からなることを想定した「**群因子説**」が提唱されるようになったからである。例えばサーストン（Thurstone, 1938, 1947）は，56 種類の検査を 240 名の大学生実験参加者に実施した結果を因子分析して，7つの基本的心的能力を発見した。

① **言語理解** —— 語や文章の理解，言語を用いた論理的思考

② **語の流暢さ** —— 言葉を発想する流暢さ，単語を想起する速さと正確さ

③ **数的能力** —— 数の演算における速さと正確さ

④　**空間能力**──２次元，３次元空間での物体の観念的操作と把握

⑤　**知覚**──図柄の正確な識別

⑥　**記憶**──暗記的記憶と記憶の再生

⑦　**推理**──関係を発見し応用する推理

知的能力に言語や数理，空間，記憶といった側面があることをはっきりと示したのが群因子説である。単一説と比較すれば，想定する能力因子の数が増えたため，少しわかりにくいと思うかもしれない。しかし，現在実施されている知能検査の多くが，おおまかにいって，この７つの基本的心的能力と関連性をもっている。

例えば，採用試験として広く使われているリクルートの適性検査 SPI 3 では，言語（二語関係，熟語，語句の用法，文の並べ替え，空欄補充，長文読解）と非言語（推論，順列組み合わせと確率，割合と比，損益算，料金割引，仕事算，代金精算，速度算，集合）という区分けで基礎能力を判定する。上記の枠組みのうちで，言語的能力と数的能力という大切な要素を取り出して検査している。

能力多因子説

能力として複数の因子を考える群因子説は，その後，**知能構造モデル**（Guilford, 1956, 1967）の登場によって，莫大な数の因子を想定する立場（**多因子説**）へと発展した。ギルフォード（Guilford, J. P.）は，知的能力に関して，元素記号と同じような構造の体系化を目指した。内容（4 カテゴリー），所産（6 カテゴリー），操作（5 カテゴリー）の３次元をキュービック構造に組み合わせ，120（＝4×6×5）の知的能力因子を仮定したのである。

ここまで極端に要素分解しないまでも，「知能」を１つの指標──知能指数（IQ）──でとらえるのではなく，「人間は誰でも知能を複数もっている」という考え方に従って，複数の次元から知能を把握していこうとする理論が提唱されている。ガードナー（Gardner, 1983）の多重知能理論では，知的な側面に比重がおかれているものの，身体的・対人的側面にまで知能を拡張してとらえている。

① 言語・語学知能（verbal-linguistic intelligence）――「言葉」を使うことに長けている能力

② 論理・数学的知能（logical-mathematical intelligence）――仮説を立てたり，因果関係の証明を得意とする能力

③ 視覚・空間的知能（visual-spatial intelligence）――空間やものの大きさや距離などを的確に認識する能力

④ 音楽・リズム的知能（musical-rhythmic intelligence）――音に対する感性やセンスに関連する能力

⑤ 身体・運動的知能（bodily-kinesthetic intelligence）――身体で表現することに長けている能力

⑥ 対人的知能（interpersonal intelligence）――他人の気持ちを理解し，人との関わり方に長けている能力

⑦ 内省的知能（intrapersonal intelligence）――自分自身を正しく理解し行動できる能力

⑧ 博物的知能（naturalistic intelligence）――さまざまな事象に対し違いや共通点を見つける能力

このように，心理学においても，能力のとらえ方には幅がある。一般にいう能力と比べると，認知的な面に限られる傾向があるが，心理学がとらえてきた能力の要素はいくつあるかと問われれば，単一説の1因子から，知能構造モデルの120因子まで幅広いバリエーションがあり，依拠する理論によって大きく異なってくるといわざるをえないのだ。

知能と職業との関係

われわれは認知的，身体的，対人的にさまざまな活動を行っている。能力をとらえるうえで知的側面だけにフォーカスするのは，少し窮屈かもしれない

が，さまざまな活動でいつも決まって必要なのは，知的な面での能力だ。例えばスポーツ選手を考えてみよう。多くのスポーツ競技では，足が速いとか筋力が強い，持久力があるなどといった運動能力の高さだけが求められているわけではない。運動能力では測りきることができないもの，すなわちプラスアルファの部分が，一流の選手の条件として挙げられてくる。サッカー日本代表の本田圭佑選手が世界的に注目される要素は，プレー中の状況判断の正確さや意思決定の速さ，プレーの多様さを生み出すイマジネーション，戦術眼など，いわゆる知的な面での高い能力だといってよい。

また，職場に目を移せば，クロンバック（Cronbach, 1960）によって，知能指数（IQ）と職業との間に相関関係があることがはっきりと示されている。例えば，税理士，医者，教師，弁護士などのいわゆる専門職は平均的にIQが高く，警察官，小売販売員，電気工，溶接工，大工，自動車整備工，トラック運転手などは平均的であり，農民，炭鉱作業員，理髪師・美容師，調理師などは高い知能が求められないことが，アメリカのデータをもとに示されている。職業に貴賤はないと信じられている現在では，知的能力と職業との間にはっきりとした関連性を示すのはタブーである。しかしこの結果は，高い専門知識を必要とする専門職には，勉強の得意な賢い人が就きやすいというわれわれの常識ともつながる。要するに，知的能力はあらゆる職務を通じて共通に必要とされる中核要素なのであって，肉体的作業を含む職業から知的な職業に至るまで，仕事をうまくやれるかどうかを決めるといえそうだ。

これまで日本の企業の採用基準には，学力が入っていなかった。素直で協調性があり，長く勤めてくれる人材を求め，面接重視で企業は臨んできた。だが，イノベーションが求められる現代では，経験から学んで細かな創意工夫ができる人材ではなく，独自の知識と頭脳を駆使して新たな事業を創造できる，知的で独創的な人材が求められている。学業成績を評価しはじめた組織もあるので，知的能力が復権している。

2 パーソナリティと仕事の向き・不向き

採用を行う際に会社側は，その人が職場の雰囲気や社風に合うかどうかを，慎重に判断しているといわれている。エントリーシートや面接や適性検査などを通して，応募者の人となりを判断して，自社に適した人材かどうかという印象を形成する。社風に合う・合わないを判断する際に有力な手がかりとなるのが，応募者１人ひとりの性格，もしくはパーソナリティと呼ばれるものだ。

パーソナリティとは，状況や時間を超えてある程度一貫し安定した，その人らしい独自の行動の仕方を決定する心理的特性を指す。例えば，真面目で誠実なサザエさんの旦那フグ田マスオさんは，家庭の中でも職場でも真面目な態度を示し，状況が変わってもその誠実さは一貫している。また大人になったマスオさんが実直であるのは，多分小学校のときも，高校生のときも勤勉だったからであり，時間的な面でも安定していたのだろう。その意味で，マスオさんをその人らしく特徴づける「誠実さ」というパーソナリティ特性は，状況的一貫性と時間的安定性をもっているといってもよい。

そんなマスオさんであれば，誠実さが求められる公務員とか，品質をウリにする製造メーカーなどが合っているだろう。社風にあった人材が，その組織で活躍するからだ。

パーソナリティの類型理論

パーソナリティのとらえ方は，伝統的に類型理論と特性理論に分けられてきた。**類型理論**とは，個人のパーソナリティをいくつかの典型に分け，その機能的特徴を書き示すことによって，少数のカテゴリーから個人の特徴を統一的にとらえる立場である。（例えば血液型性格診断でのAB型や，動物占いでの黒ひょうなどのように）それぞれのタイプごとに典型的な性格や際立った特徴が示されるので，パーソナリティについて直感的でわかりやすい。

ただし現実には，個人のパーソナリティはそれほど単純でなく，どの型に入るかがはっきり決められない中間型や混合型が多い。類型論では，豊かで多様なパーソナリティを，その一面だけを引き伸ばし，画一化・固定化されたものとして単純化して考えてしまうから注意すべきだ。

パーソナリティの類型理論としてかつて一世を風靡《ふうび》したのが，クレッチマー（Kretschmer, 1921）の気質類型である。体格と性格を結びつけて，外見から本人の人格的特徴を憶測することができるところに，そのおもしろみがある。クレッチマー（Kretschmer, E.）はその豊富な臨床経験から，統合失調症（精神分裂病）には細身型が多く，躁うつ性精神病（うつ病）には肥満型が多いことなどを見出し，精神病と体型との関連を一般化して類型を行った（図1-1）。

① 肥満型体型の**躁うつ性気質**には，社交的，親切，温厚，協調的などの特徴が見られる。

② 細身型体型の**分裂性気質**では，非社交的，自閉的，静か，控え目などの特徴が認められる。

③ **粘着性気質**は筋骨隆々とした闘士型体型によく見られ，粘り強い，几帳面，礼儀正しい，頑固，完全主義的などがあてはまる。

図 1-1　クレッチマーによる気質類型

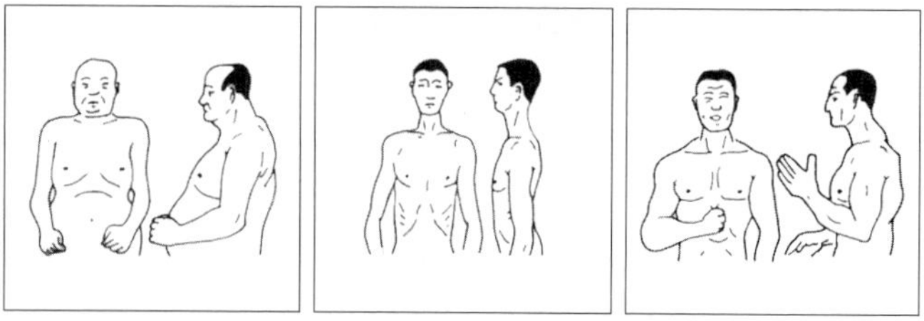

（出典）　Kretschmer, 1921 より作成。

ぱっと見からすれば，人がよさそうに見えるのは太めの人で，やせ型の人は神経質そうで，スポーツマンタイプががんばり屋に思われるなど，体格と性格がマッチしたイメージのもとが，この理論なのである。ただし，近年の心理学では類型論は下火であり，パーソナリティを単純に割り切るようなことはしない。また，若者の体形も均質化してきているので，気をつけたい。

パーソナリティの特性理論

パーソナリティをとらえるうえで，現在，支配的な考え方となっているのが**特性理論**である。これは，ウェブ検査法，質問紙法，作業検査法，投影法，面接法などの心理アセスメント法を用いて測定された，実験参加者の行動や思考などに関する反応から，個人にあてはまりそういくつかのパーソナリティ特性を列挙しようとするものである。

特性研究のルーツは，オルポートとオバート（Allport & Odbert, 1936）の研究にさかのぼる。彼らは，個人のパーソナリティや特性を表す約 1 万 8000 の言葉を分類し，4500 語の特性語リストを作成した。この特性語リストによって，パーソナリティ特性を記述する言葉が整理されたのである。キャテル（Cattell, 1965）がオルポート

表 1-1　16PF パーソナリティ因子

A	打ち解けない（批判的，冷たい，非人間的）	──	打ち解ける（社交的，協調的，人好き）
B	知的に低い（具体的思考）	──	知的に高い（抽象的思考，利発）
C	情緒不安定（感情的，動揺しやすい，移り気）	──	情緒安定（おとな，現実直視，冷静，忍耐強い）
E	謙虚（温厚，順応的，御しやすい，従順）	──	独断（攻撃的，権威的，競争的，いこじ）
F	慎重（用心深い，真面目，無口）	──	軽率（衝動的，熱狂的，無頓着）
G	責任感が弱い（ご都合主義，無責任）	──	責任感が強い（忍耐強い，礼儀正しい，道義的，規律的）
H	ものおじする（控え目，気おくれ，臆病）	──	ものおじしない（大胆，遠慮のない，自由奔放）
I	精神的に強い（自力本願，現実的，実用的）	──	精神的に弱い（直感的，非現実的，繊細）
L	信じやすい（順応的，ねたみのない，協調的）	──	疑り深い（うぬぼれ，抜け目ない，懐疑的）
M	現実的（用意周到，慣例的，実務的）	──	空想的（現実に無頓着，非慣習的，ぼんやり）
N	率直（飾らない，純粋，気どりのない）	──	如才ない（打算的，警戒心の強い，見通しのきく）
O	自信がある（落ち着いた，確信した，安定した）	──	自信がない（自責的，心配性，苦労性）
Q1	保守的（既成概念の尊重，因習的）	──	革新的（自由主義的，分析的，実験的）
Q2	集団的（集団志向，従者的）	──	個人的（自己決定的，才覚のある）
Q3	放縦的（世間体を気にしない，衝動的）	──	自律的（世間的，自覚的，自制的）
Q4	くつろぐ（穏やか，不活発，満たされた）	──	固くなる（興奮的，落ち着かない，張りつめた）

（出典） Cattell, 1965 より作成。

の研究を受け継ぎ，特性語リストを用いて人物評価のデータを収集した。そして，因子分析法を用いて表 1-1 に示した 16 のパーソナリティ因子を発見し，16PF 理論を構築したのである。

パーソナリティ特性理論にも問題点がある。ある人のパーソナリティをいくつかの特性からとらえていくときには，特性のプロファイルによって，個人の特徴を記述したり個人間の比較を行う。しかし，犯罪心理捜査で使われるプロファイリングといった特殊な情報統合化に慣れていれば別だが，10〜20もある特性のアセスメント結果から，その人の全体像をつかむのはなかなか難しい。複数の性格特性を軸にして，高低のスコアをつないだレーダーチャートのようなものを見て，その形やレベルから，本人の性格の全体像をつかむにはかなりの知識と熟練が要る。特性理論では，それぞれに違いのあるパーソナリティ特性の客観的測定を目指すあまり，個人の全体性や独自性を見逃しやすいのである。

さらに，多くの有名なパーソナリティ検査（例えばロールシャッハ・テスト，主題統覚検査〔TAT〕，ゾンディ・テスト，ミネソタ多面的人格目録〔MMPI〕など）が，対象者のきわめて異質な特性や特異な行動傾向を診断する臨床目的で開発・活用されているために，高い成果に貢献する人材のよい面をとらえようとする産業場面での活用には，あまり貢献していないということも指摘できる。

心理検査で測定されるパーソナリティ特性の数と中身は，検査それぞれでバラバラであって，一般にはわかりにくい。テストを替えてしまうと，それまでせっかく積み上げてきた知識が生きてこないことも，テストを使う立場からすればやっかいだ。また，検査が測定しようとしているパーソナリティ特性の意味と中身が，心理の門外漢にはさっぱりわからない。こういう不満が，パーソナリティ検査の職場での活用を阻んできた。だが，パーソナリティのビッグファイブ理論が登場したことで，不満がずいぶん緩和されてきた。

パーソナリティのビッグファイブ理論

パーソナリティの**ビッグファイブ（5大因子）理論**（Norman, 1963；Tupes & Christal, 1961；Costa & McCrae, 1992；辻，1998）では，

表 1-2　パーソナリティのビッグファイブ（5 大因子）

① 外向性（**extraversion**）── 社交的で外界に積極的に働きかけていく性格を指す。社交的，積極的，人づきあいがよい，話好き，表現豊か，快活などの特性を顕著に示す。内向性（**introversion**）の反対である。

② 神経症傾向（**neuroticism**）── 神経質で，落ち着きのない性格である。心配性，くよくよする，落ち込みやすい，感情的，怒りっぽい，不安定などの特性が顕著である。これは，情緒安定性（**emotional stability**）の対極をなす概念である。

③ 調和性（**agreeableness**）── 利他的で慈愛に満ち，他者に思いやりのある人間的な人柄や性格を指す。礼儀正しい，柔軟，信用できる，優しい，協調性のある，寛大などの特性で示される。

④ 誠実性（**conscientiousness**）── 勤勉さや熱心さなどの意欲面を含めて，真面目で実直，誠実な人柄や性格を指す。この特性をもつ人は，頼りになる，責任感の強い，完全主義，注意深い，勤勉，我慢強いなどの特徴を多く示す。

⑤ 開放性（**openness to experience**）── 知的なことを好み，新しいものに積極的に関わっていく性格を示している。教養のある，芸術的，創造的，好奇心の強い，新しもの好き，開放的などの特性が顕著に見られるパーソナリティ因子である。

（出典）Norman, 1963；Tupes & Christal, 1961；辻，1998 より作成。

人々のパーソナリティが，大きな 5 つの特性にまとめられることがわかっている。世の中にはさまざまなパーソナリティ検査があるわけだが，どの検査を用いても，たいてい 5 つのパーソナリティ特性が見出されることが明らかになったのである。ビッグファイブについてのくわしい説明が表 1-2 にあるので，それを参照してほしい。

ビッグファイブ理論の登場は，産業場面でパーソナリティ検査の活用を進展させた。この理論によって，経営に必要な人的資源（例えばリーダーシップ，創造性，営業特性など）とパーソナリティとの関連性を明らかにすることができるようになったからある（Hogan & Hogan, 1990）。

例えば，バリックとマウント（Barrick & Mount, 1991）は北米の研究を，サルガド（Salgado, 1997）は欧州の研究をメタ分析して，5 つのパーソナリティ特性が，それぞれ職務と密接に関わっていることを示している。

「**外向性**」は，営業職と管理職において仕事の成果と関連している。営業や管理の職務では，対人応対や人間関係が仕事の大切な一部となっているので，社交的で外部に積極的に働きかけていける人が，高い成果をあげるというのは納得できる。また「**情緒安定性**」は，専門職や熟練工や警察官の仕事で成果と関連している。与えられた仕事に文句を言わず，粛々《しゅくしゅく》と業務を遂行することが求められる職種では，神経質であったり感情的であっては務まらず，精神の安定が必要となるだろう。

一方，「**調和性**」はどの仕事でも，成果へのつながりはほどほどだ。職務があいまいでたがいに仕事を共有するわが国とは違って，個人の仕事の範囲がはっきりしている欧米の働き方では，協調性が結果につながるわけではなさそうだ。協調性を強調するのは，同調圧力の表れなのかもしれない。

「**誠実性**」は，じつは最も大切な性格特性である。専門職や管理職，営業担当，熟練工，警察官など，あらゆる仕事で「誠実性」が成果に関わっている。お金を扱う仕事でなくても，勤勉に働くのが美徳と感じられる社会であれば，真面目さや実直さ，規則を遵守する姿勢などは，どんな仕事でも重宝されるからだ。最後に，「**開放性**」は熟練工の仕事の成果と関連している。好奇心が強く，新しもの好きな人は，仕事上で不断のカイゼンと創意工夫が求められる熟練の仕事には合っている。また，「開放性」は創造性とも関連が深いので，商品開発や研究開発（R&D）などの付加価値が求められる部門で，大きな力を発揮する。

3 面接の落とし穴

人材を採用するうえで最も多用されるのは面接である。企業の採用においては，エントリーシート，履歴書，資格，適性検査，筆記試験，小論文，学業成績，SNSの書き込みなど，じつにさまざまな情報をもとに人材を選抜している。その時々の採用マーケットが売り手市場であっても，買い手市場であっても，厳選採用の傾向を強める企業においては，「人物本位」の採用が尊ばれる。また，募集・採用のコストダウンの圧力が強くなって，面接に対する信頼感や重要度，依存度がますます増してきている。

採用**面接**とは，質問に対する口頭の反応から応募者の将来の職務遂行を判断する選考の仕組みである。目的としては，応募者に質問を行い，その受け答えから，仕事を任せられるか，社風に順応してくれるかなどを判断するものである。当たり前のようだが，面接では，口頭による受け答えという形式だけははっきりしているものの，それ以外の細かなことには，これといった決まりはない。きわめて自由度の高い選考方法なのである。

面接について，わが国では実務が圧倒的に先行し，面接の科学的検討はきわめて少ない。反対に欧米では，面接について非常に多くの研究が実施されており（これまでの研究の展望については，Wagner, 1949；Mayfield, 1964；Ulrich & Trumbo, 1965；Wright, 1969；Schmitt, 1976；Arvey & Campion, 1982；Harris, 1989などを参照)，科学的データに裏づけされた知見も多すぎるほどある。本書では，その重要な一部分だけを紹介するにとどめたい。

実務家 vs 学者

まず第1に重要なことは，面接はその有用性について，実務家からきわめて高い信頼が与えられているのに対し，心理学者からは疑いの目で見られてきたということである。実務家側からは，「面接しないで採用することなどそもそも考えられない」「対人スキル，知的能力，性格，モチベーション，誠実さなどを面接で評価することに，自分たちは絶対の自信がある」「採用方法として自由度が高くきわめて有効だ」「面接を通るのはすぐれた人材だけという印象をもたせたい」「職場の雰囲気や仕事の実態を伝えたい」「会社の PR 活動となる」「面接で新しい人と会うのが楽しい」などといった意見が出され，面接を効果的な人材評価法として認識している。面接官を担当された方なら，きっと思いあたるふしがあるだろう。

これに対して，学者側からは，採用面接に関する研究成果をベースにして，疑問が投げかけられている。まず，面接は人材評価法として，本当に妥当なものなのかという疑問である。面接に全幅の信頼を寄せる前に，一度は深く考えてみる必要があるだろう。面接の**妥当性**（validity）についていえば，例えば意欲，対人スキル，コミュニケーションスキル，柔軟性，知的能力，専門知識など，たくさんの要素を見極めることができると思われているが，じつは何が評価されているのかがはっきりしない。だから，いいのかわるいのかわからない。

ふつうの面接では，質問される内容がバラバラなこと，目のつけどころや評価のポイントが明確になっていないことなどが影響して，何を評価しているのか面接官でもわからないということがある。質問の内容や評価基準が決められている場合でも，評価シートに点数を記入するだけで，そもそもそんな基準でよいのかどうかを質《ただ》すことはない。だから，「人物本位」とはいえ，自分の好き嫌いに近い漠然とした「人物評」に陥ってしまう。

面接評価の誤り

次に，面接には幾多の誤りが起こるのではないかという疑問がもたれている。過去の研究では，少なくとも以下に挙げた5つのバイアスが，面接評価を誤らせることが指摘されている。

① **意思決定の性急さ**（snap decisions）――大半の面接では，開始4分以内に採否の印象が固まってしまうため，あがっていたり，まだ慣れていないときに出てしまった言葉から，決定的な評価がなされてしまう。開始後数分の印象（第一印象と呼ばれるもの）で評価を決めてしまい，後半の面接に慣れた頃に示される本来のやりとりや態度を見過ごしてしまえば，当然，決定が誤ってしまう確率が高くなる。

② **確証バイアス**（confirmative bias）――出身校や学業成績や適性検査などからあらかじめもった偏ったイメージとか，先入観や思い込みに引きずられて質問を行い，誤った印象を確証してしまうことである。例えば，無名大学出身であれば，あまり賢くないという印象を面接前にもってしまい，ふだんより難しい質問をして，「やっぱりレベルが低い」という印象を再確認してしまう。

③ **不都合な情報**（negative information）――企業としては，優秀な人材を誤って不採用にすること（第二種過誤，偽陰性）よりも，さえない人材を誤って採用してしまうこと（第一種過誤，偽陽性）を気にする。だから，減点評価になりがちであり，不都合な情報の方を重視する傾向がある。相手のあら探しをし，落とすための口実や一発で落とすノックアウト要因を求めることもある。一芸に秀でた人物を加点法で評価しようとする考え方とは正反対だ。

④ **厳格化**（strictness）――「現場で10年以上も人を見ているから自分の眼に狂いはない」と自信たっぷりに語る人事担当者もいる。

確かに経験の豊富な面接官の眼に狂いは少ない。それゆえに，人を見る眼が辛すぎること（激辛！）にもなっている。それはなぜか。経験のある面接官は，過去の経験から積み上げた応募者の理想像をもっているため，経験のない面接官よりも，評価が厳しくなることが知られている。例えば，10 年に 1 人出るか出ないかの逸材・大谷翔平選手をイメージして，「今年の新人は駒が少ない」と嘆いているプロ野球スカウトのようなものだ。このような面接官のメガネにかなった応募者は確かに優秀であり，間違いはないだろうが，他のほとんど全員が低い評価を受けてしまうことにもなりかねない。

⑤　**非言語的行動**（nonverbal behavior）――面接においては，口頭での受け答えを介して人材の評価が行われるため，話の内容や流暢なコミュニケーションなどの言語的要素が評価を大きく左右する。しかし，実際には，姿勢，身振り，視線，表情，服装，容姿，化粧などの非言語的行動も，評価に大きな影響を与えることも知られている。ここにリクルートスーツが推奨され，「リクルート整形」が黙認される理由がある。しかし非言語の要素は，仕事の能力や意欲といった要素とは関係が薄いため，この部分の影響が大きくなれば，誤った評価につながってくるだろう。

エピローグ　Epilogue

面接において正しい評価を行わなければ，応募者に不利益が起こります。小説『何者』（朝井リョウ作）に出てきた二宮拓人が，「面接はトランプのダウトだ」と決めつけるのもどうかと思いますが，面接で落ち続けることはつらいものです。会社から拒絶される体験を何度も繰り返すと，応募者は会社側からいわれのない差別を受けたような感じをもってしまいます。しかし，より重要なことは，面接において誤りのない正しい評価を行わなければ，会社側にとっても不都合になるということです。職場に適応し高い生産性を示す優秀な人材を面接で判断していこうと思えば，常識とはかけ離れるかもしれませんが，本来多様であるべき面接の自由度を逆に制限して，してもよい質問のリストをつくり，評価基準を厳密にするか，時間をかけて面接官訓練を行って，面接官の評価軸を均質にするかしかありません。人間の多様な側面を評価するために面接を重視する風潮がありますが，会社が必要とする優秀な人材は，じつは面接によって簡単に見極められるものではないのです。

まとめ　Summary

採用場面で活用されている心理概念はじつに多様である。例えば，就職試験で広く活用されている適性検査（**SPI** など）では，応募者の知的な賢さや，その人らしさを表す性格などが判断される。心理学では伝統的に，人間の能力に関して知的な側面に注目してきた。知的能力は，いろいろな職業に共通して必要とされる資質である。そして，単一の要素からなるとする考え方から，きわめて多数の要素で構成されるとする考え方まで，能力理論はさまざまである。また，性格（パーソナリティ）については，少数の類型から理解する立場と，多数の特性から記述・測定していこうとする立場がある。近年では，人間の多様なパーソナリティが，ビッグファイブ（**5** 大因子）でまとめられることもわかっている。最後に，就職で最も重視される面接に関していえば，実務家と学者とで面接に対する考え方に大きな違いがある。また，面接では評価の誤りが予想以上に多く起こる。これらのことから，就職活動で心理学の知見がいかに大切であるかを実感できるだろう。

文献案内　Book Guide

二村英幸（**2001**）『人事アセスメント入門』日本経済新聞社

- 採用や昇進・昇格など企業の人事場面で活用される人材評価法（適性検査，多面観察評価ツール，アセスメントセンター，人事考課，面接など）について，簡略にまとめられている。

大沢武志・芝祐順・二村英幸編（**2000**）『人事アセスメントハンドブック』金子書房

- 産業場面で用いられるあらゆる人材評価方法について，その理論，最新の研究結果，実践例，提言などが，幅広く網羅されている。

服部泰宏（**2016**）『採用学』新潮社

- 採用学の名の通り，人材の採用に特化した書籍である。わが国の企業が人を採用することについて，実際問題と研究を横断しながら論じている。

第2章 ワーク・モチベーション

やる気いっぱいで働くには

プロローグ Prologue

オーディオ機器メーカーに入社して4年目，中島健太さんは以前から希望していた宣伝課に配属されました。入社以来，自社製品への愛着と誇りも日ごとに強く感じてきていましたし，意気揚々と新しい仕事に打ち込む毎日を過ごしていました。

仕事にも慣れてきた夏の終わり，いよいよ課長から新型スピーカーの宣伝企画を任されました。張り切っていた中島さんだったのに，その頃から，どうも元気がなくなってきたように見えました。年の瀬も押しつまった頃，同期の有沢さんが心配して，昼食に誘って話を聞いたところ，その理由がわかりました。中島さんが残業や休日出勤をして作成した企画案の書類だったのですが，課長に提出したところ，こと細かに赤鉛筆で企画内容や文章の修正の指示が書き込まれて，返されてきたというのです。最初のうちは中島さんも「まだまだ経験が足りないのだから，次はがんばろう」と思い直して仕事に打ち込んでいたのですが，その後も立案は任されるのだけど，必ず課長がすべての項目に指示を出すということが繰り返されているというのです。中島さんは「あんなに詳細に課長の頭の中に企画案があるのなら，はじめから課長が作成した方が効率的だと思うんだ。どうせ僕は指示通りに書くしかないんだから」とため息をつきながら話してくれました。

張り切っていた中島さんのやる気は，なぜしぼんでしまったのでしょうか。課長に悪気はあるのでしょうか。

1 ワーク・モチベーション研究の重要性

ワーク・モチベーションとは，一言でいえば，「仕事に対するやる気」のことである。もし，あなたがアルバイトをするとして，どんな仕事ならやる気が湧いてくるだろうか。時給が高い仕事？　自分の趣味が生かせる仕事？　退屈な作業や長時間の重労働ならどうだろうか？　立場を入れ替えて，あなたが経営者ならば，従業員の仕事ぶりに何を期待するだろうか。何はさておき「ちゃんとやる気を出して取り組んでほしい」と願わずにはいられないだろう。ワーク・モチベーションは，働く人々にとっても，また組織を経営する管理者たちにとっても，身近で大切な問題である。

ワーク・モチベーションを高めることは簡単なことではない。勉強へのやる気を高めるのが難しいのと同じである。どうすればやる気が出るのだろうか。レヴィン（Lewin, 1951）は，人間の行動は，その人の個人特性（性格や能力など）と環境要因（その人を取り巻く状況の特徴など）との関数であると指摘している。つまり，人間の行動や心の状態は，その人自身の性格や能力だけで決まってしまうのではなく，その人の個人特性と直面する状況の特性とが関連しあい，影響しあって，微妙に揺れ動くものだということである。

かつては「終身雇用と年功序列」が標準だった日本の企業も，1990 年代からの長引く不況と厳しさを増す経営環境の中で，世界標準のグローバル化に適応すべく「成果主義・競争主義」へと経営の軸足を移した後，人件費を節約するために，契約社員や派遣社員などの非正規雇用を拡大してきた。この流れは，低賃金で長時間労働を強いる過酷な労働環境を生み出したが，今日ではそれを改善するための「働き方改革」へとつながっている。そうした労働環境の変化に，働く人々の心と行動は敏感に反応する。人間が揺れ動く「心」をもっている存在であるがゆえに，人間の「仕事に対するやる気」を高めることは，思いのほか難しい課題なのである。

その難しい課題に，これまで幾多の実務家たちと産業・組織心理学の研究者たちが取り組んできた。そうした取り組みの成果の蓄積を経て，今日では洗練された理論やそれに基づく実証研究が報告されている。それらをよく理解するには，研究の変遷を振り返ってみることが有効である。さっそくワーク・モチベーション研究の歴史をさかのぼってみることにしよう。なお，モチベーション（motivation）は日本語では「**動機づけ**」と訳される。定着した専門用語の中には動機づけの語を用いるものも多いので，本章では，必要に応じて両者を使い分けるが，意味は同じである。

2 ワーク・モチベーションに関する初期研究

科学的管理法の発展

ワーク・モチベーションを高める方法について本格的に取り組んだ最初の研究者は，「**科学的管理法**」を提唱したテイラー（Taylor, 1911）だといえる。彼が製鋼会社に就職した19世紀末期のアメリカでは，激しい企業間競争のために商品価格の値引きがしばしば行われていた。その際に，会社は，その値引きコストを労働者の賃金を引き下げることでまかなうことが多かった。忙しく懸命に働いて増産するのに，もらえる給料は増えないことに気づいた労働者たちは，のんびり働いて，そこそこの賃金を手に入れる方がましだと考え，みんなで意図的に怠業して生産調整を行うようになっていった。経営者にとっても労働者にとっても悪循環に陥っていたのである。

こうした状況を見たテイラーは，熟練作業者の仕事量を調査して，1日の標準的な仕事量を割り出し，その標準仕事量よりもたくさん働いた労働者にはより多くの賃金を払う制度の導入を提案した。彼は，この他にも，休憩時間の長さや照明の明るさ，職務トレーニングの方法などについて科学的に検討して，**生産効率**を最大化する，すなわち，ワーク・モチベーションを高める方策を提案していった。労働者に犠牲を強いるそれまでの労務管理とは異なり，経営者と労働者が対立しないで効率的な生産方法を見つけ出す道具として，科学的管理法は多くの企業で取り入れられた。

ただ，ここで気をつけておきたいのは，テイラーの科学的管理法は，工場や組織を精密にデザインされた**機械のイメージ**でとらえていて，そこで働く人間たちは，その機械の歯車や部品として位置づける観点を醸成・強化するきっかけになったということである。経営者たちは，自分がデザインした仕事の内容や進め方が最善策なのだから従業員は指示された通りに実行しさえすればよいと考えがちだった。そして，歯車に油をさすとスムーズに動くのと同じ論理で，労働者をどんどん働かせるためには，「高い賃金」という油をさせばよいのだと考えるようになっていったのである。

ホーソン研究がもたらした視点の転換

労働者を機械の部品同様にとらえる傾向に対して，強い疑問を提示するきっかけになったのが，メイヨー（Mayo, 1933）たちによる**ホーソン研究**である。そもそも彼らは，科学的管理法に基づいて，ウェスタン・エレクトリック社のホーソン工場の作業室で，5人の女性労働者集団に，照明の明るさや賃金の違い，休憩の回数やその時間の長さなど，多様な異なる条件のもとで作業を行ってもらい，物理的環境が生産量に及ぼす影響を検討する実験を行っていた。

図 2-1　ホーソン研究がもたらした視点の転換

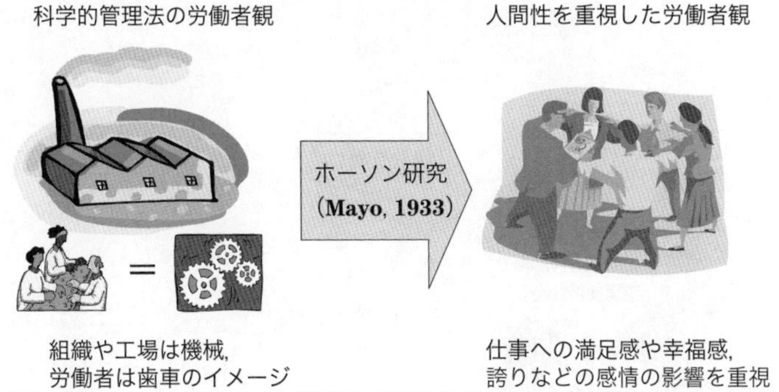

ところが，おもしろいことに，条件をいろいろと変えたのに，その影響はほとんど見られず，実験を行うごとに生産量が増えていくという現象だけが安定していた。試しに条件を劣悪なものにしてみても，生産性はさほど落ちなかったのである。

その原因は，主として労働者たちの心の状態にあった。メイヨーは実験に参加した労働者たちにいろいろと意見や感想・要望を聞いて，おしゃべりをしながらの作業を容認するなど，柔軟に対応をしていた。労働者たちは人間的な対応を受けたことで実験に参加する気分や感情がよくなったのである。そして，実験に参加するごとに仲間との連帯感を強めていくとともに，作業への忠誠心や誠実さも高まり，生産量はしだいに増加していったのである。メイヨーは，その後も大規模な面接調査を行って，**連帯感**や**忠誠心**，気分のよさなど，情緒的な要素が生産性に重大な影響をもたらすことを明らかにしていった。

このホーソン研究は，職場の人間関係に由来する人間らしい**情緒的要素**が，作業の能率や生産性に及ぼす影響に注目することの大切さを知らしめ，それまで労働者を機械の部品のようにとらえていた

図 2-2　欲求とモチベーションと行動の関係図

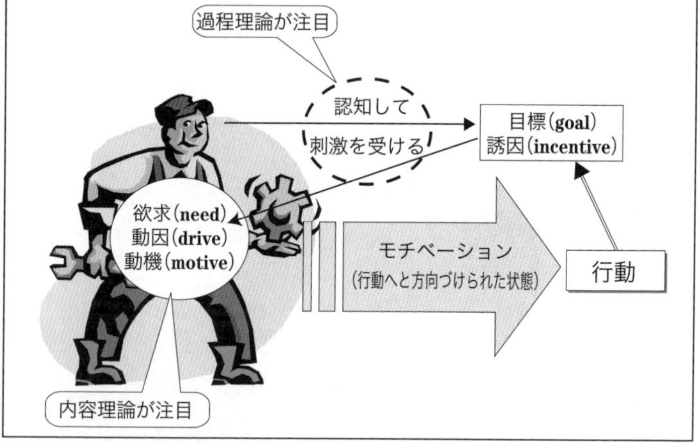

視点から**人間性の重視**へと，ワーク・モチベーションの研究に視点の転換をもたらした（図 2-1）。

行動科学的アプローチの登場

人間性重視の視点は，仕事自体の特性とモチベーションの関係という本質的な問題よりも，人間関係に由来する感情の影響という周辺的な問題にのみ焦点が偏って集中するきらいがあった。これに対して，1950 年代以降の**行動科学的アプローチ**（心理学もその仲間である）の台頭は，ワーク・モチベーションが高まるメカニズムの理解を促進した。

行動科学では，図 2-2 に示すように，人間は内部に**欲求**（need）や**動因**（drive）をもっていて，それが行動の**目標**（goal）や**誘因**（incentive）によって刺激され，行動へと方向づけられている状態（モチベーション＝動機づけ）が高まると考える。行動科学はワーク・モチベーションの研究に大きく分けて 3 つの視点を生み出した。それは，①モチベーションの根源である人間内部に存在する欲求や動因に注目する取り組み（**内容理論**），②目標や誘因によって刺激され決まる行動選択やその方向性の要素に注目した取り組み（**過程理論**），そして，③行動の結果として人が経験する満足感・充実感のような主観的反応の要素に注目した取り組み（**職務満足感**や**コミットメント**）の3つである。これらの取り組みの成果をたどりながら，ワーク・モチベーションの変動と変容のメカニズムを理解していくことにしよう。

3 内容理論的アプローチ

マクレランドの達成動機理論

内容理論に基づくアプローチは，個人に内在する欲求にはいかなる種類があるのかを明らかにして，それらの多種多様な欲求がどのような関係にあるのかその構造を理解しようとする活発な取り組みを引き起こした。その先駆けがマクレランド（McClelland, 1961）による達成動機理論である。彼は，人間は経済的な富や有利な労働条件を求める欲求を満たすためだけに働くのではないことを重視した。そして，ワーク・モチベーションが3つの欲求によって構成されていると主張する達成動機理論を提示した。その3つの欲求とは，①職場の仲間たちとの円満で充実した人間関係を求める「**親和欲求**」，②職場でより上位の職位や指導的な立場に就こうとする「**支配欲求**」，そして，③仕事に取り組むときに，すぐれた目標を立てて，それを高い水準で達成しようとする「**達成欲求**」である。ワーク・モチベーションの根源を欲求に求める基盤的理論として，彼の理論は大きな影響をもたらした。

図 **2-3**　**2** つの欲求階層理論

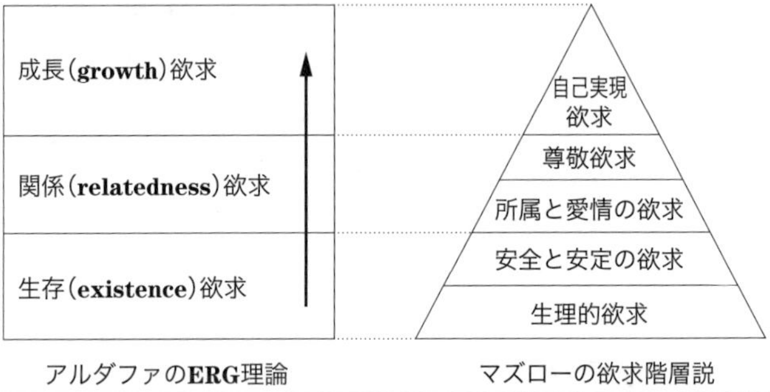

ERG 理論

アルダファ（Alderfer, 1972）は，ワーク・モチベーションの基盤が，階層をなす3つの欲求で構成されているとする**ERG 理論**（図 2-3）を提示した。最も基本的な低次の階層の「**生存**（existence）**欲求**」は，人間が生存していくために必要な生理的・物理的欲求を意味する。生活に必要な給与や安全で人間らしい労働条件を求める欲求がこれに相当する。次の中間的な階層の「**関係**（relatedness）**欲求**」は，人間関係の形成・維持・発展を求める欲求を意味する。職場の一員として仲間たちから認められ，円満につきあって，尊敬されたり称賛されたりしたいと願う欲求が相当する。そして，最も高次の階層の「**成長**（growth）**欲求**」は，人間としてよりすぐれた水準に到達しようとする欲求である。現状に満足せず，理想とする目標に近づくように，絶えず創造的に生産的であろうとする欲求といえるだろう。これら階層をなす欲求の英語の頭文字をとってERG 理論と称されている。

ERG 理論は，**人間性心理学**の祖であるマズロー（Maslow, 1954）の提示した欲求階層説に依拠しつつ考案されたものである。生存欲求と関係欲求は満たされることによってその強さは低下するのに，成長欲求は満たされても弱まることなく強さが維持されるという指摘もマズローの主張と適合する。ただし，アルダファは実証的なデータに基づきながら3つの欲求の階層説を提出しており，マズローの主張に盲目的に従っているわけではない。例えば，マズローが，欲求は階層に従って段階的に現れるもので，異なる階層の欲求は同時に現れることはないとしたのに対して，アルダファは，低次の欲求と高次の欲求は連続しており，同時に現れることもあると現実的な考え方に立っている。

内発的動機づけ

仕事は，賃金や権限など物理的・社会的な**外的報酬**を得ることを目的として発生する行動であるというとらえ方をされるのが一般的である。しかし，仕事そのものがおもしろくて一生懸命に取り組むということもありうる。この場合，仕事をすること自体が目的であり報酬であって，外的報酬は関係ない。マレー（Murray, 1964）は，行動そのものを目的とする行動は**内発的動機づけ**に基づいていると指摘し，外的報酬を得るための**外発的動機づけ**に基づく行動とは区別している。

内発的動機づけの原動力は，刺激を求める欲求や好奇心から生まれる「知りたい」という欲求である。したがって，内発的動機づけに基づく行動は，みずから進んで取り組む高い**自律性**と，飽くことなく知識や技能を深めようとする**熟達志向性**を伴うところに特徴がある。その一方で，内発的動機づけに基づく行動に対して，外的報酬が与えられると，内発的動機づけは簡単に弱まってしまう性質ももっていることをディーシー（Deci, 1972）は指摘している。例えば，レッパーら（Lepper et al., 1973）は，絵を描くことが楽しくて一生懸命お絵描きに打ち込んでいる子どもに，がんばったごほうびにキャンディーをあげると，それ以降は，ごほうびがもらえないとお絵描きに熱が入らなくなってしまうことを実験で確かめている。これは絵を描く行動そのものが目的であったのに，キャンディーという外的報酬が与えられることによって，行動は外的報酬を得るための手段という位置づけに変わってしまうために生じる現象で，**過正当化効果**と呼ばれている。仕事には必ずといってよいほど外的報酬が伴うが，ワーク・モチベーションが高く維持されるメカニズムを考えるとき，内発的動機づけの視点は重要である。

4 過程理論的アプローチ

過程理論の視点

強い達成欲求をもっている人は，どんな仕事に対しても絶えず強いモチベーションをもって取り組めるものだろうか。時と場合によってはやる気が出ないときもあるというのが自然だろう。ワーク・モチベーションが高まったり低下したりするメカニズムは，欲求の存在だけで説明することは難しく，その欲求を刺激して行動を駆り立てる要素も取り入れる必要がある。われわれがある行動を起こし，それを継続させたり，終了させたりするときには，自分のおかれた状況を把握し，過去の知識を想起し，将来を予測して，判断を下している。人間の認知がモチベーションに与える影響を考慮して，1つの行動が生起し，継続あるいは終了するプロセスを説明し予測しようとするところから過程理論は生まれた。

アトキンソンの達成動機理論

アトキンソン（Atkinson, 1957）の理論の特徴は，目標達成へのモチベーションは，成功を目指す「**成功動機**」だけでなく，失敗するまいとする「**失敗回避動機**」も組み合わさって決まっていると考えたところにある（図2-4）。ここで気をつけたいのは，アトキン

図 2-4　アトキンソンの達成動機理論

合成達成動機

接近傾向		失敗回避傾向
〈成功動機×成功の期待度×成功の誘因価〉	―マイナス	〈失敗回避動機×失敗の期待度×失敗回避の誘因価〉

＊誘因価＝**1**－期待度

＊＊成功の期待度＋失敗の期待度＝**1**

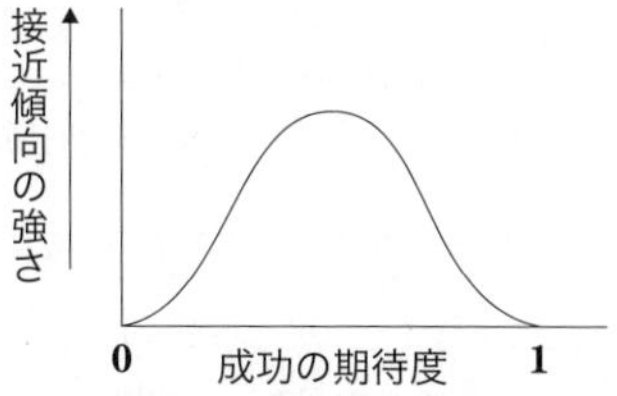

ソンは，簡単に成功できると感じる課題は，成功に伴う報酬の価値(魅力）も低く感じられると規定している点である。図 2-4 のグラフは**成功の期待度**（主観的成功確率）と**接近傾向**（成功しようとする動機づけの強さ）の関係を表したものである。成功の期待度が 50% のときに接近傾向は最大になる逆 U 字型の曲線を描く。つまり，成功するか失敗するか五分五分の確率だと感じるときが，モチベーションは最も強くなるというわけである。少し首を傾げたくはならないだろうか。簡単に成功できる仕事であっても，のどから手が出るほどほしい報酬を伴うのであれば，モチベーションは高くなることが予想される。アトキンソンの理論では，成功報酬の価値というとき，その物理的価値というよりも，成功の満足感のような自己内的な主観的価値を意味しているととらえるのがふさわしいだろう。

期待価値モデル

「期待」（expectancy）とは，人間が，自分の行動がある結果をもたらす確率を，主観的に予測する行為を指す。人は，ある行動をとるか否かを意思決定す

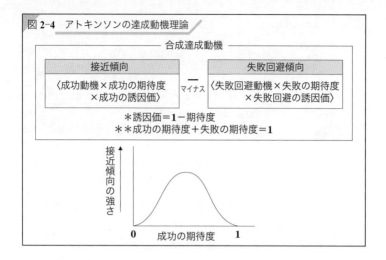

図 2-5　ヴルームおよびポーターとローラーの期待理論の枠組み

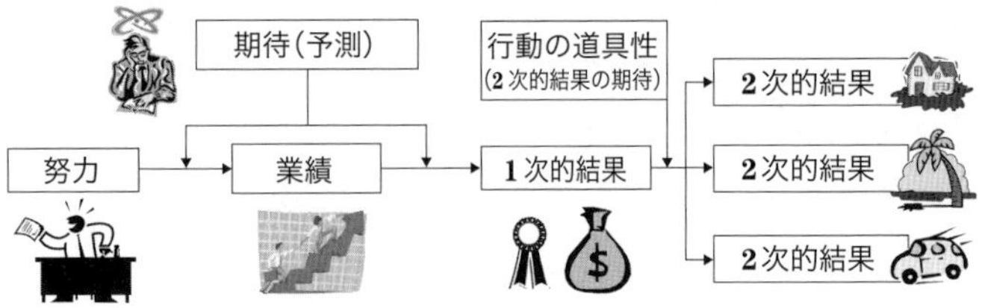

ヴルームの期待理論

行動への力（モチベーション）＝Σ（期待×結果の誘意性）
ただし
結果の誘意性＝Σ（行動の道具性〈2 次的結果の期待〉×2 次的結果の誘意性）

ポーターとローラーのモデル

モチベーション＝Σ{（努力→業績の期待）×（業績→結果への期待）×（結果の誘意性）}

るとき，自分の行動がもたらすであろう結果を期待（予測）すると同時に，その結果のもつ価値の高さ（**誘意性**）について評価する。こうして期待と価値（誘意性）の認知によって行動するか否かが決まるという考え方は，一般に「期待価値モデル」と呼ばれる。図 2-5 に，このモデルのパイオニアであるヴルーム（Vroom, 1964）の**期待理論**と，実際に職場で仕事に取り組むときのモチベーションがいかにして決まっているかを省察して，より詳細なモデルを提示したポーターとローラー（Porter & Lawler, 1968）の理論の枠組みを示した。

期待理論は人間の認知とモチベーションの関係を考慮した理論としてその後のワーク・モチベーション研究に強いインパクトを与えた。しかし，人間の期待の見積もり過程は，期待価値モデルに属する諸理論が想定するほど合理的でも厳密でもないことが多い。「実際にやってみなけりゃわからないさ」という感じで行動することは

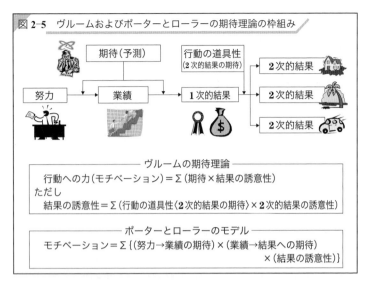

誰でも経験があることだろう。価値の見積もりや**選好**（好み）に関する人間の認知メカニズムの複雑さ・曖昧さは，ワーク・モチベーションの予測を試みる過程理論にとっては克服すべき重要課題になっている。

目標設定理論

われわれは，自分で設定した目標は，何とか達成しようとがんばるものである。これは，目標の達成に向かって行動を**自己調整**しようとする内発的動機づけが働くためだとバンデューラ（Bandura, 1986）は指摘している。彼によると，人は高い目標を設定すると，現状の自己に対するもの足りなさを感じて，自尊感情および自己評価が低下して，不快な状態に陥るというのである。そして，その不快な状態を解消しようとして設定した目標の達成に向けて努力するのだと，彼は考えた。

ロックとレイサム（Locke & Latham, 1990）は，この心理に目をつけた。彼らは，明確で具体的な，そしてある程度困難な目標を設定することで，人のモチベーションは高まり好業績をあげるようになるという**目標設定理論**を提唱している。彼らは，目標を設定することによって，人はその達成に向けて努力や注意を集中させ，目標達成の戦略やテクニックを工夫するようになり，業績が高まるというサイクル・モデルも提示している。

目標設定によってモチベーションが高まるメカニズムには，**自己効力感**が強く関連している。自己効力感とはバンデューラが示した概念で，さまざまな課題全般に対して「自分はやれる」という実感を伴った自己評価を指している。自己効力感の強い人は，高い目標を設定しがちで，それゆえに，高いモチベーションを示して行動を起こす傾向がある。他方，自己効力感の弱い人は，設定する目標は無難なレベルになりがちで，モチベーションも低く，行動を起こすことも少なくなりがちである。

図 2-6　衡平認知とモチベーションの関係

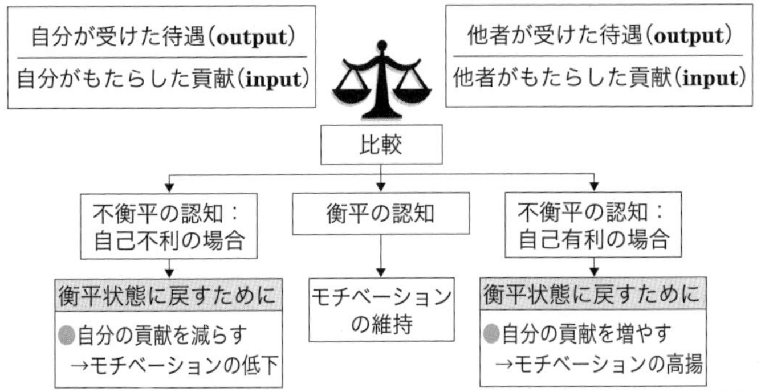

目標設定によるモチベーションの高まりは，万が一，目標を達成できなくても，努力する過程でいろいろな知識や技能を習得できたり，努力したこと自体が自分にとって報酬と感じることができたりする点で特徴的である。自分で設定した目標の達成に向けてがんばるという点では，マズローのいう自己実現欲求や，アルダファの示した成長欲求との関連も考えられる。

公正理論

ワーク・モチベーションに重要な影響を及ぼす人間の認知の要素として，**公正感**が挙げられる。みんなで働いて獲得した報酬を，誰かが独り占めにしてしまったら，他のメンバーは**報酬分配**が不公正だと感じてやる気を失ってしまうだろう。あるいは，報酬分配を決める手続きやルールが，一部の人たちにばかり有利な仕組みだったりいいかげんだったりしても，他の人たちはばかばかしく感じて，やはりやる気を失ってしまう。職場で働くとき，**分配の公正**と**手続きの公正**は，モチベーションを維持するうえできわめて重要である。

ところで，公正な分配とはどのようなものだろうか。これは一筋縄ではいかない問題である。というのも，一緒に働いた仲間の人数

表 2-1　公正な手続きのルール

①　一貫性：いつでも，どこでも，どんな場合でも，どんな人に対しても一貫した手続きであること
②　判断の不偏向：偏見や利己的判断に影響されないこと
③　正確さ：正確な情報による判断であること
④　訂正可能性：手続きの各段階で訂正の機会があること
⑤　代表性：重要な立場の人々の考え・価値観が反映されており，決定が容易に変更されないこと
⑥　倫理性：手続きが社会の基本的道徳や常識に反していないこと

（出典）　Leventhal, 1980 より作成。

で報酬を均等に割る**平等分配**が好まれるときもあれば，各自の仕事への貢献度に応じて差をつける**衡平分配**が好まれるときもあるし，あるいは被災した人や，子どもへの仕送りで生活が苦しい人など，社会的に正当な理由でお金を必要とする人に多く分配する**必要原理**が考慮されるときもあるからである。報酬分配基準の中で，特にワーク・モチベーションと関連が深いのが衡平原理である。図 2-6 にあるように，「待遇対貢献の比率」を見積もり，衡平を求める心理は，ワーク・モチベーションの高揚・低下と深く関連している。

どれか 1 つの基準だけで公正感が満たされる場合もあるが，多くの場合，3 つの基準を上手に組み合わせて，より多くのメンバーが納得するような公正な分配を実現する努力がなされる。あわせて，その分配のルールを決定する手続きも公正でなければならない。レヴンソール（Leventhal, 1980）は，手続きが公正であると認知されるための条件について表 2-1 のように整理している。

5 仕事や職場に対する態度とワーク・モチベーション

職務満足感

職務満足感は，仕事や職場に対する総体的な主観的評価に基づく肯定的な感情である。ハーツバーグ（Hertzberg, 1966）は，職場の出来事で満足を与える要素を「**動機づけ要因**」と呼び，逆に不満足を与える要素を「**衛生要因**」と呼ぶ**二要因理論**を提示して，具体的にどのような出来事がどれほどのインパクトを及ぼすのか調査を行って検討した。この理論では，満足を与える職場の出来事が動機づけを高めると考えている。このように，高い職務満足感はワーク・モチベーションを高める要素として注目されてきた。

しかし，「満足すると次もがんばる」とはいかないのが人間である。確かに職務満足感が高い人は，簡単に欠勤したり離職したりはしないが，絶えず高いモチベーションをもって仕事に取り組むとは限らない。この点はしっかり認識しておく必要がある。ただ，高いモチベーションをもって仕事に臨むと，目標を達成し高いパフォーマンスを上げることになるので，その結果，職務満足感が高まるという連鎖は十分考えられることである。

職務満足感は，働くことの意味と価値の自己評価に結びつく。「**職務生活の品質**」（quality of work life；**QWL**）を向上させて，ストレスの少ない幸せな仕事生活を送ることは，いつの時代でも重要な課題である。ワーク・モチベーションとの関係で研究が進んだ職務満足感は，QWL を考えるうえで重要な概念になっている。

組織コミットメント

自分が組織や職場の一員であることを周囲の人に明らかに示して，組織や職場の利益になるように振る舞う態度を**組織コミットメント**と呼ぶ。忠誠心やロイヤリティと類似した概念であり，ワーク・モチベーションと強く関連する心理特性として注目されてきた。「**会社人間**」と呼ばれるほど，自分の会社や組織に愛着をもって，会社のために働くことに価値を見出す人がいる。組織への高いコミットメントは，成功の主観的確率や仕事のもつ魅力，報酬の誘意性の高さとは無関係に，高いワーク・モチベーションを引き出すことがある。組織の一員として自己の**アイデンティティ**を確立し，自己実現を目指す欲求が根底に働いていることが考えられる。

しかし，組織コミットメントは，自分の貢献に対して職場が自分に種々の報酬を与えてくれる互恵的関係にあるからこそ生まれてくる側面もある。終身雇用制度や年功序列制度のもとでは，会社に勤めることは，組織の一員として生涯にわたって生活が安定することを意味した。だからこそ，つらい仕事でも，安い賃金でも，会社のためにがんばって働く人は多かったと思われる。個人の権利を尊重する欧米社会にとって，「会社人間」の多い日本は異質で奇妙だったと同時に，経済競争の面では恐怖でもあったのだ。1990 年代以降，導入が進んできた欧米型の成果主義・実力主義の経営のもとでは，会社のために働くことよりも，自分個人の業績の向上を目指して働くことの方が理にかなっている。強い組織コミットメントがワーク・モチベーションを高めるという図式は，日本でもしだいに見られなくなっていくのかもしれない。

エピローグ　Epilogue

冒頭で紹介した事例で，中島さんの元気がなくなってしまった理由についてワーク・モチベーションの観点から考えてみましょう。中島さんは，本来，やる気いっぱいだったのですから，内発的動機づけは高かったと考えられます。しかし，課長にこと細かく指示を出されることによって，自分で目標を設定することができなくなり，自律的に自分の仕事をコントロールする喜びも味わえなくなってしまったと思われます。仕事はある面で将棋や囲碁などのゲームと同じような特性をもっています。自分で考えて打つことを許されず，背後にいる管理者によって戦略から駒の動かし方まで逐一指示されてやる将棋や囲碁はおもしろいでしょうか。課長さんは，悪気はなく，早く仕事を覚えてもらいたくてやっているのかもしれませんが，一方で，自律的であることこそ人間のやる気の根源に必要な要素であることを忘れている可能性がありますね。

まとめ Summary

ワーク・モチベーションの研究は，働く人を機会の部品のようにとらえる「科学的管理法」によって触発され，それに対する批判を基盤に，感情や誇りなどの人間性の要素を重視する研究を経て，行動科学による研究が進められてきた。行動科学では，個人に内在する欲求・動因が，行動の目標や誘因によって刺激され，モチベーションが高まると考える。モチベーションの根源である欲求の性質や種類に注目した内容理論的アプローチは，マクレランドの達成動機理論や **ERG** 理論，あるいは内発的動機づけの理論を生み出した。それに対して，目標や誘因に対する認知が欲求と関係して行動の選択や方向性を決めることに注目した過程理論的アプローチも発展した。達成動機づけが成功しようとする側面と失敗を回避しようとする傾向の両面から構成されると考えたアトキンソンの達成動機理論や期待価値モデルの研究を経て，自己効力感を考慮した目標設定理論へと研究が進んだ。また，職務満足感や組織へのコミットメントなど，仕事や職場に対する態度とワーク・モチベーションとの関係も検討されている。

文献案内 Book Guide

レイサム，G.／金井壽宏・依田卓巳訳（2009）『ワーク・モチベーション』NTT 出版

●モチベーション研究の歴史をレビューし，重要な理論を体系的に関連づけながら網羅的に解説した著書。より深く学びたい人に最適の著書である。

ヴルーム，V. H.／坂下昭宣・榊原清則・小松陽一・城戸康彰訳（1982）『仕事とモティベーション』千倉書房

●ワーク・モチベーションに焦点を絞って，期待理論の観点から解説がなされている。専門的な勉強をするうえで役に立つ。

バンデューラ，A. 編／本明寛・野口京子監訳（1997）『激動社会の中の自己効力』金子書房

●ワーク・モチベーションを考えるうえで重要な要素である自己効力感に関する多様な観点からの研究書である。ワーク・モチベーションとの関連について G. ハケットが第 8 章で議論している。

島津明人（2014）『ワーク・エンゲイジメント――ポジティブ・メンタルヘルスで活力ある毎日を』労働調査会

●仕事に誇りをもち，エネルギーを注ぎ，仕事から活力を得ていきいきしている状態を意味するワーク・エンゲージメントについて解説した著書。ワーク・モチベーションを高め，いきいき働くためのマネジメントを考えるうえで参考になる好著。

第3章 組織の情報処理とコミュニケーション

正確な情報共有と組織の的確な判断のために

プロローグ　Prologue

佐藤直美さんは，中堅のお菓子製造会社で商品企画課に勤務して3年経ちます。今日は，チョコレートを使った新製品の開発について会議が開かれます。佐藤さんは，消費者層としての手堅さを考えて，子どもにターゲットを絞った低価格の商品アイディアを準備してきました。

会議が始まりました。真っ先に手を挙げた先輩の青木良平さんは，リッチな材料を使った本格的な大人向けの商品アイディアを提案しました。佐藤さんは，「なるほどその路線もあるか」と思いながらも，自分のアイディアを紹介して，子ども向け商品の方が利益は見込めると主張しました。すると，1人のメンバーから，「そうした子ども向けの廉価な商品は，大手の販売力が強力で，わが社のような中堅企業の商品は太刀打ちできないよ。本格派で勝負した方が会社のイメージアップにもなってよいと思うな」と意見が出ました。ところが，他のメンバーの中には，「でも，私なら，本格的なチョコがほしいときは専門店の手づくりのものを求めると思うよ。やっぱり，子ども向けの方が堅実じゃないかしら」と，佐藤さんをサポートする人もいます。他にもいろいろと意見が出されましたが，結局，青木さんの路線か，佐藤さんの路線か，焦点が定まらないために企画がまとまりません。

すると，青木さんが思い切ったように，「僕は，昨日，開発部長に相談したんだけど，部長は本格商品で勝負しようとおっしゃってたけどなあ」と言い出しました。この発言に，課長は戸惑った表情で窓の外に視線をやり，他のメンバーもしらけてしまいました。佐藤さんは「なぜ，青木さんは課長じゃなくて部長に相談したのだろう。部長も軽々しく意見を言いすぎだわ。商品開発のコンセプトが決まっているなら，最初から全員にその線で考えてくるように言えばよいのに」と困惑しました。さてさて，はたしてよいアイディア，そしてヒット商品は生まれるのでしょうか。

1 組織経営においてコミュニケーションが果たす機能

コミュニケーションの概念定義は厳密なものもあるが，ここでは簡潔に，人間同士が，たがいの意図・考えを伝えあい，理解しあう行為と規定して論を進める。家族であれ，部活動やサークルの集団であれ，メンバー間のコミュニケーションは重要である。もちろん組織においても同様である。ただ，どのような意味で重要なのだろうか。組織経営の場面において，メンバー間のコミュニケーションはどのような機能を果たしているのだろうか。この問題について，そもそも組織とはいかなる存在なのかを確認しながら，考えてみよう。

組織とは

組織には達成すべき**目標**が明確に存在し，メンバー全員はその目標を認識している必要がある。そして，目標達成のために，メンバー同士が役割を分担しあって，**分業**を取り入れるところに，組織の特徴がある。この分業には，図3-1に示すように，目標達成に必要な業務を，営業や製造，マーケティング，財務などに分類して分担する**水平方向の分業**と，社長，部長，課長などの指示命令・伝達に関わる**垂直方向の分業**の2系統がある。分業は，組織で効率的に目標を達成するために不可欠であるが，その一方で，組織としてまとまりのある行動や判断が必要なときには，連絡を分断してそれを妨害してしまうこともある。メンバー1人ひとりはそれぞれに個性をもっており，ものの見方・考え方は多様に異なるのが自然である。自分は当たり前と思うことが，他のメンバーには奇異に感じられることはありうるし，自分の伝えた事柄が，自分の意図とは異なるニュアンスで解釈されることだって起こりうる。そんなささいな問題でも，業務命令の伝

図 3-1　組織における分業の概念図

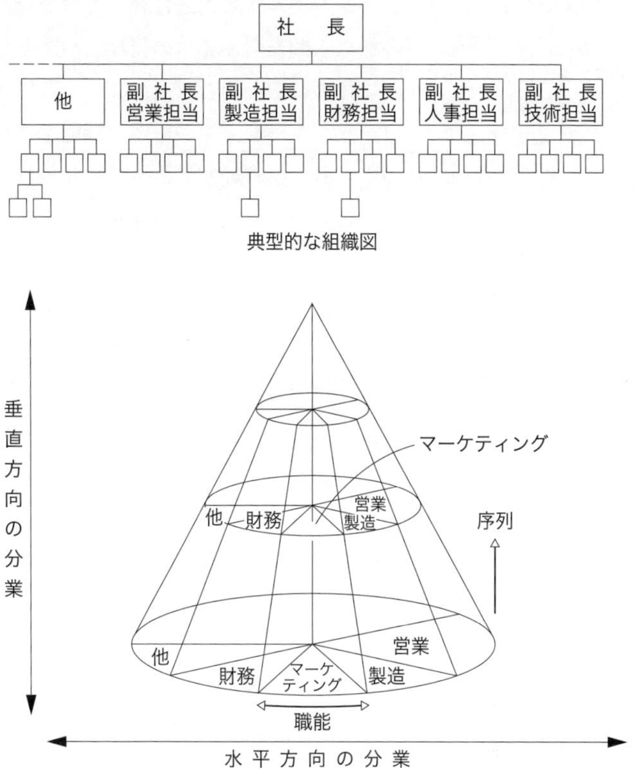

（出典）　Schein, 1980 より作成。

達障害や部署間の対立を引き起こしたり，管理者の間違った判断につながったりすることはありうる。組織では，権限や権力の違いを取り決めたり，就業規則など種々の決まりを設けたり，前例や慣例を参考にしたりして，できるだけ円滑に分業を**統合**しようと工夫を凝らしているが，実際にはさまざまな局面で困難が伴う。組織は業務を分業するだけでなく，それを再統合しなければならないがゆえに，的確なコミュニケーションがぜひとも必要になる。しかし，的確で円滑なコミュニケーションを実現することは容易ではない。

組織コミュニケーションの重要な局面

多様な人間たちが1つの目標に向かって一緒に仕事に取り組む以上，あらゆる局面でコミュニケーションが重要な機能を果たすのはいうまでもない。その中でも，組織経営にとってとりわけコミュニケーションが重要な意味をもつ局面は以下の通り3つに整理できる。

第1は，**情報伝達**の局面である。例えば，垂直方向の分業における両方向のコミュニケーション，すなわち上司から部下への指示，そして部下から上司への報告や相談に関わる局面である。ここでは，伝えたいことがちゃんと伝わるかというコミュニケーションの基本課題が問われる。すでに述べたように，必ずしも容易ではない。

第2は，水平方向の分業における役割間の行動や利害の**コンフリクト調整**の局面である。例えば，支出を抑制したい経理・財務担当者と，ふんだんに販売促進費を投入したい営業・販売担当者とは，同じ組織目標の達成を目指してがんばっているのに，役割上，利害が対立する関係におかれてしまう。これに類する状況は種々発生しうる。こうした役割コンフリクトを調整するコミュニケーションは，効率的な組織経営を考えるうえで重要課題である。

第3は，会議などの**集団意思決定**の局面である。これは，組織を取り巻く環境の変化・推移に関する情報の取り入れと判断の局面としての性格をもつ。第7章で述べるように，組織は環境に適応しながら存続していく存在である。組織の健全な発展を期すためには，組織を取り巻く環境特性とその変化の様相を正確に取り込んで，的確な判断へとつなげていかなければならない。具体的には，会議や打ち合わせといった話し合いの場面で，市場動向やライバル他社の動向など，組織を取り巻く環境に関する種々の情報を正確に取り入れ，合理的・論理的に議論し，対策に関わる的確な意思決定と問題解決を導くコミュニケーションが求められる。それは組織の命運に関わる課題ともいえる。

上述した3つの局面において，組織レベルで行われる情報処理の特性について確認しながら，コミュニケーションの問題を議論し，実際に組織の一員として働きコミュニケーションをとる際に留意すべき事柄について考えていくことにする。

2 組織における情報伝達場面のコミュニケーション

組織における情報伝達の特性

組織の情報伝達で難しいのは，組織の分業の構造ゆえに，トップの指示や意図が末端のメンバーに届くまでに，いくつかの管理職という中継点を経なければならないことが多いことである。逆方向の情報伝達も同様である。末端のメンバーがつかんできた市場動向の情報がトップに伝わるまでに，いくつかの管理職を経なければならない。垂直方向の情報伝達は，いわば伝言ゲームの性格を帯びてくる。自分が聞いた事柄を理解し，他者に伝達することは，一見，単純で容易なことのように思える。しかし，伝言ゲームを経験した人ならよくわかるように，人から人へと伝達されていくうちに，最初の情報は異なる内容へと変化していくことも多い。組織が大きくなり，分業が複雑になるほど，情報伝達は歪みやすくなるばかりか，中継点となる人物の判断しだいでは，次の人への伝達がとりやめになってしまうことさえある。そうなると組織全体でまとまりのある行動や判断をすることは難しくなる。

図 3-2　対人コミュニケーションの成立過程

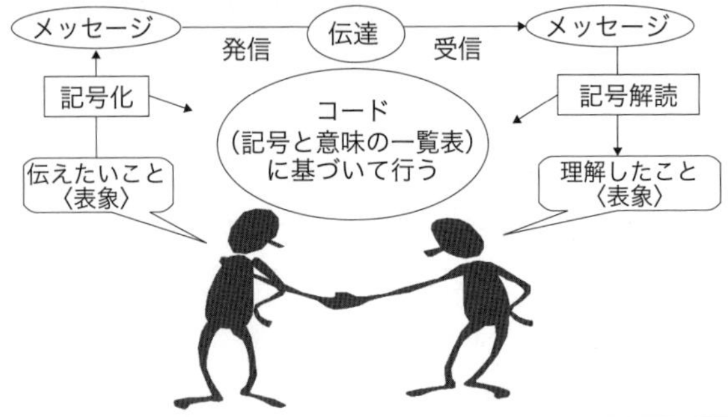

情報伝達が正確に成立するには

図 3-2 はコミュニケーションが成立する基本的過程のモデル図である。伝達者は，みずからの考え・意図（**表象**）を，相手に解読可能な**記号**（言語やジェスチャー・表情など）に正確に変換（記号化）しなければならない。このとき，記号のもつ「**意味**」は伝える側と受け取る側で共有されている必要がある。例えば，英語で "thank you" と言われたときに，その言葉は「ありがとう」という意味をもっていることをたがいが理解していなければ，伝達者の意図は伝わらない。記号の伝達**メディア**（対面による伝達，電話，文書，E メールなど）の違いによっても一定の影響を受けるが，伝達者の思考（表象）から記号への変換そして受信者の記号から理解への解読が，共通の規則（コード）でなされることが的確な情報伝達に必要な要素である。

記号のもつ意味や記号化・解読の規則は，たがいが相互作用しながら共有されていく。業界用語などは，その業界にいる者同士が相互作用する過程で生成されたものである。1 つの記号に独特のニュアンスを込めることができるし，何よりもたがいの的確な意思疎通に便利である。職場の相互作用過程では，メンバーが記号のもつ意味に対する理解がずれていることを認知しあい，修正して，意味を共有するような取り組みが自然に行われる。「コミュニケーションをとろう」というとき，もっと相互作用の機会を増やそうという意味が込められる場合があるのは，**意味共有**が相互作用によって促進されることが期待されるからである。

ITによる組織の情報共有の取り組みとその成果

かつての組織では，垂直の分業による権力の階層構造が，情報伝達の側面では種々の阻害要因となってきた。しかし，**IT**（コンピュータ通信を活用した情報技術）の発展によって，組織の情報処理プロセスに革新的な改善がもたらされてきた。組織の中を流れる情報は，見方によっては，生命体における血液のようなものと見なせる。新鮮な情報が組織全体・メンバー全員にくまなく正確に伝わり（**情報の共有化**），職位・職種に関係なく情報交換や意見のやりとり（**情報のフラット化**）ができれば，組織は活性化することが期待できる。ITはそれを可能にすると期待された。

具体的にイメージしてみよう。トップは自分の考えや意図，経営方針をEメールで全メンバーに一斉に送信することができる。そのトップのメールを受け取った新入社員が，質問や意見を返信することも可能である。各部署のリーダー・管理者と部下の間でも同様の情報交換が可能である。また，ホームページを立ち上げて，トップの方針や組織や業務に関するさまざまな情報を掲載したり，メールを使ってメンバー間でやりとりされている情報をデータベースにしたりして，組織のメンバー全員が閲覧できる。営業担当者のように，業務時間のほとんどを社外で過ごす者でも，スマートフォンやモバイル・コンピュータを持ち歩くことで，新鮮な市場情報を報告できるし，情報や指示も正確に早く受け取ることが可能になる。こ

図 3-3　コミュニケーション行動の変容の様子
――フラット化よりもリーダー集中化

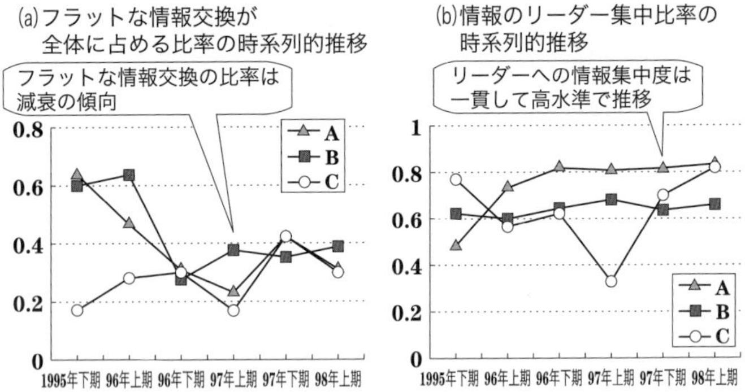

（注）　A，B は業績停滞チーム，C は業績好調チーム。
（出典）　山口，2000 より作成。

うして IT の発展は，以前は困難であった情報の共有化とフラット化の実現を促進すると期待されていた。

しかし，IT の導入が，即座に組織の情報処理に革新的な改善をもたらすとは限らないことが，実証研究によって指摘されている。山口（2000）は，営業活動を業務とする部署については，IT を活用した組織情報システムの導入以降，どの営業担当者も，他の営業担当者との情報交換や意見交換よりも直属の上司とのコミュニケーション偏重の傾向を示すようになったことを見出している（図 3-3）。さらに，その際に部下は上司に活動報告を届け，戦略や具体的対応策の指示を仰ぐ傾向が高まることもわかった。営業活動の成果を高めるには，リーダーを中核としたサミット型の情報交換スタイルの方が効果的である場合が多い。IT の導入は，その効果的なスタイルをよりいっそう強化する形で機能したといえるだろう。フラットな情報交換スタイルの方が効果的な業務（例えば研究開発など）を担当する部署では，IT が理想的な効果をもたらすものと思われる。

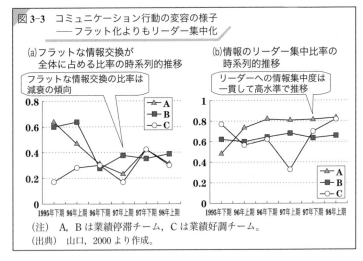

ITの進歩はますます急速かつ多様に展開されており，業務の効率化と高速化をもたらしている。ただ，ここで留意しておくべきは，ITは道具であり，どのように利用するかによって期待するような効果をもたらすか否かが決まるということである。

3 コンフリクト調整場面のコミュニケーション

組織コンフリクトとは　組織のメンバーは，共通の目標達成に向かって協同する関係にある。これが基本である。しかし，分業によって生じる役割の違いは，仕事の仕方やものの考え方の違いを生み出すことがある。先ほど記述した営業・販売担当者と経理・財務担当者のお金の使い方に関する考え方の食い違いはその典型例である。同じ組織に属し，同じように組織の目標達成を目指しながら，個々の局面においては，メンバー間・部署間で競争や対立が生じることがあるのは組織の特徴の１つである。

協同関係と**競争関係**という正反対方向の関係の両方を包摂した関係におかれるとき，それを**コンフリクト**関係と呼ぶ。一般には競争や対立が生じたときにコンフリクトが発生したということが多いが，それは競争・対立関係になった者同士が，本来は協同する関係にあることをふまえていることになる。人間は社会的動物であり，基本的に他者と協同しながら生きていく動物であることを考えれば，われわれが日常経験するほとんどの競争・対立は，協同に反するという意味を込めて，コンフリクトと呼べる。

競争や対立が生じるのは，利害関係に起因するときだけでなく，信念や態度の違い，感情的な対立に起因するときもある。競争の原因によってコンフリクトの性質にも違いが見られる。組織メンバーは，もともと１人ひとり異なる個性や信念・態度をもっていると考えるのが自然であり，しかも分業による役割の違いは立場の違いも生み出す。したがって，一緒に仕事をし，相互作用していく中で，メンバー間あるいは部署間に一定のコンフリクトが発生するのは避けて通れないといえる（山口，1997）。

コンフリクトがもたらすもの

組織コンフリクトの発生は不可避だからといって放置していてはいられない。コンフリクトは，目標達成に向かって組織全体がまとまって行動する際の障害になることは十分に考えられるからである。シャイン（Schein, 1980）は，コンフリクトは組織にさまざまな害悪をもたらすのでできるだけ避けるべきだと述べている。とはいえ，避けたくても避けられない場合もある。また，害悪をもたらすばかりでもない。それは，コンフリクトの発生が，組織で解決すべき課題を明確にする機能を果たすことがあるからである。その課題解決への取り組みは，モスコヴィッシ（Moscovici, 1976）やライム（Rahim, 1986）が指摘しているように，それまでの**組織の硬直化**したシステムに**創造的な変革**と再活性化をもたらす契機となりうる。したがって，コンフリクトの発生をネガティブにばかりとらえるのではなく，組織に存在する問題・課題を明確に把握し，対策を検討する機会として前向きにとらえる姿勢をもつことが大切である。しかし，コンフリクトを組織の創造的な変革の契機とするためには，関係当事者による前向きで適切なコミュニケーションが不可欠である。具体的には，どのようなコミュニケーションが求められるのであろうか。

コンフリクトを克服し生かすコミュニケーション

コンフリクト関係におかれたときの対処行動は図 3-4 のようにタイプ分けできる。コンフリクトの解決には「**問題直視**」が有効

図 3-4　コンフリクトへの対処行動の 5 類型

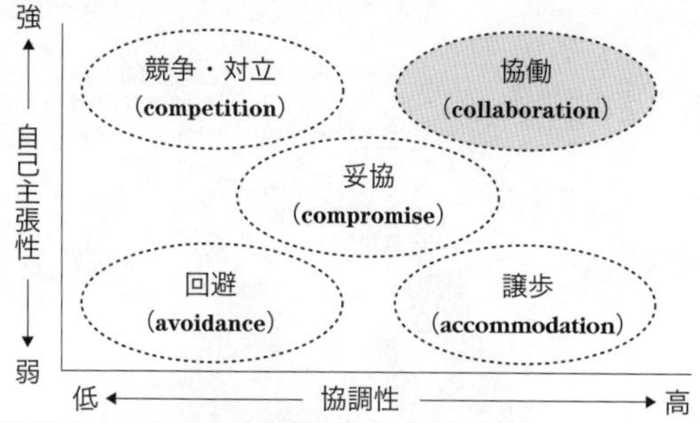

であると指摘されている。たがいが競争・対立している原因はどこにあるのかを冷静かつ的確に直視して，解決方策を検討しようとする態度が「問題直視」である。コンフリクト関係におかれると，ついついネガティブな感情が先走り，自己を過度に正当化し，相手を攻撃する姿勢に陥りがちである。しかし，もともと協同関係にあるからこそのコンフリクトであることを思い起こして，何が問題なのかを直視することがコンフリクトの建設的な解決につながることは容易に理解できる。問題なのは，具体的にどのようにコミュニケーション行動をとるかであろう。

コンフリクト関係にある相手と問題を直視し，解決策を検討する過程は，交渉の様相を呈する。交渉場面におけるコミュニケーションで重要な要素として指摘されるのは「**フレーミング**」である（図3-5)。フレーミングとは，交渉の過程で，何を一番気にするのか，問題となる焦点のあて方を意味している。コンフリクト関係にある相手との話しあいで，自分に都合のよい結果ばかりを期待することは無理で，問題解決のために，たがいに譲歩しあうことが必要になる。そのとき，譲歩は損失を意味する。「いくら譲歩することになるのか」ということを一番気にするとき，「**損失のフレーミング**」で

図 3-5　交渉場面におけるフレーミング

できるだけ譲歩したり
値引きしたりしないように
気をつけなくては
損失にフレーミング
している
お互いに利益
にフレーミン
グして話しあ
えれば統合的
合意に！
この商談を成立させるこ
とができれば，どのくらい
の利益になるだろうか
利益にフレーミング
している

交渉に臨んでいることになる。他方，譲歩しても何かしら得るものがあるからこその交渉である。得るものは利益を意味する。「結局，どのくらい自分に得るものがあるのか」ということを一番気にしているとき「**利益のフレーミング**」で交渉に臨んでいることになる。トヴェルスキーとカーネマン（Tversky & Kahneman, 1981, 1986）は，それぞれのフレーミングで交渉が展開されるときの交渉当事者 2 名の獲得する利益を比較する実験を行って，「利益のフレーミング」で交渉するとき，たがいの得る利益は最大になることを確認している。彼らは，たがいにとって利益の大きい「**統合的合意**の形成」には利益のフレーミングが必要であると指摘している。

フレーミングという意識の問題と並んで，具体的行動として重要なのが「傾聴」である。これは，相手の話に真剣に耳を傾け，よく聴くことを意味する。先述したように，コンフリクト関係に陥ると，人は自己を正当化し，ついつい攻撃的になって，自分の立場や意見を主張したがる傾向が強まる。しかし，たがいに自己主張しあってばかりいては問題の本質は見えてこない。傾聴することで，相手の主張の核心を整理して明確化することが可能になり，こちらにとっても有益な対応策を講じる契機となりうる。ただし，たとえ友達の話でさえ，それに熱心に耳を傾けて聴くことは思いのほか難しいことを，われわれは認識しておく必要がある。ましてやコンフリクト関係にある相手の話を傾聴することは，自分の認識とは異なる見解も提示されたりしてストレスも強い。フレーミング同様，コンフリクト問題解決の有効な方略として強く意識しながら行うべきコミュニケーション行動である。

ここでは，コンフリクトを建設的に解決するためのコミュニケーションに焦点をあてて論じてきたが，現実の組織場面では，コンフリクトの発生が，組織内の権力争いや派閥形成に結びつくこともある。組織は権力闘争の場であると見なせる側面もあり，そうした観点からの組織研究も多数行われてきている。しかし権力闘争は，えてして組織を機能不全に陥らせたり，場合によっては崩壊へと導いたりすることもある。それゆえ，コンフリクトは回避すべきだとする主張もあるが，上述してきたように，コンフリクトを建設的に生かす手立てがあることを理解し，コミュニケーションの果たす機能についても認識しておきたい。

4 集団意思決定場面のコミュニケーション

組織における会議の機能

会議は集団意思決定の場であり，重要な組織コミュニケーションの場面である。会議や打ち合わせのない組織はない。企業や官公庁などでは，会議の多さに辟易《へきえき》する人が少なくないほどである。なにゆえに，組織では頻繁にあるいは定常的に会議や打ち合わせなどの話し合いが行われるのだろうか。1つには，会議には，メンバーが情報を共有して，同一の判断基準のもとに行動をとれるように，情報伝達を徹底するという機能があると期待されるからだろう。あるいは，メンバーの総意に基づく民主的な意思決定を行うことで，異論をもつ者も，協同して決定に従った行動をとる基盤をつくる機能もあると期待されるからだろう。さらには，個人レベルでは解決が難しかったり不可能だったりする問題が，集団レベルでは解決できるのではないかという期待をもって，会議が開かれることも多い。

その期待とは，より**的確な意思決定**を行うことが可能になるという期待であり，さらにはより創造的で独創的な問題解決が可能になるという期待である。個人の判断は，ときに独善に陥ることがある。複数のメンバーで意見を交換しながら，より適切な判断はできないか追求できると考えられる。また，直面する問題の解決方策について，個人単独で考えていくよりも，みんなでアイディアを交換しあい，話しあうことによって，他者の視点や意見が刺激となって，創造的なアイディアの創出を導くことも期待される。

こうした期待に沿った機能を会議が果たすとき，組織経営は順調に進む。しかし，会議が期待通りの機能を果たすことはそれほど容易なことではない。人と人とのコミュニケーションによる集団意思決定であるがゆえの思いもよらない心理的落とし穴が待ち構えている。

集団意思決定過程に潜む心理的罠

会議のような集団意思決定の過程は，メンバー同士のコミュニケーションとたがいの意見や態度とが影響を与えあいながら，ダイナミックに進展する。多くの場合，期待通りの機能を果たすが，場合によってはこのコミュニケーションのダイナミズムがメンバーの情報処理や判断，そして集団の決定を思いがけない誤った方向へと導くことがある。

その代表に**集団分極化**（Wallach et al., 1962；Moscovici & Zavalloni, 1969）と呼ばれる現象がある。これは，集団で話しあって出した決定が，個人単独で行った決定よりも，いっそうリスキー（冒険的・危険）あるいはいっそうコーシャス（慎重）なものになる現象を指している。手術を受けるか否か悩んでいる重い心臓病患者の友人に対して，手術の成功確率がどのくらいならば手術を受けることを勧めるか判断を求められたら，あなたならどう考えるだろうか。個人で判断した後で，グループで話しあうと，他のメンバーの意見に刺激されて，あなた自身の判断も影響を受けることになる。基本的に思い切って手術すべきだと思っている人は，同じような考えのメンバーが他にいることに気づくと心強く感じて，個人単独で考えたときよりも自信が増し，より積極的に手術を勧める立場へと態度をエスカレートさせてしまう。逆に，基本的に手術は回避すべきだという意見の人の場合も，他のメンバーが自分と同じ態度なら，絶対に手術はすべきでないという意見に態度をエスカレートさせる可能性がある。もともと同じ態度・価値観のメンバーが揃って意見交換・コミュニケーションすると，たがいに態度を強化しあうとともに，自分の方がもっと勇気がある（リスキーに）あるいは分別がある（コーシャスに）ことをまわりに印象づけて自己顕示しようとする心理が働きやすい。

また，ジャニス（Janis, 1972）は，およそ愚かな政策決定がなされた歴史上の事例を分析して，**集団浅慮**（groupthink）現象の存在を指摘した。政治家のように社会的権威の高い人々が集まって議論するような場面では，集団分極化のメカニズムと，自己および他のメンバーへの信頼の高さゆえに，客観的な判断の視点を失って，身勝手で愚かな決定を導いてしまうことがあるのである。企業の取締役会議などは，ときに権威主義的で閉鎖的な環境で進むことがあるので

表 3-1 「隠されたプロフィール」の事例

	田中さん	鈴木さん
A さんの受け取った情報	頭脳明晰	明朗・誠実・行動力あり
B さんの受け取った情報	冷静沈着	明朗・誠実・行動力あり
C さんの受け取った情報	誠実	明朗・誠実・行動力あり
D さんの受け取った情報	ユーモア豊か	明朗・誠実・行動力あり
E さんの受け取った情報	行動力あり	明朗・誠実・行動力あり
長所の数	**5**	**3**

客観的に見れば田中さんの方が長所は多い。しかし，各メンバーが初期段階で保持している長所情報は，誰もが田中さんについては **1** 個，鈴木さんについては **3** 個である。会議をして情報交換を行った後，投票をすると，集団としての結論はどうなるだろうか？

→ステイサー（**Stasser, 1992**）らの実験の結果は，鈴木さんが選ばれるケースが多いことを示唆している。**5** つもある田中さんの長所は隠されてしまったも同然になる。人間は，他者から入手した情報よりも，最初から自分がもっていた情報に基づく意思決定をしやすい。

要注意である。その他，表 3-1 に示すように「**隠されたプロフィール**」と呼ばれる現象も見られる。これは，話しあいの過程ではメンバーはたがいに影響を及ぼしあうのだろうが，投票のように最終的に個人の判断を求められると，話しあいの前から自分が所有していた情報を重視した判断を行い，せっかく話しあいで交換された情報は活用されない場合があることを指摘している。これらの研究知見は，人間は話しあうときに，自分の意見を支持・強化する他者の意見や情報は積極的に取り込むが，それ以外の情報は形式的には受け入れても，それほど重視しない傾向があることを示唆している。

なお，組織の集団意思決定過程では，一枚岩で協力しあうべきであるという暗黙の了解が存在して，少数意見を主張するメンバーは，多数意見に**同調**するように**斉一性の圧力**を感じてしまう場合がある。ときには，あからさまに多数者からの圧力を受ける場合もある。こうしたダイナミズムは，組織の集団意思決定の行方に重大な影響を及ぼしている。

合議による的確な判断と創造的な問題解決のために

合議は民主的な印象を与えるが，実際には集団斉一性の圧力が働き，多数者意見を集団の総意として強引に集約しようとするメカニズムが働きやすいことに留意する必要がある。そして，類似した意見・態度のメンバーで構成された集団の合議過程は，集団決定をよりエスカレートしたものにしてしまうことに留意しなければならない。同じ立場で同じ考え方のメンバーとの話しあいはストレスも少なく快適である。しかし，そこには集団分極化の危険が伴うことを認識しておかねばならない。組織にとって大切なことは，話しあうことで的確な情報処理と判断を行って，できればこれまでにない独創的で創造的な施策を生み出すことである。そのためには，異質な意見や考え方をもつメンバーを仲間に入れて話しあうことが鍵を握っている。異質な意見や観点は，コンフリクトを生んでメンバーにストレスを与える可能性があるが，他方で，独善的な見方から抜け出して，客観的で適切な判断に近づくきっかけになったり，1人では思いつけなかった斬新な視点に刺激を受けて創造的なアイディアを生み出す契機になったりする。集団意思決定過程のコミュニケーションがもっている性質を理解し，コンフリクト調整のためのコミュニケーションに求められる視点も取り入れて，異質な意見・態度をもつメンバーを歓迎する姿勢で話しあいを展開することが，的確な判断と創造的な問題解決を導く近道であるといえるだろう。

エピローグ　Epilogue

新製品の企画を話しあっていた佐藤さんたちは，これからどうすればよいでしょうか。意見が食い違うことは，多少なりとも感情的な摩擦を生んで気持ちのよいものではないのですが，本章で論じてきたように，よいアイディアを出すためにはむしろ歓迎すべきことですよね。問題は，そこからたがいの意見を傾聴しあって，よい点を生かしあう姿勢をもつことです。青木さんが課長の頭越しに部長の意見を紹介したことは，明らかにたがいの役割分担をないがしろにして，自分の意見を強引にでも押し通そうとする態度の表れのように思われます。組織内の権力闘争なのではなくて，市場でより支持される商品の開発のための会議であることを全員が再確認する原点に戻ることが大切だと思われます。そして，経営方針として新商品のコンセプトが決まっているのかを課長から確認してもらって，改めてたがいの見解をわかりやすく説明しあい，理解しあうところへと進むことです。人間ですから感情的にもなりますが，組織目標を確認し，たがいに協同する関係が基盤になることをふまえて，コンフリクトを恐れず，たがいに的確でわかりあえるコミュニケーションを心がけていけば，それまでにない独創的で創造的な商品アイディアが創発される可能性も出てきます。

まとめ　Summary

組織におけるコミュニケーションは，正確な情報伝達，コンフリクトの調整，的確で創造的な集団意思決定，といった局面で重要な機能を果たしている。組織は，その目標を効率的に達成するために，水平方向の分業と垂直方向の分業を取り入れている。分業が進むと，それぞれの役割が生み出した成果を組み合わせて，組織全体の成果としてまとめる統合の過程が必要になる。そのためには，役割間で円滑な意思疎通を行い情報を共有することが大切になる。しかも，分業による役割の違いは，立場の違いや仕事の進め方に対する考え方の違いなども生み出すので，役割間のコンフリクトを生み出す。コンフリクトは放っておくと組織を崩壊にさえ導きかねないが，上手に調整することで，組織の創造的な変革につながる可能性をもっている。また，メンバー同士のコンフリクトも発生することがあるが，これもやみくもに避けようとするよりも，たがいの意見をよく理解しあうコミュニケーションによって上手に調整することが大切である。集団分極化現象に代表されるような集団意思決定場面における心理的な罠に陥らないためにも，集団内に異質な意見をもつ者がいることは歓迎すべきこととととらえるべきである。

文献案内　Book Guide

古川久敬（**2015**）『「壁」と「溝」を越えるコミュニケーション』ナカ

ニシヤ出版

●組織コミュニケーションを阻害してしまういわゆる「壁」や「溝」とはいかなるものなのかを組織心理学的視点で解き明かし，それを克服するために必要となる「共に見る」ことについて解説する。

ボーム，D.／金井真弓訳（2007）『ダイアローグ――対立から共生へ，議論から対話へ』英治出版

●目的をもたず，いっさいの前提を排除して，オープンに対話するダイアローグを取り入れることが，組織コミュニケーションにもたらす効果について説明した著書。新しい組織コミュニケーションを考えるうえで参考になる。

大渕憲一（2010）『謝罪の研究――釈明の心理とはたらき』東北大学出版会

●組織活動においてしばしば必要となる謝罪コミュニケーションに関する研究の第一人者による著書。科学的な研究成果に基づいて，適切な謝罪コミュニケーションのあり方を考えるのに役立つ。

第4章　仕事の能率と安全

生産性と安全性は両立するのか

プロローグ　Prologue

横田俊介さんは家電メーカーの工場で働いていますが，先日の人事異動で総務部福利厚生課から安全推進室に配属されました。最近，同じ会社の別の工場で労働災害による死者が出たため，事故防止対策に万全を期すようトップから強い指示が出たばかりのタイミングです。横田さんは使命感に燃えて仕事に取り組み，安全マニュアルの作成や，安全パトロールの強化などを行ったほか，現場には毎朝作業班ごとのツールボックスミーティングで予定作業の危険予知活動をして安全作業の確認をすること，安全マニュアルに定められた場所とタイミングで必ず指差呼称をすること，作業標準を厳格に遵守することを呼びかけました。

しかし，現場では安全マニュアルはなかなか定着せず，指差呼称も安全通路の歩行も保護具着用も完全には守られませんでした。そこで，安全パトロールで不安全状態や安全マニュアル違反を見つけると「イエローカード」を出し，累積**3**枚でその班には反省文を提出させるという新たな対策を工場の安全衛生委員会に提案しました。ところが，これには生産部門から予想外に強い反発が起こりました。「会社が価格競争に生き残るため，再三にわたるリストラをした結果，現場は以前の半分の人員でこれまで通りの生産量を確保している。そんな忙しい中，スイッチを押すたびにいちいち指差呼称をしていられないし，倍も遠まわりになる安全通路を近道したくなるのも仕方がないだろう。生産性を低下させるような安全対策を強制するのはやめてくれ」と言うのです。

横田さんは助けを求めるように工場長の顔を見ましたが，工場長は「まあ，何事もやりすぎはよくないね。生産した製品を売るのが飯の種だからな」と提案を却下してしまいました。「何だ，工場長も日頃は安全第一だなんて言っているくせに，本音は安全より生産優先なのか」と横田さんは裏切られたような気分になってしまいました。

1 仕事のやり方を決定し，改善する手法

作業設計，作業研究，時間研究

作業設計とは，作業の方法，手順，人数，役割分担，1人あたり/1日あたりの作業量，作業時間－休憩時間の組み合わせなどを決定することである。伝統工芸の製造などでは，代々受け継がれている作業方法が，じつは長年の経験の中で最適化された作業設計であるということも多い。しかし，現代産業社会では，技術進歩の速さ，経済環境の変化の激しさ，製品寿命の短さなどの要因から，つねに新しい生産システム，作業システムが導入され，リフォームされる必要に迫られている。作業設計にはさまざまな側面・段階があるが，中でも産業・組織心理学に関連が深く，重要なものは，作業改善を行うために作業の現状を分析する**作業研究**（work study）である。

産業心理学の祖といわれるミュンスターベルク（Münsterberg, H.）も1913年に著した『心理学と産業能率』(Münsterberg, 1913）において，「最良の仕事」を研究目標の1つとして挙げているが，はじめて実践的かつ合理的に作業設計をする手法を編み出したのはテイラー（Taylor, 1911）である。テイラー（Taylor, F. W.）が開発した**時間研究**（time study）のおもな手順は次の通りである（向井・蓮花，1999)。

① 作業を単純な要素動作に分解する
② 要素動作中の無駄な動作を抽出し，排除する
③ 熟練者の要素動作をストップウォッチで計測し，最速，最善の方法を選定する
④ 避けることのできない遅延，中断，事故や故障への対応など優秀な作業者に付加する余裕率を算出する

⑤　肉体的疲労の回復に必要な作業中に与えるべき休憩時間とその間隔について研究する

⑥　要素作業分析の過程で，作業条件の欠点を明らかにし，また，工具や諸条件の標準化を行うことで，よりよい作業方法の発見を容易にする

この時間研究に基づく作業改善，標準作業量の決定，出来高払い賃金の算定は**科学的管理法**（または**テイラー主義**）と呼ばれ，折から大量生産時代に突入したアメリカ工業の生産性向上に多大な貢献をした。テイラー主義は画一的な作業方法と標準作業量を全労働者に強制する点や，作業者の心理的側面を無視している点などから，現在では批判の対象となることが多い。しかし，例えば，ショベル1杯の重さが一定の場合に最大の作業量となることを実験的手法で解明し，材料の比重に合わせて10種類のショベルを用意することで，どの材料でもショベル1杯が同じ重さとなるよう工夫するなど（正田，1992），現代の人間工学につながる先駆的業績は高く評価すべきである。

動作研究と動作経済の法則

テイラーが要素作業の時間に着目したのに対し，ギルブレス夫妻（Gilbreth & Gilbreth, 1918）は作業動作に着目した**動作研究**（motion study）を発表した。彼らは，豆電球を作業者の身体各部位につけて映画フィルムに撮影して運動軌跡を分析するなどの方法で，作業動作の中の無駄な動きを発見し，「唯一最善の方法」を探ることを目指した。唯一最善の方法は以下に挙げた4つの「動作経済の原則」（principles of motion economy）に従って設計される。

①　最も疲労の少ない動作をなすこと

②　不必要な動作を省くこと

③　最短距離の動作をなすこと

④　動作の方向を円滑にすること

そして具体的には，道具や材料の配置を工夫する，作業手順を改善する，スムーズな連続動作や複数動作の同時遂行ができるように作業者を教育訓練する，などを通して実現されると主張し，実際にレンガ積み作業などに応用してめざましい成果を実証した。

テイラーの時間研究とギルブレス夫妻の動作研究はバーンズ (Barnes, 1958) によって「動作・時間研究」として統合され，現在でも生産管理における作業設計の基本となっている。

2　わが国の労働災害の現状

労働災害（略して労災）とは，「労働者の就業に係る建設物，設備，原材料，ガス，蒸気，粉じん等により，又は作業行動その他業務に起因して，労働者が負傷し，疾病にかかり，又は死亡することをいう」（「労働安全衛生法」第2条の1)。わが国における労災による死者数は，1961年の6712人をピークとしてほぼ一貫して減少を続け，2018年には909人となった（図4-1)。これは，国と産業界挙げての努力の賜物であるが，特に1972年に施行された労働安全衛生法の効果はめざましく，この年に5631人を数えた死者が4年後の1976年には，早くも約40% 減の3345人にまで減少している。しかし，21世紀の今日でも毎年1000人近い死者が出続けていることは厳然たる事実であり，死亡に至らずとも労災のため4日以上仕事を休んだ人の数を含めると（休業4日以上の死傷者数）12万7329人，労災保険新規受給者数は約69万人にものぼる（いずれも2018年のデータ；厚生労働省労働基準局，2019)。

労働災害の統計にしばしば使われる指標に**度数率**と**強度率**がある。

図 4-1　わが国における労働災害死亡者数の推移

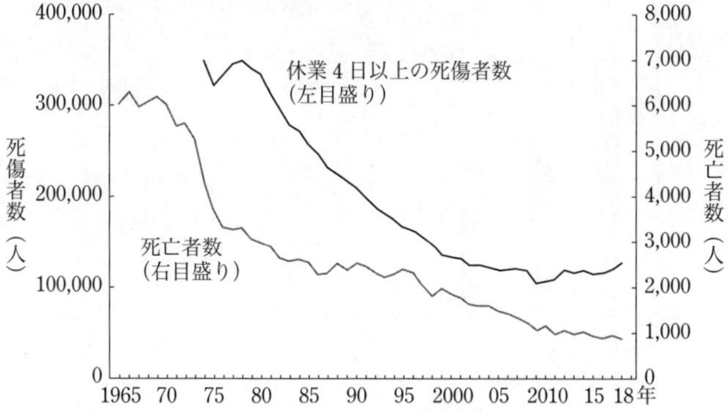

（出典）　独立行政法人労働政策研究・研修機構，2019 より作成。

度数率は 100 万延べ労働時間あたりの死傷者数であり，災害の発生率を反映する。一方，強度率は 1000 延べ労働時間あたりの労働損失日数であり，災害の重篤度を勘案した指標である。労働損失日数とは労災による休業日数に 365 分の 300 を乗じた数で，死亡した場合の労働損失日数は 7500 日，身体障害が残るケガについては障害の等級に応じて定められた日数を適用する決まりとなっている。2018 年の統計では，製造業の度数率は 1.20，強度率は 0.10 であるのに対し，建設業では度数率 0.79，強度率 0.28 となっている（全産業では度数率 1.83，強度率 0.09，ただし事業所規模 100 人以上）。また，事業所の規模別に度数率を比較すると，従業員数が少ない会社ほど発生率が高く，大企業に比べて中小企業の安全対策が不十分なこと，あるいは，危険な仕事が大企業から中小企業に外注されていることなどの問題点を読み取ることができる（図 4-2）。

図 4-2　事業所規模別の度数率と強度率

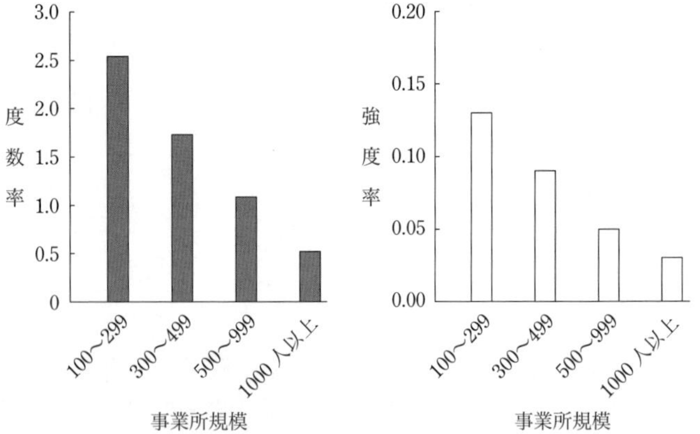

（出典）厚生労働省，2019 より作成。

3　ヒューマンエラーと不安全行動

ヒューマンエラーとは何か

労災は作業者が高所から転落したり，機械に挟まれたり，刃物で切ったり，つまづいて転んだり，落ちてきた（誰かが落とした）ものに潰されたり，交通事故を起こしたりして発生する。つまり，大部分が本人または周囲で働いている誰かのエラーに起因するのである。仕事中のエラーは労働災害だけでなく，航空機事故，鉄道事故，医療事故，原発事故，化学プラント事故などさまざまな事故の要因として重大視されている。さらに，あらゆるシステムがコンピュータ化されている現在においては，プログラム上のエラーやデータ入力上のミスが，思いも寄らぬトラブルや損失につながることも少なくない。ヒューマンエラーは安全の面からも，ビジネス・マネジメントの面からも対処すべき大きな問題なのである。

ヒューマンエラーとは，意図した目標を達成することに失敗した，あるいは意図しない負の結果（事故や損失など）をもたらした人間の決定や行動であり，①意図的におかしたものでないこと，②通常は正しく遂行する能力があること，③システム・組織・社会などが期待するパフォーマンス水準を満たさなかったこと，の3点によって特徴づけられる。

ヒューマンエラーの分類と発生メカニズム

ヒューマンエラーの発生メカニズムについては認知心理学的なアプローチを中心として研究が進められており，中でもノーマン（Norman, D. A.）のATSシステムとリーズン（Reason, J.）のGEMSが有力な理論的枠組みを提供している。

ノーマン（Norman, 1981）は行為の意図を形成する段階で発生するエラーをミステイク（mistake），意図を実行する段階で起きるエラーをアクション・スリップ（action slip）と分類した。すなわち，ミステイクは行為の意図が間違っていたもの，アクション・スリップは意図は正しかったのにその通りに実行できなかったものといえる。ただし，ミステイクは意識的情報処理過程で発生するエラー（錯覚，判断ミスなど）と考えられており，自動的情報処理過程で生じる意図形成エラーは次に述べるATSシステムの中で説明されている。

ATS（activation-trigger-schema）システムとは，人間の行為が意図の形成，スキーマの活性化，スキーマの実行という3段階から構成されているというモデルで，アクション・スリップ（行為のうっかりミス）を意図形成段階の失敗，スキーマ活性化の失敗，スキーマ実行段階の失敗に分類する。スキーマとは構造化された記憶や知識を表す認知心理学的概念であるが，ノーマンは宣言的記憶（知識や出来事の記憶）にとどまらず手続き的記憶（条件反射や技能の記憶）にもこの概念を拡張して，「反復経験によって構造化され記憶された知覚・認知・行為のパターン」というような意味に用いている。意図形成段階のスリップとしては，各駅停車を運転している電車運転士が快速電車を運転していると勘違いして停車すべき駅を通過してしまう（「モードエラー」と呼ばれる）例，スキーマ活性化の失敗としては，臨時作業でいつもとは別のことをしなければならないときに，ついいつも通りの作業をしてしまう（不適切なスキーマが活性化された）例，スキーマ実行段階のエラーとしては，慣れた一連の動作の途中で話しかけられたためにミスをする（スキーマが混乱する）例などを挙げることができる。

リーズン（Reason, 1990）はノーマンのモデルにラスムッセン（Rassmussen, J.）のエラー分類を組み合わせたGEMS（generic error modelling system）を提案した。ラスムッセン（Rassmussen, 1986）によるとプロセス・オペレータ（化学プラントや原子力発電所の運転員など）に見られるヒューマンエラーは，熟練した技能動作中に発生するスキルベース・エラー（skill-based error），規則に従って操作する過程で適用すべき規則を間違えるなどのルールベース・エラー（rule-based error），知識を動員して問題解決を求められる局面で失敗する知識ベース・エラー（knowledge-based error）に分類される。リーズンのGEMSによるエラー分類は表4-1のように，ATSシステムとラスムッセンのアイディアを統合した形となっている。

意図的な不安全行動

産業現場では安全マニュアル違反や，事故につながりかねない危険な行動を**不安全行動**という。不安全行動の多くは本人の意図的な行動選択の結果であり，意図しないでおかしてしまうヒューマンエラーとは別の心理的メカニズムが背後にある。リーズン（Reason, 1997）は，ヒューマン

表 4-1　GEMS によるエラー分類

スキルベースのスリップ	
不注意	**注意しすぎ**
二重捕獲スリップ	省略
その後の解釈の省略	繰り返し
意図の減少	逆転
知覚の混乱	
干渉によるエラー	
ルールベースのミステイク	
正しいルールの適用間違い	**誤ったルールの適用**
最初の例外	コード化での欠陥
カウンターサインとノンサイン	行動での欠陥
情報の過負荷	誤ったルール
ルールの強さ	エレガントでないルール
一般的なルール	得策でないルール
冗長性	
固執性	
知識ベースのミステイク	
選択性	
作業空間の限界	
去る者日々にうとし	
確信バイアス	
自信過剰	
バイアスをもっての内省	
相関関係の錯覚	
ハロー効果	
因果関係による問題	
複雑さによる問題	
遅れたフィードバックでの問題	
時間に関する不十分な考察	
指数的に進行する事象での難しさ	
因果性について網状でなく，直線的な思考	
論理的放浪性	
包のう性	

（出典）　Reason, 1990 より作成。

図 4-3　リスク・テイキングのプロセス

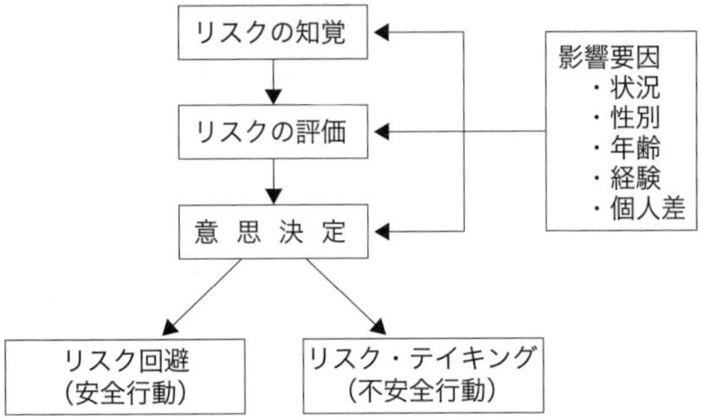

(出典)　芳賀，2000 より作成。

エラーが人間の情報処理の問題であり，個人に即して理解することができ，情報提示機器の改良などで低減可能であるのに対し，違反は意思決定の問題であり，社会的文脈でのみ理解することができ，動機づけや集団規範からのアプローチによってのみ低減可能であると指摘した。違反の要因としては次の 5 点が挙げられる。

①　ルールを知らない

②　ルールを理解していない

③　ルールに納得していない

④　ルールを守らない人が多い

⑤　ルールを守らなくても注意を受けたり，罰せられたりしない

心理学では危険を伴うが成功した場合に利得をもたらす決定や行動を敢行することを**リスク・テイキング**と呼ぶ。リスクをテイクするか回避するかは図 4-3 に示すようなプロセスを経て行われ，①リスクに気づかないか主観的に小さいとき，②リスクをおかしても得られる目標の価値が大きいとき，③リスクを避けた場合のデメリットが大きいときにリスク・テイキングが誘発される。

職場の不安全行動は上記違反の要因とリスク・テイキングの要因

が複数存在する状況で多発するのである。

4 事故防止対策

職場での取り組み

労働安全衛生法は安全な職場を確保することを事業者の責務とするとともに，労働者の側にも労災防止に必要な事項を守ること，事業者等が実施する労災防止措置に協力することを義務づけている。そして，事業場の規模と業種に応じて，総括安全衛生管理者，安全管理者，安全衛生推進者等を選任し，安全衛生委員会を設置することが定められている。

この法律の枠組みの中で，あるいは枠組みを超えて，職場ではさまざまな安全推進活動が展開されている。例えば中央労働災害防止協会（中災防）が1973年に提唱した**ゼロ災運動**は「人間尊重の理念に基づき，全員参加で安全衛生を先取りし，一切の労働災害を許さずゼロ災害，ゼロ疾病を究極の目標に働く人々全員が，それぞれの立場，持ち場で労働災害防止活動に参加し，問題を解決するいきいきとした職場風土づくりをめざす運動」とされ，現在もなお活発な活動が展開されている。また，本来は品質管理のための自主的小集団活動として製造業の現場に普及した**QCサークル**も，しだいに活動の幅を広げ，生産性向上や作業改善，安全対策等について話しあい，提案する場となっている。**QC**（quality control）の理論と手法を組織全体の経営管理に応用する形にしたのが**TQM**（total quality management）であり，日本科学技術連盟（日科技連）の指導のもとに安全確保を含むさまざまな活動を展開している。

危険予知訓練（**KYT**）は住友金属工業の労災防止活動の中から編み出され，後に中災防がゼロ災運動に取り入れて全国的に普及した事

図 4-4　**KY** シートの例

危険予知訓練シート

状　況

C 君は，荷物にワイヤをかけて地切りをしたが，ワイヤをかける位置が悪かったので床におろしてワイヤの位置をなおしている。

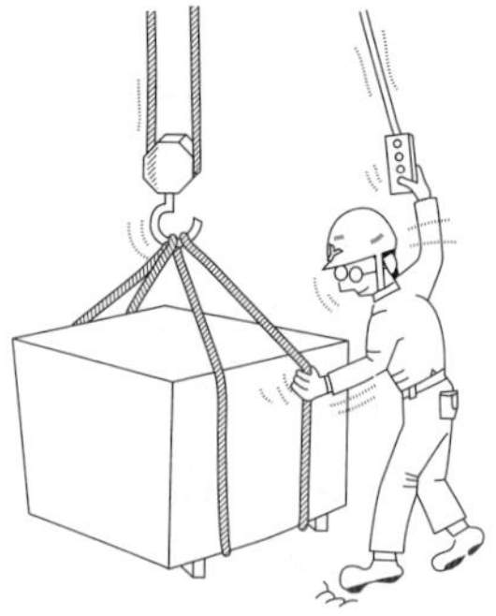

故防止活動である。ここでは，日頃行っている作業について，①どんな危険が潜んでいるか（第1ラウンド：現状把握），②どれが危険のポイントか（第2ラウンド：本質追究），③事故を予防するにはどうすればよいか（第3ラウンド：対策樹立），④私たちはこうする（第4ラウンド：目標設定）をグループで話しあい，決定する。不安全な作業をしているイラスト（KYシート，図4-4）を材料にして時間をかけて話しあい，1人ひとりの危険感受性を高めたり，職場改善・作業改善につなげる使い方がオリジナルな形であるが（田辺，1988），現在では，その日これから行おうとする作業について作業チームが短時間に話しあい，作業上の注意点を確認しあい，行動目標を唱和する形のKYミーティングも広く普及している。

古くから鉄道で行われていた信号確認，安全確認のための動作に起源を発する**指差《ゆびさし》呼称《こしょう》**も，多くの産業現場で重要なエラー防止対策

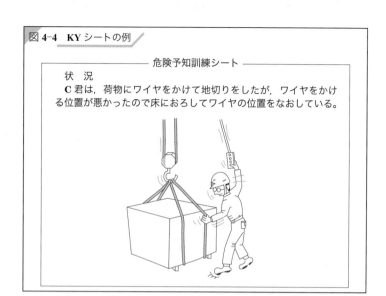

図 4-5　ハインリッヒの法則

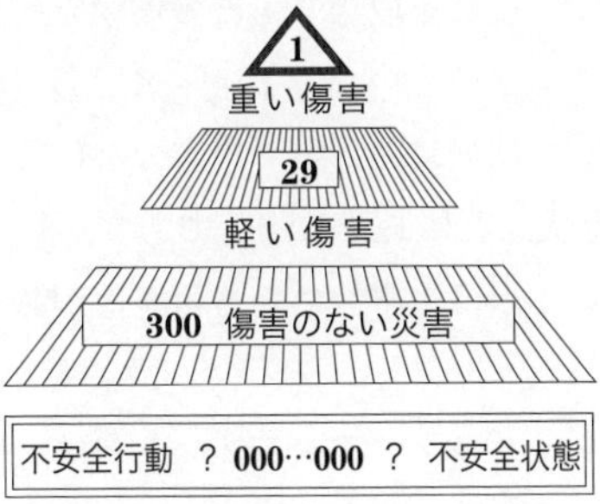

（出典） Heinrich et al., 1980 より作成。

として導入されている。操作をするスイッチなどを指差して，その名称と行おうとする操作を発声し，操作後の状態を再度指差呼称で確認して「よし！」と締めくくるのが基本パターンである。指差呼称の効果については旧国鉄の研究所において清宮ら（1965）が，JR の研究所において芳賀ら（1996）がそれぞれ室内実験によって選択反応課題のエラー防止効果を実証しているほか，作業指示書を読むときに指差呼称することで，その内容の記憶がより強く固定されることを示唆する実験報告も発表されている（彦野ら，2002；高橋・芳賀，2003）。

ハインリッヒの法則

ハインリッヒ（Heinrich, H. W.）は保険請求のデータに基づいて，「同じ人間が起こした同じ種類の災害が 330 件あれば，そのうち 300 件は無傷で，29 件が軽い傷害を伴い，1 件は重い傷害となる」という「1 対 29 対 300 の法則」または**ハインリッヒの法則**として知られる経験則を発表した。さらに，この 300 件の無傷害災害（例えば転倒したというインシデント）の陰には無数の不安全行動・不安全状態があるという（図 4-5）。多くの産業現場では，古くから「ヒヤリハット」事例の収集と分析が行われている。ヒヤリハットとは，ヒヤリとした，ハッとした体験のことで，これを収集し，その体験を共有したり，事故が起きる前に対策を立てるというアイディアである。ヒヤリハット事例はハインリッヒの法則における「傷害のない災害」あるいは「不安全行動・不安全状態」にあたる部分であり，対策をとらずに繰り返していると，いつかは大事故になる可能性があると考えられる。

リスク・アセスメント　リスク・アセスメントとは，事業場にある危険性や有害性を特定し，そのリスクを見積もったうえで優先度を決め，リスクを低減する措置をとる活動である。リスクを低減する措置の中には，危険な作業の廃止・変更，施設の改修，装置・設備の改善，マニュアルの整備，保護具の使用などが含まれる。

一般に労災防止の目的で利用されているリスク・アセスメント手法は，作業ごとあるいは設備ごとに潜在的リスクを探り出し，そのリスクが実体化する可能性と，実体化した場合の被害の程度をおおざっぱに見積もり，①許容しうるリスクとして対策が不要なもの，②可能ならば対策をとった方がよいもの，③なるべく早く効果的な対策をとるべきもの，④緊急に徹底的な対策を実施すべきもの，などと分類する。参考までに，医療事故防止の目的で医療機関が利用するために筆者が作成したリスク評価基準の試案を表 4-2 に示す。

なお，化学物質を使う事業場については，労働安全衛生法の改正により 2016 年からリスク・アセスメントの実施が義務化された。事業者は使用する化学物質の（爆発・火災などの）危険性，（作業者の健康などへの）有害性を調べ，リスク・アセスメント結果に基づいて，適切にリスクを低減する措置を講じなければならない。

表 4-2　リスク・レベルの評価基準（例）

可能性	重大性 0	1	2	3	4
0	I	I	I	I	I
1	I	I	II	III	III
2	I	II	II	III	IV
3	I	II	III	III	IV
4	I	II	III	IV	IV

I：許容しうるリスク（対策不要）
II：小程度のリスク（可能ならば対策をとった方がよい）
III：中程度のリスク（効果的な対策が必要）
IV：重大なリスク（緊急かつ徹底的な事故防止対策が必要）
（出典）　芳賀，2002 より作成。

安全管理のための適性検査

鉄道で運転士や車掌，その他運転取り扱い業務に就く人は，運転適性検査に合格しなければならない。これは鉄道輸送の安全を確保するために行われるもので，一般の職業適性検査とはやや性格が異なるものである。同様のテストが道路交通の職業ドライバー向けに開発されていて，各都道府県にある自動車事故対策センターで3年ごとに受検し，診断を受けるよう国土交通省が指導している。鉄道と違って合否判定はなく，診断結果を本人と会社にフィードバックして安全運行管理に利用する制度となっている。航空パイロットも適性検査を受けるが，訓練前のそれはパイロットに必要な技能と知識を身につける能力があるかどうかを確認する目的も兼ねており，訓練で脱落する者を予測することで訓練する側も受ける側も時間と費用を無駄にしないですむ。パイロットの資格取得後は半年ごとのチェックを受ける。

このように，運輸産業では適性検査が安全管理の一環として活用されているが，他産業ではあまり使われていない。適性検査で測定するのは教育・訓練や経験によって上下するような能力ではなく，比較的長期間変化しないと考えられる認知・行動上の特徴である。しかし，ある職種に関して事故に結びつく個人要因を特定して（例えば注意集中の維持）それを測定できたとしても，体調や心理状態，仕事意欲の変化による個人内変動の方が，テストで測られる個人間変動を上まわる。事故反復者や，エラーの多い特定個人の存在は現場の安全管理者がしばしば指摘するところであるが，検査成績が悪い者を仕事から外すことができるほど予測精度の高いテストをつくることは難しいのが現状である。

安全マネジメントシステム

安全マネジメントシステム（safety management system；SMS）は，経営手法であるマネジメントシステムや品質管理手法（quality management system；QMS）を事故防止に応用したもので，数値目標の策定，PDCA を用いた目標管理，外部監査・内部監査による実施状況のチェック，遂行するための体制・ルールの制定，実施記録の整理と保管などを特徴とする。PDCA とは，安全目標を定めて，それを実現するための計画（P: plan）を立て，実行し（D: do），その結果や途中経過を振り返り（C: check），目標の修正や実施方法の見直しを行い（A: act），次の計画（P: plan）のステージに戻る継続的目標管理である。

労働災害については，1990 年に厚生労働省から「労働安全衛生マネジメントシステムに関する指針」が出され，2006 年には運輸・交通の事故防止を目的として，航空，鉄道，船舶，道路の交通・運送事業者を対象とする「運輸安全マネジメント制度」も発足した。

5 安全文化

安全に関する組織風土，企業文化が**安全文化**である。ある組織，グループの構成員が総体として，安全の重要性を認識し，ヒューマンエラーや不安全行動に対して鋭い感受性をもち，事故予防に対する前向きの姿勢と有効な仕組みをもつとき，そこには安全文化があるといえる。

リーズン（Reason, 1997）によると，組織がよき安全文化を獲得するために，以下の4つの要素を「エンジニアリング」しなければならない。

① 「報告する文化」——エラーやニアミスを隠さず報告し，その情報に基づいて事故の芽を事前に摘み取る努力が絶えず行われることである。

② 「公正な文化」——許容できる行動と許容できない行動の基準について組織構成員の間で合意が形成され，その基準に基づいて公正に賞罰が決められていることである。

③ 「柔軟な文化」——危機的状況や想定外の事象に直面した際に，現場第一線への権限委讓が行われる柔軟性を組織がもっていることである。

④ 「学習する文化」——報告された内容や，過去または他の企業や産業で起こった事故，安全に関するさまざまな情報から学ぶ能力，学んだ結果をもとに，みずからにとって必要と思われる改革を実行する意思と仕組みを組織がもつことである。

6 ヒューマンファクター

ヒューマンファクターズ（human factors）とは，使いやすさ，効率性，快適性，安全性を目標として，人間の特性，能力，限界に関する情報を探求し，得られた知見を道具・機械・作業・システム・環境の設計に応用する実践的学問である（Sanders & McCormick, 1987 の定義を一部変更）。エルゴノミクス（ergonomics）も人間工学もほぼ同義語であるが，日本では安全問題に関連して「**ヒューマンファクター**」の語がよく使われる。単数形のヒューマンファクターにはまた，事故に関連した人的要因の意味もある。

ヒューマンファクターに関連するシステム構成要素を図示したものが m–SHEL モデルである（図 4-6）。本人を表す中央の L（liveware；人間）を取り囲んで，S（software；ソフトウェア），H（hardware；ハードウェア），E（environment；環境），L（他の人間，共同作業者など）が配され，さらに各要素の関係をコーディネイトするように m（management；管理，経営）が周回している。1 人の作業者のパフォーマンスは，本人の能力や努力だけでなく，m–SHEL すべての要因が影響しているのだから，作業の効率アップも事故防止対策もこれらすべての要素について，中心の L とのインターフェイスを考慮しつつ最適化しなければならないという，ヒューマンファクターの基本理念を表すものである。

図 4-6　m-SHEL モデル

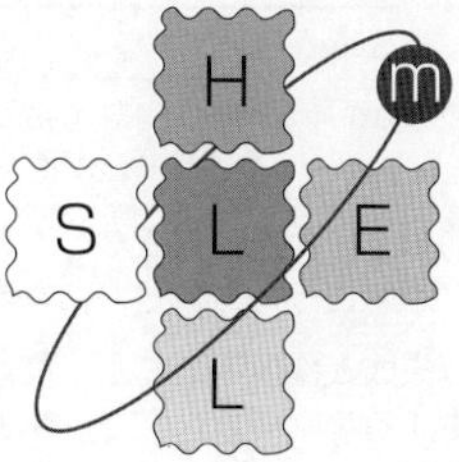

（出典）　河野，1999 より作成。

7　レジリエンス・エンジニアリング

2005 年前後からヒューマンファクターズの研究者の一部が「レジリエンス・エンジニアリング」を提唱しはじめた（Hollnagel et al., 2006）。レジリエンス・エンジニアリングにおけるレジリエンスとは，「システムが想定された条件や想定外の条件のもとで要求された動作を継続できるために，自分自身の機能を，条件変化や，外乱の発生前，発生中，あるいは発生後において調整できる本質的な能力」のことである。レジリエンス・エンジニアリングは，システムがレジリエントであるための要件，システムのレジリエンスを評価する手法，レジリエンスを高める方法などを研究し，その知見を実践的に応用することを目指している。

レジリエンス・エンジニアリングは，従来の安全マネジメントの考え方を大きく転換しようとしている。従来は，人間のエラーや違反がシステムの安全性を脅かす重大な要因と考え，それらを減らす努力を重ねてきたが，レジリエンス・エンジニアリングでは，危険なシステムを人間が安全に機能させていると考える。そして，事故

表 4-3　Safety-I と Sefety-II の対比

	Safety-I	Safety-II
安全の定義	失敗の数が可能な限り少ないこと	成功の数が可能な限り多いこと
安全管理の原理	受動的で，何か許容できないことが起こったら対処	プロアクティブで，連続的な発展を期待する
事故の説明	事故は失敗と機能不全により発生する	物事は結果にかかわらず基本的には同じように発生する
事故調査の目的	原因と寄与している要素を明らかにする	時々物事がうまくいかないことを説明する基礎として，通常どのようにうまくいっているかを理解する
ヒューマンファクターへの態度	人間は基本的にやっかいで危険要素である	人間はシステムの柔軟性とレジリエンスの必要要素である
パフォーマンス変動の役割	有害であり，できるだけ防ぐべきである	必然的で，有用である。監視され，管理されるべきである。

（出典）　Hollnagel, 2014 より作成。

を引き起こすヒューマンエラーや失敗の事例を分析して，その原因を取り除くのではなく，人がどのようにシステムを安全に機能させているのかについて，すなわち，日常の作業実態に焦点をあてて対策を考えるべきだと論じる。さらに，人や組織がほとんど毎日成功裏にシステムを動かしているのは，決められたことを決められた通りに行っているからではなく，さまざまな変動に対応して柔軟な行動をとっているからなので，人と組織のレジリエンスを高める方策をとることが安全確保に重要だと主張する。

レジリエンス・エンジニアリングの創始者の1人であるホルナゲル（Hollnagel, E.）は，「Safety-II」という概念を提唱した（Hollnagel, 2014, 2018）。これまで，安全はリスクが小さいこと，事故が少ないことと考えられてきた（これをSafety-Iと呼ぶ）。そのため，安全の目標は事故リスクを低減することにおかれ，失敗しないやり方をマニュアルに定めて，それを皆が守る，皆に守らせるという形の安全管理が重視されている。しかし，現場第一線は，よりよいサービス，よりよい品質のために努力をしているし，さまざまな外乱や変動に直面しても，パフォーマンスを維持するための工夫をしている。決して，決められたことを決められた通りにだけ行っているわけではないのである。Safety-IIは，安全の定義を「成功の数が可能な限り多いこと」と定義し直すことによって，現場がマニュアル主義に陥らないで自律的に考え，行動すること，それによって想定内の変動にも，想定外の変動にも柔軟に対処することを期待する。

Safety-IとSafety-IIの対比を表4-3に掲げる。

エピローグ　Epilogue

生産する人の立場を無視して，安全だけを絶対視したところに横田さんの失敗があるようです。生産と安全を二者択一のものとして秤にかけてはいけません。働かないで家で布団をかぶって寝ていることが安全なのでしょうか。そうではなく，人間の活動に伴う危険をコントロールして目的を全うしてこそ「安全」といえるのです。仕事の邪魔になり，生産現場からそっぽを向かれるような安全対策は実行されないし，仮に強制できたとしても長続きしません。横田さんは働く人が安心して効率よく働けるようにするにはどのような安全対策がよいのか，検討しなおす必要がありそうです。例えば，高所での作業現場で足場を広くし，しっかりした手すりを付ければ，作業者はいままでより速く移動できるし，転落の危険を気にせず安心して仕事に集中できるでしょう。もちろん，ときには安全性と効率性が対立することもあります。そのときは，リスク・アセスメントの結果に基づいて生産現場とよく話しあい，安全対策の重要性を十分説明し，説得したうえで，協力を求めます。納得できないルールは守られないのですから。

まとめ Summary

生産性向上は市場経済を生き抜く企業にとって不断の目標である。初期の産業心理学は，科学的・実証的な方法で作業を分析し，効率的な作業方法を設計するのに大きな貢献をした。しかし，安全性をないがしろにして効率のみを追求すると事故を起こし，被災者のみならず企業にとっても命取りになる場合がある。わが国の労働災害は，労働安全衛生法をはじめとする法的整備と，企業・労働者双方の努力により，死者の数では 50 年前の 7 分の 1 以下に減少したが，それでも毎年約 69 万人もの労災保険新規受給者が発生している。労働災害に限らず，さまざまな事故の主要な要因となっているのが，意図しないヒューマンエラーと意図的な不安全行動である。これらの発生メカニズムについて，心理学的な研究が進められている。具体的な事故防止活動としては，ゼロ災運動，QC サークル，KYT，指差呼称，ヒヤリハット事例収集などの実践的取り組みがあり，TQM，リスク・アセスメント，適性検査などはより管理的取り組み，安全マネジメントは全社的・総合的取り組みといえる。安全も効率も，作業をする人間と，環境，機械，ソフトウェア，他の人間や組織とが調和し，適合しているときにこそ実現する。成功を続け，成功を増やすことを「安全」と定義するレジリエンス・エンジニアリングの考え方は，働く人の仕事意欲と安全意欲を両立させるヒントになるだろう。

文献案内 Book Guide

芳賀繁（2009）『絵でみる失敗のしくみ』日本能率協会マネジメントセンター

- イラストでエラーの心理的メカニズムをイメージしながら，失敗の発生原因と，効果的な予防対策が理解できる。

芳賀繁（2012）『事故がなくならない理由（わけ）――安全対策の落とし穴』PHP 研究所

- 事故や病気や失敗のリスクを減らすはずの対策や訓練が，往々にしてリスクを増やすことにつながるのはなぜか。安全対策と人間行動の関係を深く理解するのに役立つ。

芳賀繁（2000）『失敗のメカニズム――忘れ物から巨大事故まで』日本出版サービス（文庫版は角川書店，2003 年）

- 交通事故，航空機事故，鉄道事故，医療事故，労働災害，家庭内事故などの現状を概説したうえで，それらの要因となるヒューマンエラーの発生メカニズムがわかりやすく解説されている。

芳賀繁監修（2018）『ヒューマンエラーの理論と対策』NTS 出版

●ヒューマンエラーのメカニズム，注意，疲労，ストレスとヒューマンエラーの関係などについての研究や理論と，運輸，製造，建設，医療などの現場で起きるヒューマンエラーの対策を，それぞれの分野の専門家が解説している。

第5章 職場の快適性・疲労・ストレス

毎日健康に働くために

プロローグ　Prologue

小川貴之さんはIT業界に入って9年目のシステムエンジニア（SE）です。会社はいろいろな企業からコンピュータのソフトウェアを受注して製作する業務を行っています。小川さんも入社以来，デパートの顧客情報システム，運送会社の輸送管理システム，食品メーカーの経理システムなどを製作するプロジェクトを手がけてきました。

現在は，あるレストラン・チェーンのアルバイトの勤務時間管理と給与計算をするシステムづくりの仕事をしています。どのプロジェクトでもそうだったのですが，納期の1カ月前くらいから極端な長時間労働が続き，土日の休みもなく，終電ギリギリに終わって帰宅し，翌朝早く出勤する毎日です。最後の1週間は泊まり込みも覚悟しなければなりません。若い頃は体力も気力も充実していて，さして苦にならなかったのですが，30歳を過ぎてからは，朝起きるときに前日の疲れが残っていて，自分の体にむち打つようにして寝床から這い出します。昨夜は帰りの電車で居眠りをして乗り越してしまい，2つ先の駅からタクシーで帰宅しました。妻は心配して，「疲れが溜まっているみたいよ。無理しないで少し休ませてもらったら？」と言うのですが，自分が休みをとったら開発チームのみんなに迷惑がかかるのは目に見えているし，デートの約束があるからと残業を拒否して帰ってしまう若者を無責任だと常日頃批判している手前，病気でもないのに，疲れているなどという理由で休むわけにはいきません。

しかし，そういえば隣の課のチーフエンジニアはうつ病になって長期欠勤をしているし，最近，同業他社のSEが過労死したという話も聞いたし，自分もこんな生活を続けていて大丈夫かなあと心配になる今日この頃です。

1 ワークロード

作業負荷・作業負担・疲労の関係

要求される作業（仕事）の量，速さ，難しさなどを**作業負荷**（work stress）という。荷物の運搬作業における荷物の重量，組立作業におけるベルトコンベアの速度，航空管制官が同時に管制する航空機数，営業社員にノルマとして課された毎月の契約額などが作業負荷の大きさを示すものといえる。

作業負荷によって**作業負担**（work strain）が生じる。作業負担とは作業負荷に対する作業者の身体的・精神的反応である。負担が大きいと，心拍数が増加したり，血圧が上昇したり，汗をかいたり，精神的に緊張したりする。

しかし，同じ 5 kg の荷物を同じ距離だけ運ぶ仕事でも，体格のよい 20 歳の男性にとっては軽い負担かもしれないが，華奢な 60 歳の女性にとっては過重な負担だろう。同じ人が同じ仕事をしても，体調の悪い日には負担が大きい。天候，気温，騒音などの環境条件によっても作業負担は変化する。作業意欲が低いと負担が大きく感じられたりする。つまり，作業負担は作業負荷と単純な関係にあるのでなく，作業者の能力，状態，作業環境などから影響を受けるものである。

作業負担は作業者および作業者のパフォーマンス（作業の質や量）にさまざまな効果を及ぼす。適度な負担はよい効果（促進的効果）を生み，過度や長時間のワークロードは悪い効果（減退的効果）をもたらす。促進的効果の例としては，覚醒水準や注意力の高まり，作業意欲の増大，練習効果などが挙げられる。一方，減退的効果と

図 5-1　作業負担とその要因・効果の関係

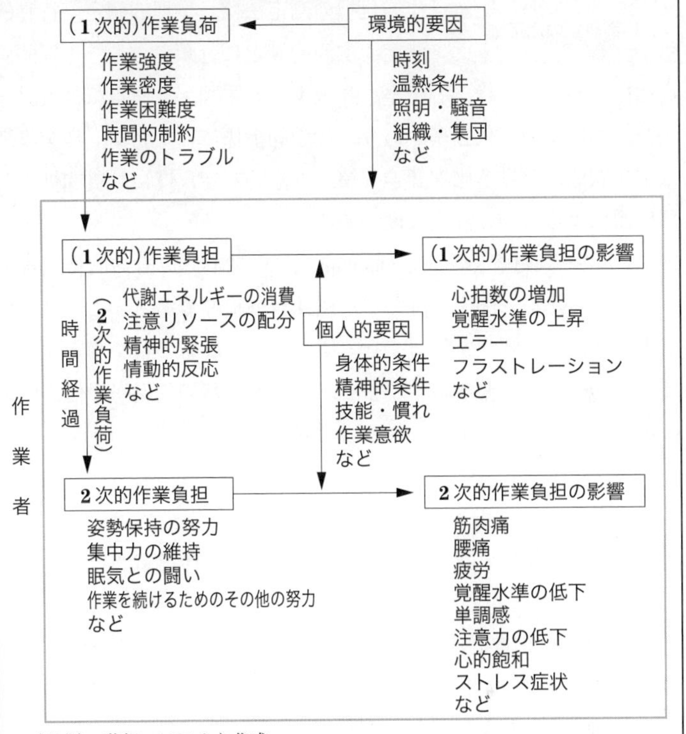

（出典）　芳賀，1997 より作成。

しては情報処理資源の不足，**疲労**および**疲労様状態**（単調感，心的飽和，注意力低下）が生じ，結果的にパフォーマンスが低下する。一般に，疲労様状態は作業終了と同時に解消し，疲労は休憩によって回復する。疲労が休憩，休息によって回復せず，次の勤務まで持ち越す状態になると**過労**と呼ばれ，疾病の原因となることがある。作業負荷，作業負担，作業負担の効果，作業負担への影響要因を図 5-1 に要約した。なお，作業負荷と作業負担をあわせて，広義の作業負荷，または**ワークロード**（workload）と呼ぶことがある。

作業負担の測定法

作業負担の測定法は，生理的測定，行動的測定，主観的測定に分類できる。生理的測定指標の例としては，心拍率，呼吸率，筋電図，皮膚電気抵抗反応，脳波，エネルギー代謝率があり，行動的指標には，姿勢，作業成績，二重課題法における副次課題成績，主観的測定尺度には質問紙または口頭による各種の評定尺度がある。

エネルギー代謝率（relative metabolic rate；RMR）は身体的作業負担を評価するために開発されたわが国独自の指標である。これは，作業中と回復時の呼気を集め，その中の二酸化炭素の量を測定することにより作業に必要なエネルギーが作業者の基礎代謝率の何倍にあたるかを次の式で算出する（沼尻，1972）。

エネルギー代謝率＝(作業および回復時の総代謝量－安静時代謝率×作業・回復時間)÷(基礎代謝率×作業時間)

二重課題法は精神的作業負担（メンタル・ワークロード）を測定する際に用いられる。人間の情報処理容量には限界があるので，作業に必要な処理容量が多いほど，余裕容量（スペア・キャパシティ）は少なくなる。そこで，作業中に別の課題（副次課題）を付加して，副次課題の作業成績を主課題（ワークロードを測りたい作業）の指標にするのである（図5-2）。例えば，自動車の運転中に計算問題を聴覚提示し，口頭で解答してもらうと，走行速度が上がるにつれ，あるいは交通混雑度が増すにつれ，解答までの時間や誤答数が増大する。副次課題としては，暗算課題のほか，視覚刺激や聴覚刺激（例えばランプ点灯やブザー音）に対する単純反応時間，継時的に１つずつ提示される複数種類の刺激（色，形，文字，単語，音のピッチなど）に対

図 5-2　二重課題法における作業成績と投入リソース量の関係

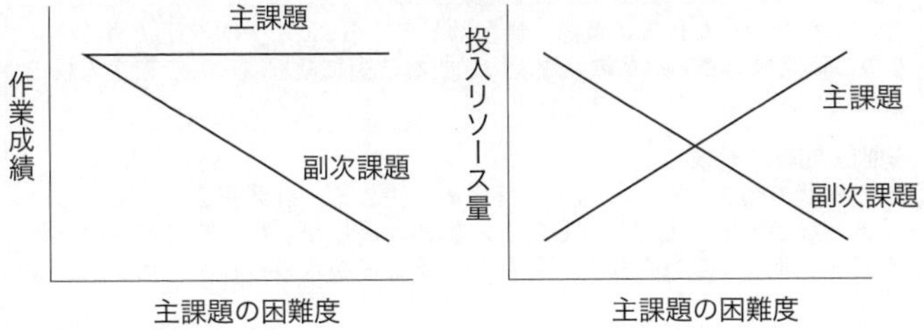

（出典）　芳賀，1993 より作成。

する選択反応課題，特定の刺激（例えばア行の文字）を検出する課題，特定の刺激の提示回数をカウントする課題，刺激をいったん記憶して後に提示される刺激と照合する課題などさまざまなものが用いられる。二重課題法においては，主課題の作業成績が副次課題遂行によって影響を受けないよう，副次課題の選択と実験参加者への教示を慎重に検討しなければならない。

作業負担の主観的測定は，作業者自身に評定尺度を与えて記入してもらう方法が一般的である。作業や負担測定の目的に合わせて尺度（質問項目）を作成する場合と，既存の尺度を用いる場合がある。メンタル・ワークロード測定尺度としてよく利用されるものとしては，NASA-TLX（NASA task-load index）と SWAT（subjective workload assessment technique）が挙げられる（Hart & Staveland, 1988；Reid & Nygren, 1988；三宅・神代，1993）。芳賀と水上（1996）による日本語版 NASA-TLX では，6 つの下位尺度について，評定対象となる作業を評定者が遂行する際に負担の要因として重要なものはどちらかという観点で一対比較した結果から計算された重みを使って，遂行後の評定値を加算平均する。図 5-3 が評定用紙の見本である。

図 5-3　日本語版 **NASA-TLX** の評定用紙

今あなたが行った作業の負荷・負担はどのくらいのレベルでしたか？
6つの作業負荷要因ごとに，線上の適当な位置に縦線（｜）を書き入れてください。

知的・知覚的要求
どの程度の知的・知覚的活動（考える，決める，計算する，記憶する，見る，など）を必要としましたか。課題は易しかったですか難しかったですか，単純でしたか複雑でしたか，正確さが求められましたか大ざっぱでよかったですか。

小さい ├────────────────┤ **大きい**

身体的要求
どの程度の身体的活動（押す，引く，回す，制御する，動き回る，など）を必要としましたか。作業はラクでしたかキツかったですか，ゆっくりできましたかキビキビやらなければなりませんでしたか，休み休みできましたか働きづめでしたか。

小さい ├────────────────┤ **大きい**

タイムプレッシャー
仕事のペースや課題が発生する頻度のために感じる時間的切迫感はどの程度でしたか。ペースはゆっくりとして余裕があるものでしたか，それとも速くて余裕のないものでしたか。

弱い ├────────────────┤ **強い**

作業成績
作業指示者（またはあなた自身）によって設定された課題の目標をどの程度達成できたと思いますか。目標の達成に関して自分の作業成績にどの程度満足していますか。

良い ├────────────────┤ **悪い**

フラストレーション
作業中に，不安感，落胆，いらいら，ストレス，悩みをどの程度感じましたか。あるいは逆に，安心感，満足感，充足感，楽しさ，リラックスをどの程度感じましたか。

低い ├────────────────┤ **高い**

努力
作業成績のレベルを達成・維持するために，精神的・身体的にどの程度いっしょうけんめいに作業しなければなりませんでしたか。

少ない ├────────────────┤ **多い**

（出典）　芳賀，2001 より作成。

2 疲労とストレス

疲労の自覚症状

疲労は作業負担の減退的効果の1つである。疲労の程度や現れ方を調べることにより，作業負荷の程度，作業負担の種類などを評価することができる。

疲労の主観的評価尺度としてわが国で広く使われているのは**自覚症状しらべ**である。これは日本産業衛生学会産業疲労研究会によって1954年にはじめてつくられ，1967年に改訂された○×式のものが普及しているが，近年における労働様態の大幅な変化を受けて2002年に再度の改訂が行われた。この新版の調査票（自覚症しらべ）は，25項目の評定尺度で構成され，表5-1の5つの群別に合計スコア（またはそれを5で除した平均値）を求め，群別に疲労状況を評価できるようになっている（酒井，2002）。現物が日本産業衛生学会産業疲労研究会のサイト（http://square.umin.ac.jp/of/service.html）か

表 5-1　自覚症しらべの5つの群

Ⅰ群：ねむけ感	ねむい，横になりたい，あくびがでる，やる気がとぼしい，全身がだるい
Ⅱ群：不安定感	不安な感じがする，ゆううつな気分だ，おちつかない気分だ，いらいらする，考えがまとまりにくい
Ⅲ群：不快感	頭がいたい，頭がおもい，気分がわるい，頭がぼんやりする，めまいがする
Ⅳ群：だるさ感	腕がだるい，腰がいたい，手や指がいたい，足がだるい，肩がこる
Ⅴ群：ぼやけ感	目がしょぼつく，目がつかれる，目がいたい，目がかわく，ものがぼやける

（出典）日本産業衛生学会産業疲労研究会サイトより作成。

らダウンロードできるので参照してほしい。

疲労状態のまま作業をすると，作業ミスや労働災害の要因となるだけでなく，はなはだしい場合は熱中症，心不全など急性症状の引き金となって命に関わることもあるし，過労状態が長期間にわたれば，心身の健康を損ねる結果になりかねない。

精神的ストレスによって損なわれるメンタルヘルス

疲労と同様に悪い影響を与えるのが**精神的ストレス**（mental stress）である。精神的ストレスは作業負荷（work stress）の中の精神的側面なので，適度な場合は促進的効果ももたらすものであるが，一般的用法としては減退的効果の要因となる場合に使われることが多い。精神的ストレスの要因として，達成困難な目標，不満足な作業成績，タイムプレッシャー，不慣れな仕事，不向きな仕事，重すぎる責任，過度な期待，良好でない人間関係などが挙げられる。家庭や個人生活上のストレスが仕事を遂行する際に悪影響を及ぼすこともある。

精神的ストレスが大きすぎたり，長期間継続したりすれば，心身の健康を損ねる。会社に行くために背広に着替えてネクタイを結ぼうとするたびに吐き気がする人，毎朝，通勤電車の途中で便意をもよおし途中下車する人，ストレスを紛らすために毎晩飲む酒の量が増えてアルコール依存になった人，深夜に駐車場の車のタイヤに穴を開けて歩き逮捕された人，突然駅のホームから電車に飛び込んで自殺した人，などなど，仕事上のストレスが心身症，抑うつ状態，神経症，うつ病，自殺などにつながったと考えられる事例は近年増加する一方である。そのため今日では，職場の精神健康保健（**メンタルヘルス**）が安全衛生上の重要課題となっている。

厚生労働省の指針に基づく取り組み

従業員の心身の健康を守り，増進することは雇用者の義務である。1988年の労働安全衛生法改正に伴って厚生労働省が指針を決め，中央労働災害防止協会が推進している**「トータル・ヘルスプロモーション・プラン」（THP）**では，「事業場の安全衛生委員会又は衛生委員会の審議を得て，健康保持増進計画（中長期の目標の設定，年次計画）を決め，各職場での健康保持増進措置の実施についての事業場内での協力体制をつくり，その健康保持増進計画に基づいて**産業医**を中核としたスタッフ（運動指導担当者，運動実践担当者，心理相談担当者，産業栄養指導担当者及び産業保健指導担当者）がそれぞれの専門性を生かしつつチームを組んで個人の健康づくりを進める」とされている。生活習慣病予防や高齢化対策と並んで，職場のメンタルヘルスもTHPの重要な目標であった。さらに，その後の深刻な状況を受けて，厚生労働省は2000年に「事業場における労働者の心の健康づくりのための指針」を策定し，その普及と定着を図っている。この指針によると，働く人のメンタルヘルスケアは次の4種類のアプローチによって行われる。

① セルフケア ── 労働者がみずから行うストレスへの気づきと対処であり，事業者は，労働者に対してセルフケアに関する教育研修，情報提供等を行うとともに，労働者がみずから相談を受けられるよう必要な環境整備を行う。

② ラインによるケア ── 管理監督者が行う職場環境等の改善と相談への対応等であり，管理監督者は，個々の労働者に過度な長時間労働，過重な疲労，心理的負荷，責任等が生じないようにする等の配慮を行うとともに，日常的に，労働者からの自主的な相談に対応するように努める。事業者は，管理監督者に対する心の健康に関する教育等を行う。

図 5-4　心の健康づくりのための指針による 4 つのケアのおもな内容と事業者の役割

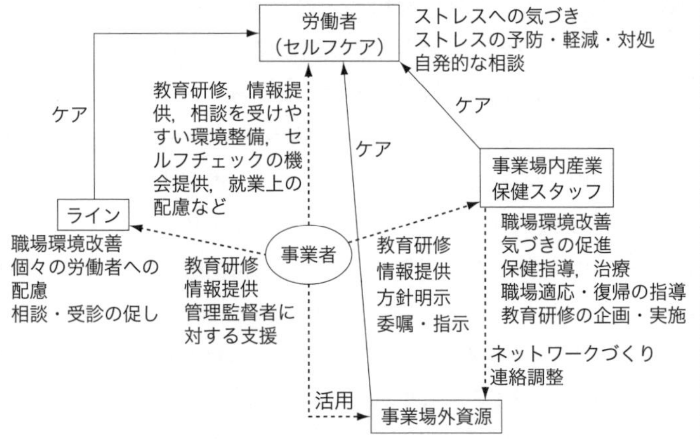

③　事業場内産業保健スタッフ等によるケア――産業医，衛生管理者等の事業場内産業保健スタッフ等による専門的ケアであり，事業場内産業保健スタッフは，管理監督者と協力して職場環境の改善を図るとともに，労働者のストレスや心の健康問題を把握し，保健指導，健康指導等を行う。また，専門的な治療を要する労働者への適切な事業場外資源を紹介し，心の健康問題を有する労働者の職場復帰および職場対応を指導および支援する。

④　事業場外資源によるケア――産業保健推進センター等の事業場外の機関や専門家によるケアであり，事業者は必要に応じ，それぞれの役割に応じた事業場外資源を活用する。

③④に関連して，最近は，社内に臨床心理士や産業カウンセラーが常駐する心理相談室を設けたり，外部**従業員援助プログラム**（employee assistance program；**EAP**）機関などとの連携を図るなどして，メンタルヘルス対策を強化する企業が増えている。図 5-4 は上記 4 つのアプローチと事業者の役割を図にまとめたものである。

ストレスチェック　「ストレスチェック」とは，ストレスに関する質問票に労働者が記入し，それを集計・分析することで，自分のストレスがどのような状態にあるのかを調べる検査である。従業員 50 人以上の事業場は年 1 回，全従業員のストレスチェックを行うことが，2014 年の労働安全衛生法の改正によって 2015 年 12 月から義務づけられた。

ストレスチェックの企画をし，結果を評価する実施者は，産業保健や精神保健に関する知識をもつ医師，保健師，必要な研修を修了した看護師，精神保健福祉士に限定されていたが，2018 年より，研修を終了した歯科医師と公認心理師が追加された。

ストレスチェックの結果は受診者にフィードバックされ，ストレスが高いと診断された者は希望により医師の面談指導を受けることができる。また，部署などの集団ごとに集計し，ストレスが高い集団には，心理的負担を軽減するための適切な措置を行うことが事業者の努力義務となっている。

3　職場環境

作業負荷（作業要求）が同じでも作業環境によって作業負担が大きく異なる。これは，同じ荷物を運ぶにも，真夏の炎天下よりも空調の効いた屋内の方が楽であることを考えれば容易に理解できるだろう。環境によっては，作業負担どころか，作業者の健康に直接被害を与える有害環境もある。

おもな作業環境要因として，温熱，湿度，粉じん，気圧，水圧，騒音，照明，放射線などがある。現在の日本では，極端に劣悪な作業環境はなくなったものの，一部特殊環境下の作業，屋外や仮設的作業場，臨時作業の発生する箇所などに，改善や特別な配慮（作業時間の制限など）を要するものがある。

労働安全衛生法の一部が1992年に改正され，事業者は快適な職場環境の形成に努めることとされた。この法律の規定により厚生労働省は「事業者が講ずべき快適な職場環境の形成のための措置に関する指針」（**快適職場指針**）を定めた。快適な職場環境を実現・維持するために事業者が取り組むべき事柄は次の4点にまとめられる。

① 作業環境を快適な状態に維持管理すること
② 労働者の従事する作業について，その方法を改善すること
③ 作業に従事することによる労働者の心身の疲労を回復するための施設・設備の設置・整備をすること
④ 労働者の職場生活において必要となる施設・設備の設置・整備をすること

それまでの法律の考え方は，労働者を劣悪な環境下で働かせることを規制する，そのために守るべき最低限の職場環境を定めるというものであった。しかし，この改正以降は，より快適な労働環境に改善することを事業者の義務としたのである。①に関しては，上記のような，直接的に作業効率，健康に影響を及ぼす物理的作業環境だけでなく，壁や床の色彩，自然採光，観葉植物，水槽，パーティション，BGMなど心理的影響に配慮した環境設計，環境改善が求められる。また，オフィスの喫煙対策（換気，分煙）もいまや不可欠である。②は作業負担の軽減を主眼として，作業姿勢の改善，重筋作業の低減，緊張作業の短縮などが求められる。③に該当する施設・設備は，具体的には休憩室，仮眠室，喫煙所，スポーツ施設，シャワールーム，相談所などであり，④には洗面所，更衣室，食堂，喫茶室，飲み物の自動販売機などが挙げられる。

エピローグ Epilogue

KAROSHI という単語が国際的に通じる言葉になってしまったくらい，過労は現代の日本の職業生活を脅かす重大問題です。第 **2** 章で学んだワーク・モチベーションも，命を削ってまで働きすぎることのないよう，ときにはブレーキをかける必要があるのかもしれません。小川さんもたまには休暇をとって，心身ともにリフレッシュする必要がありそうです。経営者は短期的な利益に目を奪われず，ワークロードの適正化が長い目で見れば品質と生産性の維持・向上に役立つことを理解しなければなりません。

まとめ Summary

作業負荷によって作業負担が生じる。作業負担は情報処理資源の不足，疲労，単調感，心的飽和，注意力低下などをもたらし，作業パフォーマンスを低下させる。休憩によっても回復せず，次の勤務まで持ち越す疲労を過労といい，疾病の原因となることがある。作業パフォーマンスの低下（特に事故につながるエラー）や心身の健康を害する過労を避けるため，さまざまなワークロード測定手法や疲労の評価尺度が開発されている。

疲労と並んで心身に悪影響を及ぼすのが精神的ストレスである。精神的ストレスは作業負荷（困難な目標，タイムプレッシャー，慣れない仕事内容など）に由来するもののほか，職場の人間関係や家庭の問題が関与している場合も多い。職場のメンタルヘルスが現代日本の重要問題となっており，トータル・ヘルスプロモーション・プラン（**THP**）や「事業場における労働者の心の健康づくりのための指針」に基づく施策が進められている。**2015** 年からは，ストレスチェックの実施が一定規模以上の事業者に義務づけられた。

職場環境の改善は心身の作業負担を軽減するためにも必要であり，現在では劣悪な物理的作業環境をなくす対策から一歩進んで，快適な職場環境の形成が事業者の努力義務となっている。

文献案内 Book Guide

ラザルス，**R. S.**・フォルクマン，**S.**／本明寛・春木豊・織田正美監訳（**1991**）『ストレスの心理学——認知的評価と対処の研究』実務教育出版

●ストレス研究の歴史の中で最も重要なラザルスの理論を基本から学ぶには必読の書。専門書ではあるが，訳が読みやすく，内容もわかりやすい。

川上憲人（2017）『基礎からはじめる職場のメンタルヘルス――事例で学ぶ考え方と実践ポイント』大修館書店

●著者は厚生労働省の「労働者のメンタルヘルス対策に関する検討委員会」や「労働者の心の健康の保持増進のための指針」作成に関わったメンタルヘルスの第一人者。本書は管理監督者，人事労務担当者に向け，大事な考え方と実践していくポイントを，やさしくわかりやすく解説している。

鈴木浩明（1999）『快適さを測る――その心理・行動・生理的影響の評価』日本出版サービス

●**JR** の研究所で列車の乗り心地を研究している著者が，「快適さ」の測定法について幅広い視点からまとめた好著。

日本産業衛生学会・産業疲労研究会編集委員会編（1995）『新装 産業疲労ハンドブック』労働基準調査会

●「産業疲労とは何か」から始まって，労働者の疲労と健康障害の実態，疲労調査の方法から疲労対策の進め方まで，産業疲労についてのすべてを知ることができる。

第6章 キャリアの展開と生涯発達

人生をどう歩むか

プロローグ Prologue

湯婆婆《ゆばーば》「ここはね，人間の来る所じゃないんだ。八百万の神様たちが疲れを癒しに来るお湯屋なんだよ。それなのに，お前の親はなんだい。お客様の食べ物を豚のように食い散らして。当然の報いさ。お前も，元の世界には戻れないよ。子豚にしてやろう。あっ，石炭という手もあるね」

千尋《ちひろ》「ここで働かせてください！」

湯婆婆「まだそれを言うのかい」

千尋「ここで働きたいんです!!」

怒りの顔つきで，千尋に迫る湯婆婆。

湯婆婆「なぁんであたしが，お前を雇わなきゃならないんだい。見るからにグズで，甘ったれで，泣き虫で，頭の悪い小娘に，仕事なんかあるもんかね。お断りだね。これ以上石潰しを増やしてどうしろっていうんだい。それとも一番つら～い，きつ～い仕事を，死ぬまでやらせてやろうか？」

(中略)

契約書とペンが，千尋の手元に舞い降りる。

湯婆婆「契約書だよ。そこに名前を書きな。働かせてやる。その代わり，いやだとか帰りたいとか言ったら，すぐ子豚にしてやるからね」

跪いて書いている千尋の下から，書類がするりと抜けて，湯婆婆の手元に飛んでいく。

湯婆婆「千尋というのかい。贅沢な名だね」

「荻野千尋」と書かれた署名から，「荻」「野」「尋」の三文字が浮き，湯婆婆の手の中で握りつぶされる。

湯婆婆「今からお前の名前は千《せん》だ。いいかい，千だよ。わかったら返事をするんだ，千っ」

千「あ，はい」

映画『千と千尋の神隠し』(2001，宮崎駿監督，スタジオジブリ）より

職業探しは自分探し

プロローグは，映画『千と千尋の神隠し』のワンシーンである。千尋という名の少女が，引っ越し先へ向かう途中で，神々の住む世界に迷い込んでしまう。両親は豚に変えられてしまったが，千尋は少年ハクに助けられ，働かない者はこの世界では動物に変えられてしまうことを知る。魔女の湯婆婆と交渉し，下働きの仕事をなんとか得ることができた千尋が，いやな客を厭わず，デキが悪くても必死に努力して，周りに認められ，親や周りの人々を助けられるまでに成長していく。美しくもなく，聡明でもない都会育ちのふつうの少女が，世間の荒波に揉まれ，仕事を通して能力と人格を開花させていく成長物語である。

学校だけが成長の場ではない。成熟した社会では，暮らす場と学ぶ場と働く場が分断され，自宅と学校と職場がそれぞれ違う働きを担っている。子ども時代には，学校と家庭だけに成長の機会は限られている。しかし青年期になれば，活動の場が広がり，仕事を通して社会の役に立ち，自分自身を確立していく経験を得ることは自然なことだ。

子どもの発達が心理学の中核的なテーマであることは，心理学を少しでも勉強したことがある人であれば知っているだろう。言葉を習得し，遊びと学習を通じて知能を開花させ，親との愛着を得て，社会性を身につけるまで，知能や情緒の面でさまざまな発達を見せていく。その変化があまりにも劇的なため，乳幼児期と学童期に，発達心理学の視点が釘づけになっている。

しかし，人間の一生を眺めてみれば，学童期はまだまだ人生の始まりにすぎない。人間の一生を 80 歳として，それを 1 日にたとえたとすれば，学童期は午前 4 時頃のまだ日の出前である。大学を終える 22 歳にしたって，まだ 6 時半だ。その後の長くて豊かな人生行路を考えれば，大人の発達について知ることが大切だ。キャリア発達とは，仕事を通した生涯発達である。われわれ１人ひとりが，職業生活を軸としながら，生涯を通じて発達していくあり方を，本章では見ていこう。

1　キャリア発達の筋道

キャリアとは何か

キャリアとは何か。経歴，職業，出世，生涯などと訳される言葉である。外来語だから，なかなかその中核的意味がとらえにくいのも事実だ。もともと，馬車のたどってきた道程や轍《わだち》のことを意味している（金井，2002）。だから，これまで歩んできた人生や職業経歴を，後から振り返って見る印象があるものの，これから向かうべき行く先や将来像も意味している。

キャリア発達研究の第一人者であるホール（Hall, 1976）によれば，キャリアの概念は４つの意味を含んでいる。

① 昇進・昇格の累積としてのキャリア ── 組織の中で昇進・昇格を繰り返し，しだいに高い地位へと昇っていく経歴面での上昇，いわゆる出世を意味する。

② 専門職としてのキャリア ── 医師，弁護士，教師，研究者など，高い専門性をもつ職業を指す。

③ 生涯を通じた仕事経験としてのキャリア ── ある人が生涯を通じて経験した仕事の経歴を指す。最も一般的なキャリアの定義である。

④ 生涯を通じた役割経験としてのキャリア ── 仕事だけでなく，ある人が生涯を通じて経験した活動の全体を指す。

それぞれ，出世，職業，経歴，生涯という言葉が対応している。

日常場面では，国家公務員総合職のエリート官僚を指して「キャリア組」という言葉が使われてきた。また，大学生に就職活動に関わる情報を提供する窓口は，「キャリア・オフィス」とか「キャリア・センター」と呼ばれている。さらに，プロ野球やJリーグで現役を長く続けている人を「キャリア○年のベテラン選手」と呼ぶ。キャリアには，長期にわたる経験の積み重ねと時間軸を視野に入れたイメージがある。それゆえ，発達の観点がしっくりとなじんでくるのである。

職業と生活の全体を通してわれわれの成熟をとらえていこうとする考え方は，発達という概念を子ども時代に限らず，長い人生全体にあてはめる生涯発達心理学（life-span developmental psychology）をベースとしている。生涯発達心理学では，一生涯にわたって発達の段階を設定し，普通の人がそれぞれの段階で抱える問題や，解決しなければならない課題を明らかにしている。

エリクソンのライフサイクル論

エリクソン（Erikson, 1950）は，生涯を通じた発達のルートを，**ライフサイクル**論に基づき，8つの段階からとらえている。それは，①乳児期（信頼感 vs 不信感），②幼児期（自律性 vs 恥・疑惑），③児童期（自発性 vs 罪悪感），④学童期（勤勉性 vs 劣等感）と続く（カッコ内は発達上の課題として現れるジレンマを示す）。特にキャリアとの関連で重要となるのが，その後の4段階である。

⑤ 青年期（アイデンティティ vs アイデンティティ拡散）── この時期に特有な発達課題はアイデンティティの確立である。他の人とは違った自分らしさを知り，自分が何者なのかを見出していくことである。自分探しに関わっていろんな試行錯誤を行い，自己決定しなければならないわけだが，優柔不断にそれを避けたり，先延ばしにしたり，人任せにしたり，周りに合わせたり

すると，自分自身についてますますわからなくなる。自分とは何かについて，具体的な像を結ぶことができなければ，アイデンティティ拡散の危機に陥る。ありのままの自分自身を受け入れ，自己愛を満たすことができず，自信を失うことにもなる。

⑥　成人期（親密性 vs 孤立）── この時期の課題は親密性の獲得である。愛する人や所属集団・組織などと親密な関係を樹立していくことである。引っ込み思案で自分をオープンにできず，自己の世界にだけ安住するようになると，他人と親密な関係が築けず，強い孤立感や孤独感に襲われる。また，その程度が強くなると，引きこもりや対人恐怖などへとつながりかねない。

⑦　壮年期（世代性 vs 自己陶酔）── この時期の課題は世代性である。子どもを産み育てたり，社会に対して創造的に貢献したり，将来を担う次世代の若者を育成したりすることである。創造性や生産活動を次代に継承できなければ，せっかく身につけたものが自分のためだけにしかならず，次代と社会の役に立つためのその後の発達が停滞してしまう。

⑧　老年期（統合性 vs 絶望）── この時期の課題は自我の統合である。死や人生の終焉を予期し，よいところもわるいところを含めて，これまでの人生をすべて受け入れることである。この課題が達成されないと，自分の人生や人間としての尊厳が失われてしまう絶望の危機に陥る。

スーパーのキャリア・ステージ論

同様に，スーパー（Super, 1957）は，職業生活に焦点をあてて，**キャリア・ステージ**という5つの発達段階を想定している。

①　成長段階（～14歳頃）── 家族，友人，教師などとの関わりを通して，自己像や自我を確立する段階。この段階の終わりには，興味や能力，就きたい職業などについて現実的に考えるこ

とができるようになる。

② 探索段階（15〜24歳頃）── 自分に適した職業を見つけるために，いくつかの仕事にためしに就いてみる段階。課外活動やアルバイト，インターンシップ，就職，転職などの経験から，成功体験と試行錯誤を繰り返しながら，自分に適した職業を選んでいく。

③ 確立段階（25〜44歳頃）── 自分に適した職業に就き，キャリアを展開していく段階。試行期を経て安定期に至るが，人生の折り返し地点で，中年期の危機を迎える可能性もある。

(a) 試行期（25〜30歳頃）── 就いた職業が自分に適しているかどうかを判断する時期。

(b) 安定期（30〜44歳頃）── キャリア目標を設定し，その目標達成のために昇進ルートや希望配属先，転職などを考えて，自己のキャリアや職業生活について中長期の計画を立てる時期。

(c) 中年期の危機（30歳代半ば〜40歳代半ば頃）── キャリアに関する当初の目標や野心などに照らして，自分の人生を再評価する段階。自分が思い描いていた夢が実現できそうもないことや，それまで達成してきたことが自分の求めていたものではないことを受け止める。

④ 維持段階（45〜64歳頃）── 自分の人生の中で仕事が占める位置を確固とし，維持していく段階。成功したキャリアを歩んでいれば，自己実現の時期となる。反面，築き上げてきた地位を維持しようとする安定志向や，リスク回避の姿勢も現れる。

⑤ 下降段階（65歳〜）── 責任や権限が軽くなり，後進を育成するという新たな役割を引き受ける段階。精神的・肉体的にも衰え，職業世界からの引退と退職後の活動や生活について方針

を見つけていく段階でもある。

エリクソンとスーパーの発達段階理論に共通するのは，人生にはパターンがあるということだ。人間が生まれてから，老いて死を迎えるまでには，個人によって，また社会・文化によって違いはあるものの，細かな部分を捨象すれば，そこには万人に共通した一定のパターンがある（Levinson, 1978）。また，人生における重要な出来事がサイクルをなしており，世代を超えて循環すると考えている。

ライフサイクルに基づいた発想は示唆に富む。心理学だけでなく，例えば，「吾十有五にして学を志す。三十にして立つ。四十にして惑わず。五十にして天命を知る。六十にして耳順《したが》う。七十にして心の欲する所に従いて矩《のり》を踰《こ》えず」という『論語』（為政四）の教えにもあるように，東洋にも，その人生観は脈々と息づいている。

2 自分のキャリアに誰が責任をもつか

キャリアは誰のため？

組織はなぜ人を昇進させるのか。それにはいくつもの理由があるが，最もストレートな答えは，組織が必要な人材を内部から調達する必要があるということだ。転職がさかんで，社外に労働力の需給が形成されていれば，必要な人材は外部から採用することができる。しかし，わが国の伝統では，外部から来た人を突然ボスに抜擢《ばつてき》する人事はやりにくい。人を束ねるポジションでは，長い年月を経て気心が知れた人が上に立つ方が，うまくいくと考えられている。適任者を異動・昇進させ，人材を社内で調達する方がよい。そのために，組織は従業員個々人のキャリアを開発し，能力アップとスキルアップを図って，組織の事情に通じた人材を育成するために，熱心な取り組みを行ってきたのである。

反対に個人の側からすれば，昇進・昇格を視野に入れて，自分のキャリアを自分で設計していくのは，人生の目標の１つである。フランク・シナトラが唄う「マイウェイ」【注1】(G. チボー・L. チボー作詞，ポール・アンカ英訳詞，J. ルボー・C. フランソワ原曲）では，さまざまな苦難や失敗を受け入れて，それでも自分のキャリアと人生を肯定していこうとする心の強さが，切々と歌い上げられている。“I planned each charted course（たどるべき道筋の計画をしっかり立て）Each careful step along the byway（脇道にそれないように注意深く進んできた）And more, much more than this, I did it my way（それよりも何よりも，私は自分のやり方で生きてきた)”の歌詞に込められた，人生を自分で設計し自己決定することの大切さは，多くの人の心に響いた。

一方，わが国では，キャリアに関しても，社命による異動，突然の転機，偶然の出会いなど，運・不運による影響が小さくない。だから，「川の流れのように」【注2】(秋元康作詞・見岳章作曲）の中で，「でこぼこ道や曲がりくねった道　地図さえない　それもまた人生……ああ川の流れのように　おだやかにこの身をまかせていたい」と唄う美空ひばりに強く心が動かされ，自分の力では変えられない運命を受け入れる静謐《せいひつ》さと，自然の流れに逆らわないしなやかさの大切さが，われわれの心に沁《し》みた。

新規学卒者が就職活動をするとき，勤めて３年にも満たない若年労働者が転職を考えるとき，あるいは，早期退職制度やリストラなどによって，新たな職を見つけようと熱心に活動をするときに，それまでの経歴や自分史などを日記形式で書きながら，キャリアの方向性を探っていくことが，キャリア設計にとって大切であるとよくいわれる。自分を見つめ直し，正しい自己分析を行うことが，キャ

表 6-1　8 つのキャリア・アンカー

①専門的・職能別能力	**technical/functional competence**
②経営管理能力	**managerial competence**
③自律・独立	**autonomy/independence**
④保障・安定	**security/stability**
⑤起業家的創造性	**entrepreneurial creativity**
⑥奉仕・社会貢献	**service/dedication to a cause**
⑦純粋挑戦	**pure challenge**
⑧生活様式	**lifestyle**

（出典）　Schein, 1990 より作成。

リアや将来像をデザインするときに必ず必要となってくるのである。では，自己分析で導き出されるキャリアの方向性にはパターンがあるのだろうか。

シャインのキャリア・アンカー論

シャイン（Schein, 1990）は，われわれがキャリアを選択していく基点となるものとして，**キャリア・アンカー**という概念を提唱している。職業選択の錨《いかり》や重石を意味するキャリア・アンカーとは，キャリアを自己決定していくときの拠りどころであり，職業を選択するにあたって，何かを犠牲にしなければならないときに，どうしてもあきらめたくない動機や能力（コンピタンス）を考えたり，なによりも大切にしている価値観を内省することによって明らかになるものである。

表 6-1 にあるように 8 つのキャリア・アンカーがある。専門職として組織にこだわらず生きていくか，管理職として昇進競争の道を選ぶか，個人事業主として独立するのか，公務員や大企業で仕事の安定を望むのか，好きな事業で起業して自分の創造性を発揮するのか，社会企業家やボランティアを軸に社会に貢献していきたいのか，

損得は脇に置いておいて純粋に何かにチャレンジし続けたいのか，はたまた自分の生活を大事にして自分なりの生き方を目指すのか。われわれ1人ひとりが，自分のキャリアを棚卸ししようとすれば，この8つの方向性が参考になる。アメリカの理論ではあるが，わが国でも妥当性があるだろう。

キャリア・マネジメントvsキャリア・プランニング

自分のキャリアをデザインする。それは完全なる自己責任の世界ではない。自分のキャリアだから自分でデザインするといっても，経済状況やライフイベント，その時々のめぐり合わせや運などによって左右されることがある。特に忘れてならないのは，キャリアのデザインには誰が責任をもつべきかということである（金井・髙橋，2004）。キャリア・デザインの責任主体は，従業員1人ひとりに応じたキャリア展開の場を提供する会社側か。あるいは，仕事を通じてキャリアを積んでいく本人の方か。

企業のニーズに合わせて，必要な人材を選抜・評価・配置・育成していく，企業側の取り組みであるキャリア・マネジメントと，自分自身の興味・関心と，社内外で得られるキャリアの機会とを判断し，自分が満足できるキャリアを計画していく，個人の取り組みであるキャリア・プランニング。この2つに分けて，キャリアに関する働きかけを考えていくとわかりやすい（Hall, 1991）。すなわち，企業利益の観点から，従業員個々人のキャリアを管理・開発していくあり方と，従業員が会社内外の手助けを借りて自己責任でキャリア展開を計画していくあり方だ。

この2分類について詳しく見ていこう。アメリカ訓練開発学会（ATD）の見解（Storey, 1979；Leibowitz & Schlossberg, 1981）では，**キャリア・プランニング**とは，①自分自身の興味・関心と能力，キャリアの可能性，制約，機会の有無などについてよく知り，②キャリア上のゴールをはっきりさせ，③そのために仕事，教育，自己啓発の経験などを主体的に選んで，④キャリアの方向性，タイミング，活動順序などを計画するプロセスと定義されている。ここではまず，自分自身の興味，能力，スキル，専門知識，これまでの仕事経歴，現状での不満，将来像，向上心，人生観などを自己評価し，次に，社内の機会と転職の機会について吟味し，それらを総合的に判断して，計画的・意識的にキャリア選択することが求められる。

一方，**キャリア・マネジメント**とは，①企業の昇進の仕組みにあわせて個々人のキャリアを計画し，②それを適宜に社内で実践するとともに，③社内外で培ってきたさまざまな仕事経験と人間関係から，組織に適したキャリアを管理していく長期のプロセスを指している。具体的には，ジョブ・ローテーション，昇進・昇格，配置転換や出向などの人事異動，意識的な業務割当，教育訓練，潜在能力のアセスメント，キャリア・カウンセリングなどを通じて，基幹となる従業員や次期幹部候補のプールの中から，組織の目標と個々人の能力と経験が適合するように，従業員のキャリア展開が図られるのである。

自分のキャリアだから，自分が責任をもって方針を決めていくというのは当たり前だ。一方，会社の提供するキャリア施策は，ある部分では会社の都合によるキャリアのマネジメントであるが，本人のプランニングにも直接影響する。だから，キャリアに関しては，どのような活動であっても，従業員本人と企業側双方の努力と責任が必要なのである。

忘れてならないのは，キャリアをデザインしていくときには，家族からのインプットも必要だということである。キャリア発達の議論の中では，これまで，家族の意見や希望は軽んじられてきた。しかし，共稼ぎ家族やデュアル・キャリア夫婦，同姓婚，片親家族，三世代家族など家族形態が多様な現代では，また，親の介護や子どもの教育を考えなければならない年代では，キャリアの問題は本人だけの問題ではない。特に海外赴任や転勤など地理的移動を伴った場合には，家族にも大きな影響を与える。だから，キャリア上の大きな決定を行う場合には，家族との相談や了解を得ることが大切である。自分自身のキャリアを考えるときにも，家族を取り込む必要があることを十分認識すべきである。

3 組織の中でのキャリアの行方

心理学的なミクロの観点からキャリアを論ずると，発達の視点が強くなる。反対に，マクロの視点では，昇進・昇格の仕組みやスピードが問題となる。ポストや地位といった客観的なキャリアの上昇が，個人の発達より重要度を増してくるのである。では，競争を通じて昇進・昇格していく従業員の出世のパターン（キャリア・パス）は，どうなっているのか。

役職面でのキャリア発達

日本の企業においては，「役職」と「資格」が切り離されていることがあるから，役職上と資格面でのキャリア発達を分けて考えていきたい。まず，**役職**面でのキャリア発達を考えてみよう。日本企業のキャリア発達は，年功制をベースとして，ホワイトカラー全員を管理職（ゼネラリスト）コースに乗せて管理しようとする会社主導の昇進の仕組みであった。詳しく見ていけば，ゼネラリスト中心の「年功制」と考えられているものが，じつは3つの昇進システムの組み合わせである（今田・平田，1995）。

第1は，年功による一律昇進システムである。同期入社の社員間で差がつかず，入社後一定期間を経過した後に，一律に昇進する仕組みである。これは，純粋な形での「年功制度」であり，わが国の大企業において，男子従業員を中心に実施されてきたような印象がある。ただし，組織の構造はピラミッド型であり，企業がつねに拡大していかなければ，年功による一律昇進は維持できない。一方，成長スピードの速いベンチャー企業であれば，逆に，外から人材を積極的に採ってくるので，年功色が薄くなる。したがって，純粋な年功制はありえないということは，さまざまに指摘されてきた（佐藤ら，2000）。

第2は，昇進スピードに格差を生む競争システムである。この仕組みでは，入社後数年間は差がつかないが，4〜5年後には同一年次のトップで昇進する「第1選抜」が現れ，その後に「第2選抜」や「第3選抜」などが後に続き昇進をし，昇進スピードに変化が現れる仕組みである。第2・第3選抜であった人が，その次の昇進では第1選抜になるような敗者復活が見られることもある。ただし，昇進スピードには差があるが，入社年次の若い従業員が先輩を追い越す逆転現象はそれほど多くない。いわゆる「追い越し禁止」の不文律があるようなので，入社年次管理をベースとした年功的な色彩を残している。さらに，ある役職以上（多くの場合課長職以上）になれば，昇進する人としない人が分かれてくるため，それ以上昇進できずに滞留する「**キャリア・プラトー現象**」がはっきりしてくる（山本，2014）。

第3は，前のレベルの昇進競争で勝ち残った者だけが次のレベルへ昇進し，敗者復活がないトーナメント型の昇進システムである。この仕組みでは，昇進競争で必ず敗者が生まれるので，キャリア・プラトーの問題と敗者のモチベーション低下の問題が切実になる。ただし，このシステムは特定の役職以上（通常は部長職以上）に適用

図 6-1　昇進の仕組み

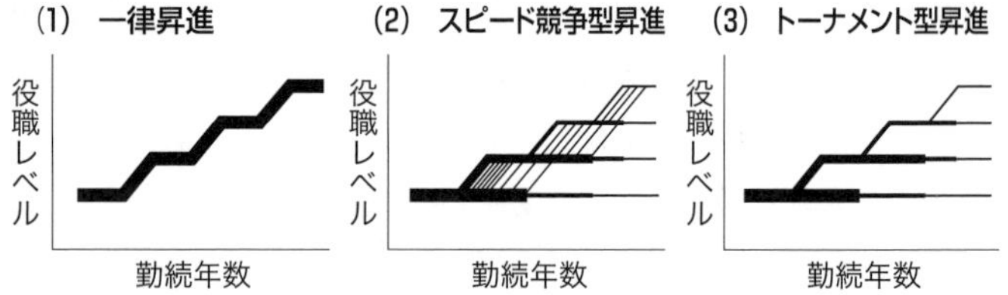

されることが多いため，下位のレベルでは問題が表面化しにくい。

この3つの昇進の仕組みを図示したのが図6-1である。横軸に勤続年数をとり，縦軸に役職レベルをとって，時間とともに従業員の職位がどのように分かれていくかを，イメージとして示したものである。

わが国の企業では，抜擢人事や逆転人事によって若手幹部候補を積極的に起用するのではなく，年次管理を考えながら，入社から定年までの長期にわたって，競争を繰り返す中で昇進が決まる仕組みであることが多い。その結果，昇進競争に勝ち残ったゼネラリストが，管理職や経営陣として組織の屋台骨を担う。

資格面でのキャリア発達

次に，**資格**面でのキャリア発達を考えよう。めまぐるしく変化する経営環境の中で迅速な意思決定を行うために，現代の企業では組織構造がフラット化している。事業本部の下に部があり，その下に課があり，係があり，チームがあるというような，何重もの階層構造をとるわけではない。その結果，管理職ポストが経常的に不足する。「役職に就かない（部下をもたない）管理職」や「専門職制度」を活用して，この問題に対処している。

ポスト不足にあって，かつて日本企業は年功的処遇を維持するために，役職昇進と資格昇格とを切り離し，資格だけ上げるという方法がとられた。管理職相当の処遇を受けながら役職に就かない管理職とか，部下をもたない管理職が生まれてきたのである。

働き方の多様化を反映して，管理職コースを意図的に外れて，高度の専門性を発揮する専門職（スペシャリスト）コースも確立されている。正社員として，1つの組織に長く勤めるのではなく，契約社員としていくつかの組織を渡り歩き，組織の枠を超えて働くことがある。転職が比較的自由にできるようになっているので，他社でも通用する自分の専門性を磨いていけば，有利な条件で働く機会を見出すこともできる。

ゼネラリスト志向の強かった日本企業のキャリア・システムでは，専門職制度がうまく根づいてこなかった。従業員研修のあり方も，高度専門職としてのキャリアを阻害してきた。日本企業の多くでは，階層別研修が人材育成の中核をなすため，年齢に伴うおおまかなルートができてしまう。新入社員研修に引き続いて，専門職能研修（20歳代），昇進・昇格候補者研修（30歳代），管理職研修（40歳代），上級管理職研修（50歳代），退職準備研修（60歳代）といった社員の年齢に応じた研修を，ライフサイクルに合わせて実施していくようである。年次管理を基本として，人材育成においても一律平等が強調される。このような階層別研修を受講すれば，次のライフステージへの心構えはできるだろうが，職場や組織を超えて必要とされるような高度の専門性を，身につけることは難しい。すなわち，年齢に沿ったキャリア発達の面が強調されるために，専門知識やスキルの獲得の方がおろそかにされてしまうのである。また，年次管理に基づいた研修制度にどっぷりと漬かっていれば，従業員1人ひとりにとっても，主体的にキャリアをデザインしたり，年齢にかかわらないキャリア発達のイメージを思い描くことはできないだろう。

4 組織の外でのキャリア

キャリアの道筋についても，グローバル化やネット化が進んだことで，急速な変化が見られるようになっている。転職を通してキャリアアップをしたり，起業して独立したり，副業を始めることによって，自分らしいキャリアを選ぶ人が増えてきた。1つの組織の中で異動と昇進を遂げる「組織キャリア」(organizational career) に対して，組織や勤務形態や職種の垣根を越えてキャリアを展開することを，「境界のないキャリア」(バウンダリーレス・キャリア〔boundaryless career〕) と呼んでいる (Arthur, 1994)。

専門性の高い高度プロフェッショナルであれば，所属と労働時間を定める必要がない。どこにいても，どんな働き方をしていても，成果と貢献を示してくれればよいわけだ。これは，グーグル，アップル，フェイスブック，アマゾン (以上，GAFA) など，新しい産業をつくり出すような企業がひしめくシリコンバレーに典型的なキャリアである。一方，終身雇用が維持できなくなってきたわが国でも，今後のキャリアは1つの組織で勤め続けることではないのは自明だ。だから，就社意識を改めて，自分の市場価値やエンプロイアビリティ (他社で通用する能力) を高めていく必要がある。

さらに，地位や収入ではなく，個人の価値を重視した自由なキャリアのあり方を考えることもできる。職業や収入にとらわれず，環境変化に対して臨機応変に適応していくことを，「変幻自在のキャリア」(プロティアン・キャリア〔protean career〕) と呼ぶことがある。プロティアンとは聞きなれない言葉だが，姿を自在に変えられる神プロテウスが語源となっている。

境界のないキャリアは，組織に縛られない生き方を目指すものの，組織に雇用される意識は変わらない。一方，変幻自在のキャリアは，いつどこでどのように働くか，雇用と自営を縦横に繰り返しながら，その時々で自分にあった働き方を目指している。会社に勤めながら副業で稼いだり，子どもの出産や親の介護といったライフイベントに柔軟に適応しながら，地元で働く生き方などにマッチしている。

経済成長が目覚しい時代には，組織にとって都合がよく，従業員にとってもハッピーな組織内キャリアが機能していた。しかし，ビジネス環境の変化が激しくなると，組織の壁を越えた境界のないキャリアや変幻自在のキャリアが幅を利かせてくる。今後，自分のキャリアを自分で選ぼうとすれば，決められた道で競走するか，道なき道を切り開くのか，いくつかの道を寄り道しながら進むのか，キャリアの筋道自体を考えていく必要がある。

エピローグ　Epilogue

美しくもなく聡明でもないふつうの少女千尋は，仕事を通して成長し，自分の力で両親と故郷の川（少年ハクの化身）に恩返しすることができました。現代は自己責任の時代であり，自分のキャリア発達の問題は，自分でケリをつけなければなりません。しかし，本人がキャリアをデザインすることはそれほど簡単とはいえません。結論からすれば，キャリア・デザインは，本人と家族が協力して，企業の手助けを受けながら設計していくのがよいのです。キャリア・プランニングとキャリア・マネジメント，家族からのインプットは三位一体であり，三者からの相互のインプットがキャリアの展開をスムーズにするからです。自己責任だからといって誰にも相談せず，勝手に自分ですべてを決めてしまえば，その後の長い人生で，心の内にずっと苦労を背負い込むことになるものです。

まとめ　Summary

村上龍の『**13** 歳のハローワーク』（幻冬舎，**2003** 年）がベストセラーになったように，現代では職業とキャリアのあり方が見えにくくなっている。だから，キャリア発達について知っておくことは大切だ。キャリアに関する理論では，青年期以降の仕事を通した生涯発達には，ある共通したパターンがあることがわかる。また，キャリアの方向性を示す基点としてのキャリア・アンカーを知ることが大切である。自分のキャリアをデザインするにあたって，従業員の発達に対する企業側の働きかけであるキャリア・マネジメントと，あくまで本人の責任でキャリアの行く末を計画するキャリア・プランニングの **2** つの取り組みがあることも知っておきたい。次に，企業における昇進・昇格のあり方を，役職面と資格面に分けて検討した。最後に，キャリアのパターンが崩れはじめているので，**1** つの組織でずっと勤め続けるのではなく，組織という境界を越えたキャリアのあり方を模索していくのもよいだろう。キャリアの問題では，心理学，社会学，経営学の知見を生かし，発達の観点，経営の観点，昇進・昇格の観点などから多面的にとらえていく必要がある。

文献案内 Book Guide

金井壽宏（2002）『働くひとのためのキャリア・デザイン』PHP 研究所

●キャリアと人生を自分自身が設計することの意義を，理論と研究をわかりやすく紹介しながら，自分のこととして理解できる好書。

渡辺三枝子編著（2017）『新版 キャリアの心理学 ── キャリア支援への発達的アプローチ』〔第 2 版〕ナカニシヤ出版

●キャリアに関わる学説を，わかりやすくまとめている。キャリアの問題に心理学的基盤を与えてくれる。

シャイン，E. H.／二村敏子・三善勝代訳（1991）『キャリア・ダイナミクス ── キャリアとは，生涯を通しての人間の生き方・表現である。』白桃書房

●キャリア研究の古典。キャリア研究がどのような枠組みで進められてきたのかを知るには必読の書である。

【注 1】

"MY WAY"

Words by GILLES THIBAU

English words by PAUL ANKA

【注 2】

第7章 組織の変革と管理者のリーダーシップ

組織やチームを健全な成長へと導くには

プロローグ　Prologue

黒木雄介さんの勤務する大手家電メーカーは，市場の国際化が進み，商品の多様性も増す中で，経営は厳しい状態にあります。黒木さんの所属する東京支店営業二課が担当する地域はライバル他社との競争が熾烈で，課員はみんなハードワークに明け暮れていますが，会社の上層部からは，もっと経費を抑えた効率のよい営業活動が求められています。なかなかタフな毎日ですが，先輩・同僚たちとも励ましあってがんばっています。課長の前川良和さんは，昔ながらの人間関係を大切にする営業スタイルを守りながら，穏和な人柄で部下の面倒見もよく，部下から慕われています。ノルマを達成できない人にも「来月はがんばらなきゃな！」と一言激励しますが，ぎすぎすした感じはありません。課内は和気あいあいとして居心地もよいのですが，反面，業績は停滞気味で，担当地域でのライバル他社の攻勢を許しています。月初の営業会議で，先月もライバル他社に遅れをとったことが報告され，黒木さんは悔しい思いをかみしめていました。しかし，先輩や同僚は意外と冷静で，仕方がないといった雰囲気です。課長も「がんばって今月こそ巻き返そう。がんばっていれば必ず結果は後からついてくる」と言って，淡々としています。しかも，何をどのようにがんばるのかは，各自が担当する地域の市場特性も違うし，1人ひとりの裁量を尊重するとのことです。黒木さんは，「課長の人柄が穏和で自主性を尊重してくれるのはありがたい。けれども，この調子で，競争に勝てるようになるのかな？」と思わずにはいられません。はたして，黒木さんの心配は杞憂ですむのでしょうか。

1 組織変革は何ゆえに重視されるのか

オープン・システムとしての組織

1980年代後半に世界で屈指の経済力を誇る国としての地位を確立した日本は，1990年代に入ると，それまで日本にアドバンテージをもたらしていた独特の商慣行（談合や根まわし，系列支配など）を改め，市場を開放し，世界標準（グローバル・スタンダード）を受け入れることを迫られた。第二次世界大戦敗戦後の廃墟から立ち上がった復興国として，世界の主要先進国から大目に見てもらっていた甘えは通用しなくなった。バブル経済の崩壊，構造改革，金融ビッグバン，グローバリゼーション，あるいは個人の嗜好の多様化など，さまざまな社会環境の変化の中で，それに適応していかなければ組織の存続は危ぶまれるのだという現実をわれわれは目の当たりにしてきた。日本を代表する金融企業だった山一證券の自主廃業による消滅や，大手都市銀行の相次ぐ合併は，その現実の象徴的な出来事であった。カッツとカーン（Katz & Kahn, 1978）が指摘したように，組織は環境に開かれた**オープン・システム**なのである。組織の環境への**適応**とは，社会に通用しないやり方を，通用するやり方に変革していくことを意味する。組織が生き延び，発展するために，変革への取り組みは不可欠なのである。

環境への適応というと，環境の変化を受けてそれに対応する「**受け身の組織変革**」がイメージされやすい。確かにそうした側面も大切である。的確に迅速に環境の変化に対応できることは，組織の存続の鍵を握る。ただ，そうした組織の柔軟な適応能力は普段の取り組みなしに実現することは容易ではない。経営環境の変化を正確に

図 7-1　組織も年をとる――組織のライフサイクルのイメージ

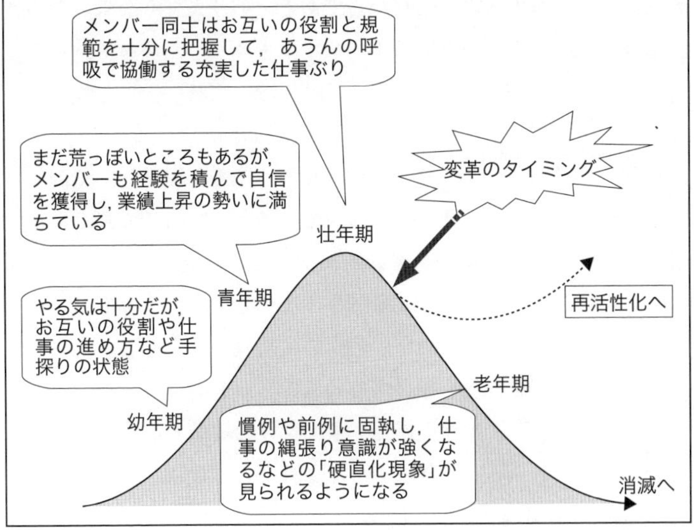

メンバー同士はお互いの役割と規範を十分に把握して，あうんの呼吸で協働する充実した仕事ぶり
まだ荒っぽいところもあるが，メンバーも経験を積んで自信を獲得し，業績上昇の勢いに満ちている
変革のタイミング
壮年期
青年期
再活性化へ
やる気は十分だが，お互いの役割や仕事の進め方など手探りの状態
老年期
幼年期
慣例や前例に固執し，仕事の縄張り意識が強くなるなどの「硬直化現象」が見られるようになる
消滅へ

先読みして，それに備える能動的な「**攻めの組織変革**」を日々実践していてこそ，いざというときに迅速に対応できる。組織の変革を成功に導くには，攻めの**変革志向性**が基盤になければならない。

組織のライフサイクル

変革は，**組織のライフサイクル**の視点からも重要である。それは，図 7-1 に示したように，組織も形成から時間が経つと生物と同じように年をとるという見方である。特に注目すべきは，老齢化した組織では，メンバーが，慣例や前例に固執し，仕事の縄張り意識が強くなり，さかんに議論はしても実践には躊躇し，関心は組織内部のことに集中し，新しいこと・異質なことはできるだけ避けようとするなど，「**硬直化現象**」が見られるようになる点である。しかも，この硬直化した組織の状況は，メンバーにとっては居心地の悪いものではない「ぬるま湯」のような状況である点も気をつけなければならない。これまでのやり方が成功してきたからこそ，今があるのであり，これまで通りにやればよいと考えるのは楽だからである。いうまでもなく，この硬直化は環境の変化への適応力を弱めてしまう。したがって，そのまま放置すれば，生物同様いつかは死（崩壊・消滅）を迎えることになる。

ただし，組織にもライフサイクルがあることを認識し，順調に発展しているときから，硬直化への対策を前もって講じておくことで，組織は若返り，さらなる発展のループへと歩を進めること（再活性化）が可能である。業績が好調なときにもそこに安住することなく，つねに新しいやり方を求めて，積極的に組織に変化を取り入れていく「**創造的な変革志向性**」を高めていくことが大切なのである。

組織変革に不可欠な管理者のリーダーシップ

上述してきたように組織変革の取り組みは普段からなされてこそ意味がある。一時的なイベントで終結するのではなく，日常の取り組みによって，組織メンバー全員が変革を志向する態度を育み，変革行動の実践を促進していくことが大切である。しかし，もともと人間はみずからが変化することに対しては心理的な抵抗を示す根強い傾向をもっている。変化することは，それまでの自己のあり方を多少なりとも否定することを意味するうえに，どのように変化すればよいのか明瞭ではなく不安であり，しかも変化すれば必ず好結果が得られると保証されるわけでもないからである。

変化を求められたとき，こうした心理的抵抗は誰もが抱くと考えられる。それを克服して，組織に変革を志向する規範を醸成し，メンバーの変革への取り組みを推進するためには，変革の必要性と変革への道筋を明確に示して，みずから率先して変革を実践する存在が組織に必要になる。この組織変革を推進する役割を果たすことを期待されるのが，管理職やチームリーダーのポジションに就いているメンバー（以下，管理者と記述する）である。もとより管理者には所属する部署を掌握して目標達成に向けて仕事への動機づけを高めるために種々の**リーダーシップ**を発揮することが期待されてきた。それに加えて，組織変革が重要な課題として認識されるようになるとともに，管理者の発揮すべきリーダーシップに，メンバーの変革志向性を高め，変革の実践を推進するように影響を及ぼすことが含まれるようになってきた。

とはいえ，管理者の発揮すべきリーダーシップは多岐多様に考えられる。オープン・システムである組織の存続・発展に不可欠な組織変革の取り組みの中核を担う存在である管理者は，期待されるリーダーシップを発揮するためにどのように行動すればよいのであろうか。それを議論するには，まず，組織における管理者の役割を明確に把握することが肝要である。それをふまえたうえで，発揮すべきリーダーシップについて考えていこう。

2 管理者の役割の理解

なぜ組織には管理者が必要なのか

第3章で紹介したように，組織はその目標を効率的に達成できるように，水平方向と垂直方向の2つの方向で**分業**を取り入れている。分業によっておのおのの部署やメンバー個人がそれぞれに異なる仕事を遂行するようになると，的確な情報伝達の実現が重要課題になったり，部署間・メンバー間にコンフリクトが発生する可能性が高くなって調整作業が必要になったりする。すなわち，組織では分業を取り入れるだけでなく，それを**統合**する必要性がある。統合とは，分業によって生まれるさまざまな役割を有機的に連携させ，

表 7-1　管理職に求められる役割行動

① 組織の経営意思の正確な把握と伝達——組織目標を明確に把握し，その目標達成に向けた経営トップの意思と経営課題を正しく認識して，自己の所属する部署のメンバーたちに伝達し，しっかり理解させる行動。自分自身がトップの経営意思と経営課題を正確に理解するための取り組みを絶えず行うとともに，重要な事柄については伝達を繰り返し，粘り強く部下に浸透させていく働きかけをいとわない態度をもつことが大切。

② 担当部署の目標設定と実行——担当部署の遂行すべき課題を明瞭にして，具体的な目標を設定し，それをメンバーに伝達し，理解させるとともに，目標達成に向かって実行の働きかけを行う行動。組織全体の目標達成のために，自分たちの活動がどのような役割を果たし，貢献するのかメンバーたちに理解させて，自分たちの活動の目標認識を確固たるものにする。

③ 活動についての振り返りと総括，そして報告——自部署の課題として設定した目標の達成に向けた活動の進捗状況を正確に把握し，どれだけの成果を挙げているか確認して，活動を総括するとともに，その内容をまとめて報告したり，部下にフィードバックしたりする行動。仕事の現場は，日々刻々，次々に課題が生まれ，状況も多様に変化する。管理者は，その繁忙の日々に埋没して，流されてしまうこともやむをえないとさえ感じられるほどの慌しさである。それゆえ，この第 **3** の役割行動はついつい怠りがちになる。しかし，それは，次々と仕事をやりっぱなしにしていくことを意味する。それでは，**1** つひとつの課題遂行過程で学ぶことや反省すべきことを得ることもできず，部署としての成長や進歩に乏しいまま，将来も絶えず場当たり的に課題に臨むことになってしまう。地味ではあるかもしれないが，この第 **3** の役割行動も，組織の発展のためには不可欠のものである。

④ 組織変革の創出と実践——自部署のメンバーの意識を「新たな発想」と「創造」へと指向させ，部署の中に「革新」を創り出し，さらに「変革」の実践を推進する行動。経営環境が刻々と変化していく現代では，組織は，その環境の変化に適応するのはもちろん，将来の変化をも先読みして，それに適応するための変革を組織に生み出していくことが望まれる。その組織変革の創出の鍵を握るのが，管理職の創造的で革新的なリーダーシップである。組織を取り巻く環境が安定しているときならば，上述してきた **3** つの役割行動だけでも管理職のリーダーとしての役割は十分に果たせたかもしれない。しかし，経営環境が刻々としかも急速に大胆に変化する現代にあって，組織に積極的に変革を創り出すリーダーの役割は，特に重要なものとして注目されるようになっている。

（出典）　古川，1998 より作成。

組織全体としてまとまりのある活動へと導くことである。統合なくして組織の目標達成はありえない。この統合の役割を担うのが管理者である。

管理というとネガティブなイメージで語られることがあるが，組織を健全に維持・発展させていくために必要欠くべからざる業務である。したがって，管理者は組織に必須の存在である。そして，統合の機能を担う立場ゆえ，管理者にはリーダーとしての役割を果たすことが期待される。管理者に期待される具体的な役割行動とは，表 7-1 に示すように整理できる。

管理者の役割行動とリーダーシップの関係

管理者が期待されているリーダーシップを発揮するためには，その役割行動を的確に遂行することが基盤となる。ただ，単に役割行動を全うするだけではリーダーシップを発揮したことにはならない点に留意しなければならない。例えば，情報の伝達の場合，単に伝えただけでは十分とはいえない。情報を受け取ったメンバーが，その意味を理解し，実践に移して，はじめて管理者はリーダーとしての役割を果たしたといえるのである。組織変革への取り組みも，管理者が躍起になって取り組んでも，メンバーがついてこないのでは意味がない。みずからが行動するだけでなく，他のメンバーに影響を及ぼしてこそ，管理者に期待されるリーダーシップを発揮したといえるのである。リーダーとしての管理者は，その役割行動を完遂することを基盤としながら，さらに組織目標の達成を促進するような影響をメンバーに及ぼすことが期待される。影響を及ぼすことがリーダーシップなのである。

3 リーダーシップの理解

リーダーシップの定義

リーダーシップは多様な概念で用いられるが，ストッジル（Stogdill, 1974）は，膨大な数にのぼるリーダーシップ研究を丹念にレビューしたうえで，「リーダーシップとは，集団目標の達成に向けてなされる集団の諸活動に影響を与える過程である」と包括的定義を提示している。この定義は，多様な状況におけるリーダーシップに共通に見られる要素を示した本質的なものである。ここで留意すべきは，先に指摘したように，リーダーシップとは**社会的影響**を及ぼすことであるという点である。そして，管理者だけでなく，すべてのメンバーが発揮しうるものであるということも認識しておきたい。

特性アプローチから行動アプローチへ

リーダーシップに関する研究は，歴史も古く，蓄積された知見・理論も膨大な数にのぼる。その歴史を整理すると，科学的研究が本格的に始まった初期においては，「すぐれたリーダーは，どのような特性を備えているのだろうか」という視点に基づく**特性アプローチ**の研究が中心であった。特性とは，人格や知的能力のような個人特性のことである。確かに，すぐれた特性を備えた人物がリーダーにはふさわしいかもしれない。しかし，率いる組織の目標が違えば，備えるべき特性に違いが出てくる。軍隊のリーダーとして有能な人物が，オーケストラのリーダーとしても有能とは限らない。特性アプローチはリーダーシップ研究の初期の発展をもたらしたが，まとまりのある知見をもたらすには至らなかった。

特性アプローチに代わって台頭してきたのが**行動アプローチ**であ

図 7-2　リーダーシップ研究の流れ

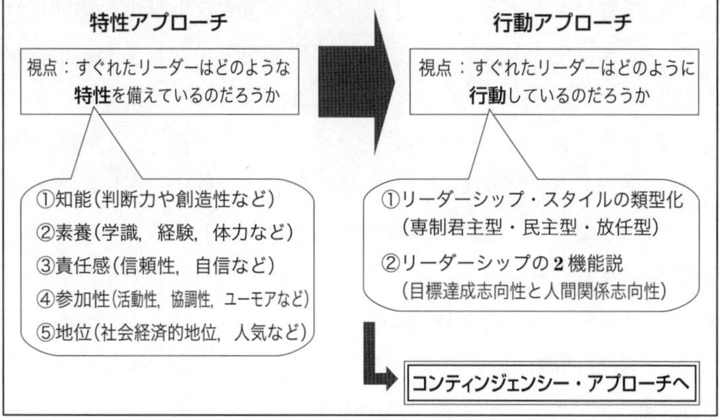
特性アプローチ
視点：すぐれたリーダーはどのような特性を備えているのだろうか
①知能（判断力や創造性など）
②素養（学識，経験，体力など）
③責任感（信頼性，自信など）
④参加性（活動性，協調性，ユーモアなど）
⑤地位（社会経済的地位，人気など）
行動アプローチ
視点：すぐれたリーダーはどのように行動しているのだろうか
①リーダーシップ・スタイルの類型化
（専制君主型・民主型・放任型）
②リーダーシップの 2 機能説
（目標達成志向性と人間関係志向性）
コンティンジェンシー・アプローチへ

る（図 7-2）。これは，「すぐれたリーダーはどのような行動をとっているのか」を明らかにしようとする取り組みである。効果的なリーダーシップを発揮する行動スタイルがわかれば，どんな特性の持ち主がリーダーになろうとも，その通りに行動することで，効果的なリーダーシップを発揮できるという考え方に基づくアプローチである。行動アプローチは，注目すべき理論や実証研究を数多くもたらしている。その成果について簡潔に整理しながら確認していこう。

①　リーダーシップ・スタイルと集団の社会的風土の関係 —— リーダーシップ研究の活性化の口火を切ったのが，レヴィンら（Lewin et al., 1939）による 3 種類のリーダーシップ・スタイル（「専制君主型」「民主型」「放任型」）が集団に与える影響を検討した研究である。これを受けてホワイトとリピット（White & Lippitt, 1960）が行った実験研究は，リーダーの行動スタイルの違いが，集団の生産性やメンバーの行動・態度に，如実に影響を与えることを明らかにした。

ホワイトとリピットは，お面づくりの活動を行う小学生の集団を対象に，大学生をリーダー（管理者）として配置した。大学生は

「専制君主型」「民主型」「放任型」のいずれかのリーダーシップ・スタイルで行動してもらい，1週間ずつ担当する小学生の集団をローテーションで入れ替えていき，その影響を分析した。実験の結果，「民主型」のリーダーのもとでは，集団の雰囲気は和気あいあいとしており，メンバーの仕事へのモチベーションは高く，効率もよかったのに対して，その集団が，「専制君主型」のリーダーに管理されるようになると，雰囲気は攻撃的でとげとげしくなり，メンバーの仕事ぶりもリーダーのいるときだけはがんばるけれども，いなければ怠ける陰日向のある態度が目立つようになることが明らかになった。また，「放任型」のリーダーのもとでは，集団の雰囲気は緊張感に欠け，メンバーの仕事へのモチベーションも低くなることがわかった。

この研究成果は，リーダーシップ研究に強いインパクトを与えた。ただ，その後行われた同様の研究では，一貫した結果が得られなかったために，研究者の関心は，行動スタイルそのものというよりも，そうした行動が，いかなるリーダーシップの機能を果たしているのかという問題に移っていった。

② リーダーシップの2機能説 ── リーダーの行動が果たすべきリーダーシップ機能に関する研究は活発に行われ，多種多様な理論を生み出すことになった。とはいえ，研究者によって表現やニュアンスに多少の違いはあっても，それらの諸理論に共通する要素があった。それは，管理者が発揮すべきリーダーシップの機能は2つに分類されるという視点であった。具体的には，ベイルスとスレイター（Bales & Slater, 1955）が「課題解決に関連する行動」と「メンバー相互の情緒的関係に関連する行動」を指摘し，カートライトとザンダー（Cartwright & Zander, 1960）は「目標達成機能」と「集団維持機能」の2つを，リカート（Likert, 1967）は「仕事中心的行動」

図 7-3　リーダーシップ 2 機能説の代表的理論

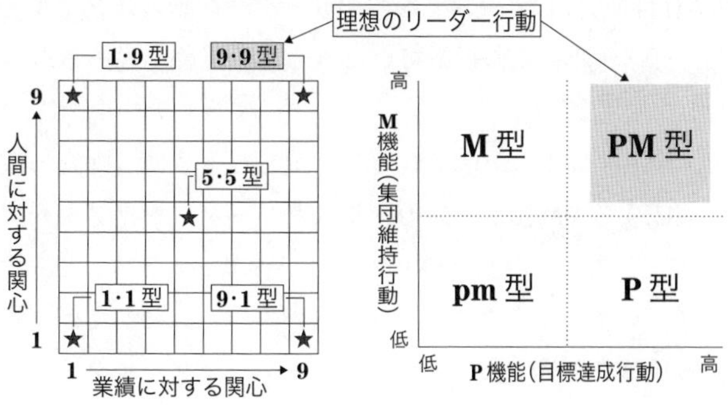

①マネジリアル・グリッド（Blake & Mouton, 1964）　②PM型リーダーシップ類型（三隅, 1984）

と「従業員中心行動」を，そしてカッツとカーン（Katz & Kahn, 1978）は「生産中心機能」と「従業員中心機能」を指摘している。これらは，いずれもリーダー行動には，「集団の目標達成とハイレベルの課題遂行を志向する機能」と「メンバー間の良好な人間関係を志向する機能」の 2 つが期待されることを意味している。

ここで問題になったのは，集団の業績により重大な影響をもたらすのは，どちらの機能なのか，という点である。この点に関して，ストッジル（Stogdill, 1974）がそれまでの研究成果をレビューしたところ，どちらか一方の機能を果たすだけでは有効なリーダー行動とはなりえないことが見出された。そこで，リーダー行動は，両方の機能を兼ね備えるべきであるという視点に立つ理論が生まれてきた。その代表が，ブレイクとムートン（Blake & Mouton, 1964）による**マネジリアル・グリッド理論**であり，三隅（1984）の **PM 理論**である。

マネジリアル・グリッドは，管理者の行動を「人間に対する関心」と「業績に対する関心」の 2 次元でとらえようとする。図 7-3 の①に示すように，両方の機能を高度に発揮する理想的なリーダー行動を「**9・9型**」と呼んだ。ブレイクとムートンは，管理者たちが質問項目に回答して，みずからのリーダー行動のスタイルを自己診断し，「9・9型」に移行していこうとする意欲を高める取り組みを重視している。

また，PM理論では，図7-3の②に示したように，両方の機能を高度に達成する**PM型**が，最もすぐれたリーダーシップを発揮すると考えた。三隅は，数多くの**アクション・リサーチ**を通して，管理者のリーダーシップ・スタイルが4つの類型のどれにあてはまるかを診断する尺度を開発して，4つのリーダーシップ・スタイルが集団生産性やメンバーの意欲や満足感に及ぼす影響を実証的に検討していった。その結果，PM型は，他の3つの型に比べて際立ってすぐれた効果をもたらすことが明らかになった。この結果をふまえて，三隅は，理論の精緻化を行いながら，管理者がPM型のリーダー行動をとるためのトレーニング・プログラムの開発もあわせて進めた。こうした取り組みは，産業界におけるすぐれたリーダーの育成に多大な貢献をもたらした。

コンティンジェンシー・アプローチへ

行動アプローチが2機能説を核に成熟していく一方で，1970年代に入ると，リーダーの個人特性や行動スタイルだけなく，集団のおかれた状況や集団そのものの特性をも一緒に考慮して，効果的なリーダーシップを検討しようとする**コンティンジェンシー・アプローチ（状況即応アプローチ）**が台頭してきた。

① フィードラーのLPCモデル ── コンティンジェンシー・アプローチの先駆となったフィードラー（Fiedler, 1967）による**LPCモデル**は，集団状況を「リーダーとメンバーの人間関係のよさ」「仕事の目標と遂行の手順の明確さ」「リーダーの地位勢力」の3要因でとらえ，リーダー特性と集団状況の組み合わせによって，リーダ

ー行動の有効性を検討したものである。この理論の特徴は，管理者に，いままでの職務経験の中で，「一緒に仕事をするうえで最も苦手な仕事仲間」(least preferred co-worker；LPC）を思い浮かべさせ，その人物の評定に際して，管理者が自己の感情を持ち込むか否かに注目する点にある。フィードラーは，リーダーが集団をコントロールするのに有利な状況のときには，高 LPC（感情を持ち込む）リーダーの方が有効だが，集団状況が不利なときには低 LPC（感情を持ち込まない）リーダーの方が効果的であると，結論している。

② 目標 - 通路理論 —— ハウスとデスラー（House & Dessler, 1974）は，リーダーシップの2機能説を基盤としながら，リーダー行動は，集団が取り組んでいる仕事の性質によって効果が異なると指摘して**目標 - 通路**（path-goal）**理論**を提唱した。例えば，単純反復作業を中心とする定型的業務に従事する場合，メンバーの感じるストレスが強いので，人間関係を志向した**「配慮」型のリーダー行動**が，ストレスを緩和して，満足感を高め，業績を促進する効果的なリーダー行動となると考えるのである。逆に非定型的業務の場合，メンバーは仕事のやり方がわからず戸惑うことが多い。そこでは，仕事の進め方を具体的に指示する課題遂行を志向した**「構造づくり」型のリーダー行動**が効果的であると考えるのである。この理論は，メンバーが抱く仕事のうえでの個人的な目標（ゴール）を達成できるように，どのような道筋（通路＝パス）を通っていけばよいかを示すことが，すぐれたリーダーシップの本質であるという発想を根底にもっている。それが目標 - 通路理論と呼ばれるゆえんである。

③ ライフサイクル理論とリーダーシップ代替論 —— ハーシーとブランチャード（Hersey & Blanchard, 1977）は，メンバーの仕事に関する成熟度によって，効果的なリーダー行動が異なってくることを指摘して，**ライフサイクル理論**を提示している。彼らは，職務に必要

図 7-4　ライフサイクル理論——コンティンジェンシー・アプローチの代表

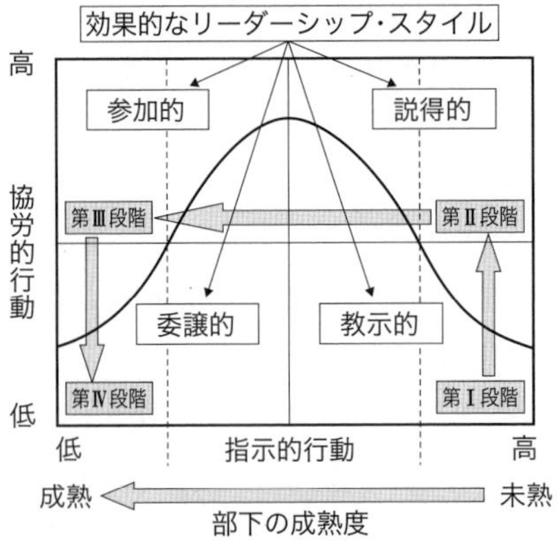

（出典）Hersey & Blanchard, 1977 より作成。

な能力・知識・技術の習得度や熟練度，態度や意欲の充実度に注目し，そうした**メンバーの成熟度**を時系列的に 4 段階に区分したうえで，それぞれの段階に効果的なリーダー行動を図 7-4 のように示している。

また，カーとジェルミエ（Kerr & Jermier, 1978）は，メンバーの成熟度だけでなく，集団のさまざまな状況的諸要因（課題への取り組み方の明確化や具体化，集団凝集性の高まり等）が，リーダーシップの代わりを果たしたり，それを制限したりする機能をもつと指摘する**リーダーシップ代替論**（leadership substitutes）を提唱している。この理論は，一定の条件が整えばリーダーシップを発揮すべき管理者は必要なくなることを示唆するものとして注目を集めた。

これら 2 つの理論は，メンバーの習熟という集団の発達段階に着目し，時系列的な視点からリーダーシップを考えるパラダイムの転換をもたらした。ただし，理論の中核をなす概念が，抽象的にはよく理解できるのだが，いざ具体的に測定するとなると，どのような変数と尺度で測定すればよいのか難しく，理論の妥当性検証に壁があると指摘されている。

④　LMX 理論 ── グラーエンとウルビエン（Graen & Uhl-Bien, 1995）は，リーダーと個々のメンバーとが密接なコミュニケーションを通して，相互に信頼・尊敬するとともに，責任感に支えられた円熟したパートナー関係へと発展させる「リーダーシップづくり」（leadership making）の概念を基盤とする**LMX**（Leader-Member-eXchange）**理論**を提示した。特徴的なのは，メンバー全員との円熟したパートナー関係の形成は現実には無理があり，いわゆる人脈をつくる感覚で個別にパートナー関係を構築する必要性を指摘している点である。パートナー関係をつくることができたメンバーたちは「内集団」（ミウチ：in-group）となるので，リーダーと一緒になって円滑な職務遂行や問題解決を促進する力をもたらすとする一方，パートナー関係を構築できないメンバーたちは「外集団」（ヨソモノ：out-group）であり，リーダーは事務的に規則通りの対応をするのみでもやむをえないとしている。

多くの研究が，リーダーとメンバー集団という関係でリーダーシップをとらえているのに対して，LMX 理論は二者関係の総体として集団運営を考える視点の斬新さに加えて，現実の組織場面では，こうした人脈に基づく管理者のリーダーシップが効果的に機能していることも多く，実際的なリーダーシップをよく記述する理論として注目を集めた。ただし，自分が管理者を務めるチームにミウチとヨソモノをつくることを是認する視点を批判する見解も数多く提示されている。

認知的アプローチの台頭

1970 年代に起こった「認知革命」の影響を受けて，コンティンジェンシー・アプローチは，リーダーシップに関する認知的アプローチの台頭へとつながった。メンバーの高業績・低業績の原因をリーダーがどのように理由づけするかによってリーダー行動に違いが生まれることに注目した研究に始まり，認知的アプローチは，他の多様なアプローチを融合させて，複合的・多元的研究アプローチへと潮流をつくり出している。ここでは，いくつかの注目すべき理論を紹介することにしよう。

① リーダーシップ幻想論 ── 認知的アプローチの活性化は，メンバーによる管理者のリーダーシップ評価がもたらす影響への関心を高めていった。メインドル（Meindl, 1990）は，メンバーが組織やチームの業績の向上あるいは低下の原因を，経営トップや管理者のリーダーシップに過剰に帰属する傾向があることを指摘して，「**リーダーシップの幻想**」（romance of leadership）と呼んだ。

人間は，個人の行動の原因を考えるときにも，状況の要因や偶然のような外的な要因よりも，その行動をとった人の性格や能力などの内的要因に過剰に（安易に）帰属してしまう傾向をもっており，社会心理学の領域では「基本的帰属錯誤」としてよく知られてきた。「リーダーシップの幻想」は，集団レベルの行動やその結果である業績の優劣については，その原因が多様に存在する可能性があるにもかかわらず，メンバーはすぐに管理者のリーダーシップに原因を帰属して，自分たちなりに納得してしまう帰属錯誤のメカニズムがもたらす認知現象であるといえるだろう。

② リーダー・プロトタイプ論 ── リーダーシップ幻想論も指摘するように，われわれは，あるチームや組織の業績が優秀であれば，それを率いているリーダーのリーダーシップがすぐれているからであろうと推論する傾向をもっている。ロード（Lord, 1985）は，こうした推論は，人間が「暗黙のリーダー像」をもっているがゆえに生じると指摘している。われわれは，「リーダーとはメンバーがやる

気が出るように働きかけてチームの業績を高める働きをする者である」という暗黙のリーダー像をもっていて，チームの業績の優劣をリーダーの優秀さに安易に結びつけてしまうというのである。

われわれは経験を通して，リーダーに備わっている人格特性や行動特性について一定のリーダー像を形成する。個人が形成する典型的なリーダー像を**リーダー・プロトタイプ**と呼ぶ。ロードとマハー（Lord & Maher, 1991）は，リーダー・プロトタイプは，自分のチームのリーダーを評価するときの基準となると指摘している。日常の相互作用の中で認知したリーダーの人格や行動の知覚内容と，自己が保持するリーダー・プロトタイプの一致度が高ければリーダーシップがすぐれていると評価し，食い違いが大きいとリーダーシップは低く評価される傾向がある。

③　認知的アプローチの限界――職場でリーダーを任されたとき，メンバーはどのように自分を評価するのか，その傾向を理解する視点を得るうえで，認知的アプローチが重要な取り組みであることは間違いない。ただ，皮肉なことに認知的アプローチに基づく種々の研究成果は，実際のリーダー行動の優劣に関係なく，結果として現れる業績の優劣＝成果だけで，リーダーへの評価が決まってしまう傾向が強く存在することを明らかにしている。すなわち，管理者のリーダーシップは，管理者の行動や態度で決まるのではなく，集団の成果を見てメンバーの心の中でつくり上げられるものとしてとらえることになる。

十人十色という言葉が示すように，メンバー個々によってリーダー・プロトタイプは異なるし，評価の基準もその厳格さにも違いがあって当然である。メンバーの視点から管理者のリーダーシップをとらえる視点の重要性は確かであるが，リーダーがメンバーの認知ばかりに気をとられても，管理者のとるべきリーダー行動の本質は

表 7-2　変革型リーダーシップの構成要素

① カリスマ性（**charismatic leadership**）──メンバーたちに，「リーダーのようになりたい」という同一視を引き起こし，リーダーを見習おうという気にさせる特性。

② 志気を鼓舞する動機づけ（**inspirational motivation**）──メンバーの仕事のもつ意味を理解させ，やる気を引き出し，元気づける特性。

③ 知的刺激（**intellectual stimulation**）──メンバーの能力を引き出し，拡充するために，彼らの考え方の視野を広げたり，転換させたりするなどの刺激を与える働きかけ。

④ 個別配慮性（**individualized consideration**）──メンバー個々の達成や成長のニーズに注意を払って，仕事をサポートしたり，適切な助言をしたり，親身になって面倒をみる配慮性。

（出典）Bass, 1998 より作成。

見えてこないのが実情である。そうした意味で，認知的アプローチは，現実の組織経営における管理者の有効なリーダーシップを探究するうえでは，隔靴《かつか》掻痒《そうよう》の感がある。そうした中，経営環境が絶えず変動し厳しさの増す現実を反映して，将来を展望して組織を変革していくリーダーシップへの注目が高まってきた。

変革型リーダーシップとは

1990 年代に入って，経営環境の変化に適応していくための組織変革の重要性が指摘され，その取り組みに不可欠の要素として，管理者の**変革型**（transformational）**リーダーシップ**の発揮が挙げられた。変革型リーダーシップとは「メンバーに外的環境への注意を促し，思考の新しい視点を与え，変化の必要性を実感させ，明確な将来の目標とビジョンを提示し，みずから進んでリスク・テイクし，変革行動を実践するリーダーシップ」である（山口，1994）。変革型リーダーシップが具体的にいかなるものであるのかについては，表 7-2 に示したバス（Bass, 1998）の指摘が参考になる。

特性アプローチからコンティンジェンシー・アプローチまでの研

究は，集団の中で生じる事象，すなわちリーダーがメンバーとの対人的相互作用を通して影響を及ぼしていくリーダーシップに主たる焦点をあてたものであったといえるだろう。そうしたリーダーシップは，その特徴をとらえて包括的に「**交流型**（transactional）**リーダーシップ**」と呼ばれることがある（Pfeffer, 1998；Bass, 1998；古川, 1998）。これに対して，変革型リーダーシップは，組織を取り巻く外の環境に関心を向け，発展のために創造性を志向して行動するところに特徴があるといえるだろう。しかしながら，いかなるものかを理解することはできても，実践することが難しいのが変革型リーダーシップである。いかにして変革型リーダーシップを発揮していけばよいのか，いかにすれば組織の創造的変革をリードすることができるのか考えてみよう。

4 創造的な組織変革のために

どちらも必要な交流型と変革型

組織変革が緊急の課題として意識されると，変革型リーダーシップの重要性ばかりが強調されがちである。したがって，変革型リーダーシップさえしっかり発揮されれば，すべてがうまくいくと考えがちかもしれない。しかし，リーダーとメンバーとの関係が順調ではない集団で，リーダーが変革を唱導して実践したとしても，うまくいくであろうか。

すでに述べたように，人間は基本的に変化には心理的抵抗を感じる傾向をもっている。しかも，厳しさの増す経営環境に対する認知もついつい自己擁護的な歪みが生じやすい。例えば，ライバル他社の攻勢による業績の低下なのに，不況のせいにしてしまいがちなの

図 7-5　交流型リーダーシップと変革型リーダーシップの関係

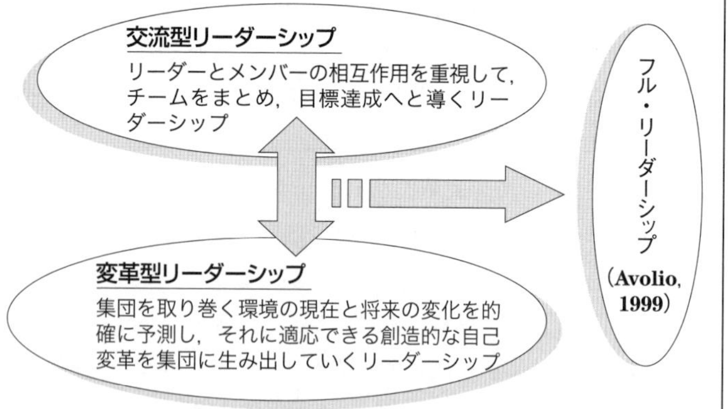

交流型リーダーシップ
リーダーとメンバーの相互作用を重視して，チームをまとめ，目標達成へと導くリーダーシップ
変革型リーダーシップ
集団を取り巻く環境の現在と将来の変化を的確に予測し，それに適応できる創造的な自己変革を集団に生み出していくリーダーシップ
フル・リーダーシップ
（Avolio, 1999）

である。そして，いままでとは違うやり方で取り組んでみようと思っても，簡単にはリスク・テイクできずに，保守的になりがちである。すなわち，組織変革に際しては，これらのメンバーが保持する心理的障壁を克服することが基本課題なのである。交流型リーダーシップをしっかりと発揮して，集団のまとまりをよくしておくことは，組織変革に不可欠の要素である。見方によっては，交流型リーダーシップは必要条件であり，変革型リーダーシップは十分条件の関係にあるといえる。

すなわち，組織が環境に適応し，存続・発展して，創造的な未来を手に入れるためには，交流型リーダーシップも変革型リーダーシップも，どちらもが高度に発揮されることが必要なのである。このことをアヴォリオ（Avolio, 1999）は**フル・リーダーシップ**と表現している（図 7-5）。そして，ここで忘れてはならないのが，変革型リーダーシップは，組織を「変えること」を最終目標にするものではないということである。いままでの仕事のやり方の中で，変革の勢いに任せて，将来において現在以上にもっと効果的に機能すると見なせるやり方まで変えてしまっては意味がない。あくまでも，創造的で魅力的な将来の成長を組織にもたらすための取り組みであることを明確に認識しておかなければならない。

多様化するリーダーシップの考え方

新しい世紀に入って，組織変革を推進する役割を管理者にのみ求めるのではなく，メンバーが自律的に協調し連携しながら，組織として経営環境に適応することの重要性に注目が集まるようになってきた。センゲ（Senge, 2006）が1990年代から提唱してきた「学習する組織」（learning organization）の考え方が推進力となって，メンバーの自己実現を目指す動機づけを高め，組織の目標・ビジョンを共有し，相互に連携しながらチームで学習していく組織づくりに関心が集まるようになっている。

この流れは，リーダーは部下に指示・命令を下したり，先頭に立って引っ張ったりするというよりも，メンバーを支え，支援し，目指すべき方向へ導く「サーバント・リーダーシップ」（servant leadership）（Greenleaf, 1970）の考え方に光をあてることにつながった。同様に，メンバーの自律的で自主的な判断力と行動力を育成することに重心をおく「コーチング・リーダーシップ」（coaching leadership）（伊藤ら，2015；Robertson, 2016）の考え方も注目を集めている。

また，すぐれたチームワークに備わる特性を明らかにしようとする研究の中から，リーダーシップを組織やチームの特定の1人が発揮するものではなく，メンバー各自が分けあい共有して発揮するものとしてとらえる「共有リーダーシップ」（shared leadership）（Pearce & Conger, 2002；Carson et al., 2007）の理論が生まれ，広がりを見せている。さらには，組織をチームとして機能させるためのマネジメントを考える立場から，エドモンドソン（Edmondson, 2012）は，メンバーがたがいに，自分への周囲のネガティブな評価や対人関係の悪化を心配することなく気兼ねなく意見を言いあえる「心理的安全性」(psychological safety) を構築するリーダーシップの重要性を指摘している。こうした視点は,「セキュアベース・リーダーシップ」(secure base leadership ; Kohlrieser et al., 2012) の理論へと発展し，新たな展開につながっている。

組織が，取り巻く社会や経営環境の変動の中で，目標を見失うことなくしなやかに強靱に成果を達成していくためには，状況に応じて必要とされる管理者のリーダーシップも多様な側面に及ぶことになる。ただ，組織全体を統合する管理の取り組みは，組織活動には不可欠であり，管理者の適切なリーダーシップを検討する営みも，さらに連綿と続いていくものと考えられる。

エピローグ　Epilogue

黒木さんの所属する東京支店営業二課の前川課長は，部下の自主性を尊重し，慕われているようです。ということは，基本的に交流型リーダーシップは上手にとれていると見てよいでしょう。しかし，組織を取り巻く環境の変化に対する関心や，そこから得る種々の情報の的確な処理や判断には，まだまだ甘さがあるようにも思われます。営業の第一線で苦労している黒木さんがひしひしと感じているほどの緊張感はなく，古きよき時代をなつかしんでいるのかもしれません。ここはひとつ，黒木さんも黙々と自分の仕事に精出すだけでなく，前川課長はじめ，営業第二課の先輩・同僚のみなさんに，危機感をもってもらい，一緒になって新しい営業二課を創造するための取り組みを始める必要があります。前川課長は，組織変革のためのリーダーシップの両輪のうち，基本となる交流型は身についているようですから，あとは変革型の実践に取り組んでもらうことが鍵を握ります。それから，リーダーシップは管理者だけのものではありません。たとえヒラ社員であれ，新入社員であれ，組織の目標達成を促進するためにまわりに働きかける行為はリーダーシップの発揮です。黒木さん自身も前川課長を盛り立て，まわりによい影響を及ぼすように行動することが大事です。

まとめ Summary

組織は，オープン・システムであり，環境に適応していく存在である。環境の変化に適応していくためには，業績が順調なときから，組織の硬直化に陥らないよう，絶えず組織に変化をつくり出していく創造的な変革の取り組みが重要である。その取り組みの中核を担うのは，管理職のポジションに就いている管理者たちである。管理者の役割は，組織の経営意思の正確な把握と伝達，担当部署の目標設定と実行，活動についての振り返りと総括に加えて，組織変革の創出と実践が挙げられる。これらの役割を完遂するには，メンバーとの対人的相互作用を通して影響を及ぼしていく交流型リーダーシップと，創造的変革を志向し，そのための行動をリスクを恐れず実践する変革型リーダーシップ，さらにはメンバーたちが自律的に協調し連携しながら，組織をチームとして機能させるようにメンバーを支援し，その成長を導くリーダーシップへと，多様な状況に適切に対応するリーダーシップの発揮が期待される。

文献案内 Book Guide

坂田桐子・淵上克義編（2008）『社会心理学におけるリーダーシップ研究のパースペクティブⅠ』ナカニシヤ出版

坂田桐子編（2017）『社会心理学におけるリーダーシップ研究のパースペクティブⅡ』ナカニシヤ出版

● リーダーシップに関する社会心理学的研究の成果を整理して論じており，体系的に学習するのに好適の著書である。

金井壽宏（2005）『リーダーシップ入門』日本経済新聞出版社

● 組織管理者のリーダーシップのあり方について基本を説明した著書。現実の組織生活をふまえて書かれており，リーダーシップを理解する入門として好適。

小野善生（2016）『フォロワーが語るリーダーシップ――認められるリーダーの研究』有斐閣

● リーダーが影響力を及ぼす存在であるためにはメンバー（フォロワー）からどのように認識されることが大事なのかという視点に立ったリーダーシップ論が展開されており，最近のリーダーシップの考え方を理解するのに有益な著書である。

第8章 人事評価

公平な評価のために考えるべきこと

プロローグ　Prologue

ピーター「野球でなにが起こっているか，それを誰もがまったく誤解しています。だから，大リーグの球団は選手の評価を誤り，球団運営を間違えてしまうのです」

オークランド・アスレチックスの **GM** ビリー・ビーンは，クリーブランド・インディアンズ勤務のオタクっぽい青年ピーターに目を留めた。

ビリー「出身はどこの大学だ？」

ピーター「イェール大です」

ビリー「専攻は何を？」

ピーター「経済です。経済学を専攻しました」

ビリー「イェール大，経済学，野球か。おもしろいな」

（中略）

ピーター「人はさまざまな偏った見方から，選手の欠点を見逃してしまいます。年齢とか外見とか態度とか。セイバーメトリクス（野球統計）の創始者ビル・ジェームスは，そこに数学のメスを入れたんです。球団として検討すべき選手は，**2** 万人は下らないでしょう。そこから，**25** 人の選手で優勝できるようなチームがつくれます。他の球団では評価が低いガラクタのような選手で，予算内に収まるようにします」

ピーターがまとめ上げた選手の年俸と統計値。ビリー・ビーンは数字で埋められたそのチャートに目を向けた。

ピーター「例えばチャド・ブラッドフォード。球界一過小評価されている投手です。下手投げのヘンな投げ方だから，どこの球団も見向きもしない。ですが，球界で最も活躍するリリーフ投手になるでしょう。**1** 億の価値がある選手が，**2000** 万で手に入るんですよ」

映画『マネーボール』（2011，マイケル・ルイス原作，
ベネット・ミラー監督，コロンビアピクチャーズ）より

1 組織で何が評価されるのか

プロローグは，ブラッド・ピットが主演で話題を集めた映画『マネーボール』のワンシーンである。マイケル・ルイス原作『マネー・ボール――奇跡のチームをつくった男』（原題 *Moneyball: The art of winning an unfair game*）をもとに，オークランド・アスレチックスのゼネラルマネージャー（GM）ビリー・ビーンが，セイバーメトリクス（野球統計）を駆使し，経営危機に瀕した球団を再建する姿を描いている。

大リーグのスカウトは，選手の過去の実績に加え，現場に足繁く通って集めた生の情報――フォームや年齢やスター性や選手態度など――から，自分の経験に頼って主観的に選手の評価を決める。しかし，セイバーメトリクス（野球統計）では，打率や本塁打や打点といった個人タイトルではなく，出塁率が勝利に寄与することがわかる。現場で評価したスカウトの目ではなく，あまり知られていない統計値で選手を評価するという，まったく新しい実績評価に道を開いたのである。

生徒や学生であれば，試験や内申点の形で，教師から成績を評価されるのは当たり前のことだ。学習の到達度や学習態度などをきちんと評価し，記録に残すことが，教育の効果を確保していくためには不可欠である。スポーツでも，例えば体操，飛び込み，アーティスティック・スイミング，フィギュア・スケート，ジャンプ競技などの採点競技では，技量の高さを決めるために審判員による評価が行われている。企業に目を移せば，ほとんどの企業においては，従業員の仕事ぶりが毎年上司から評価される。人事考課と呼ばれる制度を通じて，1人ひとりの毎年の働きぶりが評価されるのである。

人事評価（あるいは**人事考課**）とは，従業員の日常の勤務や実績を通じて，その能力や仕事ぶりを評価し，賃金，昇進，適正配置，能力開発などの諸決定に役立てる手続きである（白井，1982）。この制度を通じて，従業員の能力なり仕事ぶりが評価されるわけだが，評価の内容や要素を示す基準が，職場ごとにバラバラとなっていることも少なくない。たとえ同じ人事考課表が使われているとしても，運用のあり方によっては，評価の甘辛や評価基準のとらえ方が一様でないことも多い。だから，評価は公平でなければならないと主張される（町田，1998；都留ら，1999；樋口，2001）。一方で，「評価基準が曖昧で不明確だ」とか，「評価基準がバラバラで統一されていない」という不満が，必ず顔をもちあげてくるのである。

評価基準に関わる根本問題

人事評価では**評価基準**の問題を，まず第1に取り上げなければならない。そもそも基準とは何か。いうまでもないが，それは優秀さの水準（standard of excellence）を指している。人より抜きん出てすぐれた職務上の行動や成果を示すことは，組織と個人の目標達成のために必要であり，優秀さを評価の拠りどころにするのは順当である。

ところで，評価のために基準を実際につくっていこうとすれば，理想と現実の違いを反映する2つの基準を区別しなければならない。すなわち，理念やあるべき像として，本来優秀さとは何かを考える「真の基準」と，それを現実に評価・観察・測定していくときに使う「実際の基準」である。例えば，従業員の働きぶりを評価する1つの真の基準として，「個人の生産性」という抽象的な基準を取り上げてみよう。真の基準に定められた生産性という抽象概念は，じかに測られるものではない。だから，生産実績，販売実績，付加価

図 8-1　評価基準の適切性

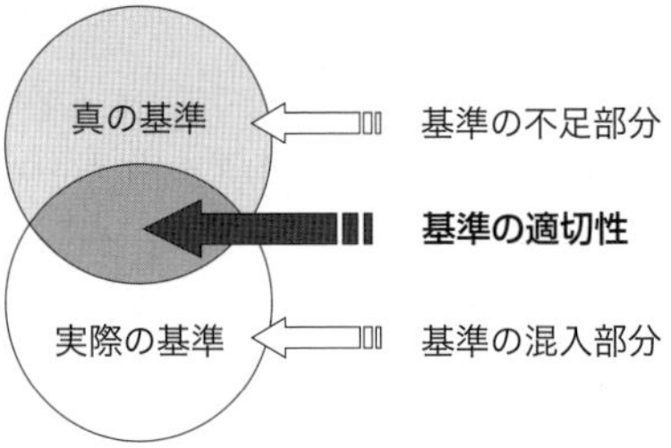

（出典）　Blum & Naylor, 1968 より作成。

値率，提案件数，勤怠記録，成績評価，能力評価，態度評価，目標達成率などの要素をその代理指標として使い，実際の基準とせざるをえないのである。このような区分はあくまで理念的であって，具体感をもって理解することができないかもしれない。だが，この 2 つを区別することによって，評価基準に関する問題を整理して考えることができるようになるメリットがある（Blum & Naylor, 1968；Schneider & Schmitt, 1986）。

図 8-1 に示したベン図を参照してほしい。この図は真の基準と実際の基準との関係性を明らかにしている。まず，真の基準を示す集合（円）と実際の基準を示す集合（円）が重なっている部分は，測定に用いた実際の**基準の適切性**を示している。この重なりが大きいことは何より重要だ。また，真の基準の集合のうち，実際の基準と重ならない部分は，**基準の不足部分**である。理念的には評価すべきなのだが，現実には評価されない要素を示している。反対に，実際の基準の集合のうち，真の基準と重複しない部分は，**基準の混入部分**である。真の基準とは関わりがなく，評価基準とすべきではないにもかかわらず，実施運営の都合上混入されてしまった要素を示している。

この図から明らかなことは，評価基準を決めるにあたっては，真の基準と実際の基準の重なりを多くして，基準の適切性を高めていくこと，逆にいえば，基準の不足部分と混入部分を少なくしていくように，評価要素を工夫していくことが必要だということである。適切な評価要素が実際に組み込まれていることが重要なのであって，過去の経緯や前例を踏襲して安易に評価要素が定められたり，結果が出てしまったからといって，その数字や結果がすべてというような風潮は改めていく必要がある。不適切な基準が用いられていれば，得られたデータが正しくても，誤りを増幅するだけだ。

評価の仕組み

人事評価では，仕事の「成果」と従業員の「行動」という大きく2つのグループを，2つの仕組みで評価していこうとする流れが続いている。第1に，仕事の成果についての評価を見てみれば，1990年代に成果主義がわが国に浸透してくると，従業員の成績を目標の達成率で評価する目標管理制度（management by objectives；MBO）が広く使われるようになった。

目標管理制度というのは，上司と部下が面接して個人別に目標を設定し，組織と個人の目標をすりあわせた後に，本人の自己コントロールと上司からのフィードバックを受けて，目標達成に向けて活動を行い，結果として達成された成果を，目標達成度という観点で評価していく仕組みである（McConkie, 1979）。もともとは，組織の目標に沿って個人目標の設定をしたら，本人の主体性に任せて仕事をしてもらう管理の仕組みだったが，成果を評価する部分が切り取られて，評価の仕組みとして位置づけられてきた。

目標管理制度では，期首に，上司と部下が目標設定面接を行って，達成すべき具体的な個人目標を決める。従業員は，目標設定面接のプロセスで納得して受け入れた個人目標を達成するために，自分で行動計画をつくり，自己の裁量（コントロール）で活動に移す。上司は，本人の仕事の進み方をふまえ，必要に応じてフィードバックと助言を与える。そして，期末に，達成された成果や職務遂行の程度を，目標の達成度という誰にも共通したポイントで評価するのである。

もう1つは，**コンピテンシー評価**（360度評価）である。この評価では，そもそも人間の能力というものは目に見えないから，それに代わって，目に見える行動や，行動と能力を組み合わせたコンピテンシーという概念を持ち出して評価しようとする。本人の仕事上の行動，職務能力，スキルなどをコンピテンシーとしてまとめ，観察評価できる要素をたくさん挙げて，多面的に評価する。

評価方法に特徴があり，職場の上司や同僚や部下だけでなく，ときには取引先や顧客など，本人の働き方をよく知っている人から評価してもらう。上司評価だけでなく，同僚からの水平評価や，部下からの上方評価，顧客評価など，立場の違う人からの評価をまとめているので，360度評価とも呼ばれている。

この評価方法は，人材の育成を目的とすることが多く，給与処遇を念頭においた目標管理制度とは目的が異なっている。ただし，個人の成果を高めていくために評価を用いようとする方向がはっきりしているので，人事評価の一部として行われる。

2　絶対評価か相対評価か

人事評価で考えておかなければならない1つの観点は，絶対評価か，相対評価かという問題である。絶対評価・相対評価の区別は，評価の性格を決めてしまうくらい大きな違いである（清水，1991；

津田，1995)。わが国では，教育界を中心にして，絶対評価がよい評価であり，相対評価はよくない評価であるとの通念が広がっていることには注意しておかなければならない。その結果，絶対評価と相対評価のどちらを選んだらよいかという問題には冷静に対応できないでいる。学校教育場面では，確かに相対評価や序列化が無用な競争を生み，残念にも競争に敗れてしまった生徒・児童に対しても，十分配慮する必要がある。成果や結果に差をつけるということは，本人の努力では変えることができない生まれの属性や偏見から人を区別して扱うこととは違うので，本来的な意味では差別とはいえない。だが，競争弱者が受ける差別意識を助長してしまうことが懸念されている（苅谷，2001)。

一方，産業界では，給与処遇の原資が限られているので，結局は相対評価を認めざるをえない。限られたパイを分けあうためには従業員の相対比較が必要だし，さらに一歩進んで，完全に平等な分配ではなく，本人の働きぶりに応じてメリハリをつけた給与の決め方こそが公平であると信じられている。では，絶対評価と相対評価のどちらをとればよいか。まずは，それぞれについて述べてみよう。

絶対評価法

絶対評価法とは，特定の評価基準（絶対基準）に照らして，従業員個々人のもつ特性や行動，成果などを評価するものである。この評価方法では，何らかの絶対基準に照らして達成度や保有度を評価するため，本人の評価に他者の結果が影響しない。そのため，評価方法として公平であると考えられてきた（村田，1988)。また，いくつもの評価要素を柔軟かつ明確に設定できることも大きなメリットである。基準が文章ではっきりと示され，それに基づいて数値によって評価がなされた場合には，結果はある意味で客観的であると思われている。

絶対評価法としては，次のような方法がある。

① **図式評定尺度法** —— 図式評定尺度法（graphic rating scales）とは，個別の評価要素について程度や段階を表す尺度基準を設け，その基準に照らして評価対象者の業績や資質などを評価する絶対評価法の総称である。コンピテンシー評価や面接評価では，多くの場合，図式評定尺度法が用いられている。この方法には，図 8-2 に示したように，評定に用いられる段階の数，段階や付された評語・数値の明確さの程度，測ろうとする評価要素自体の具体性の程度によってさまざまな種類がある（Schneider & Schmitt, 1986；髙橋，1999）。

② **照合表法・チェックリスト法** —— 照合表法（チェックリスト法〔checklists〕）とは，職務行動に関する記述肢と照らし合わせることによって，実際の行動を機械的に記録する方法である。わが国では，プロブスト法としても知られている。この方法は，従業員の情報を収集するにあたって，いわゆる「評価」を行わないで，業績や行動の観察と記録だけを行うことによって，情報の正確性や質を向上させることができる（Stockford & Bissell, 1949；Schneider & Schmitt, 1986）。評価者は，具体的・客観的に観察できる職務行動について記述した短文を読み，それが評価対象者に頻繁に見られるかどうかを，「5＝いつもしている」「4＝たまにしている」……「1＝まったくしていない」などの段階尺度に従ってチェックする。そして，チェックされた行動頻度評定を合計することによって，評定結果を求めていく。

③ **行動基準評定尺度法** —— 行動基準評定尺度法（behaviorally anchored rating scales；BARS）とは，評価要素を職務に関連した重大な出来事に限定するとともに，評語となる指標（評価段階）を職務行動の形で定義した絶対評価法である（Smith & Kendall, 1963）。行動基準評定尺度（BARS）は，以下のステップに従って構築される（Campbell et al., 1973）。

図 8-2　図式評定尺度法

(a)仕事の成果　高い　|――|――|――|――|　低い

(b)仕事の成果　高い　5 …… 4 …… 3 …… 2 …… 1　低い

(c)仕事の成果　9 …… 8 …… 7 …… 6 …… 5 …… 4 …… 3 …… 2 …… 1
きわめてすぐれている　すぐれている　普通　やや劣る　劣る

(d)仕事の成果：与えられた仕事を迅速かつ正確に遂行したか
[評価尺度]　**S**：きわめてすぐれている　**C**：改善の余地あり
A：すぐれている　**D**：劣っている
B：十分である

第1次評定：□

コメント：＿＿＿＿＿＿＿＿＿＿＿＿＿＿＿＿

(e)

評価要素	きわめてすぐれている	すぐれている	普通	やや劣る	劣る
仕事の成果：与えられた仕事を迅速かつ正確に遂行したか	○	○	○	○	○
コメント ……………………					

(f)

評価要素	きわめてすぐれている			すぐれている			十分である			劣っている		
	12	**11**	**10**	**9**	**8**	**7**	**6**	**5**	**4**	**3**	**2**	**1**
仕事の成果（職務の正確さ・適切さ・責任感・問題意識・創意工夫などを含めて考えること）												
コメント ……………………												

(a)評価対象となる職務について熟知した6〜12人の2つの専門家グループをつくる。(b)第1グループがクリティカル・インシデント法（critical incident technique；Flanagan, 1954）による職務分析を実施して，その職務を遂行するうえですぐれた行動と有効でない行動（クリティカル・インシデント：重大行動）のリストを作成する。(c)そして，そのリストから主だった業績次元（評価要素）を複数特定し，それぞれの業績次元を定義する。(d)第1グループが出した業績次元と定義，重大行動のリストを第2グループに渡し，リストに載っている行動は，それぞれどの業績次元に入るのがよいかを，新たな視点から分類してもらう。第2グループの80％以上が正しく分類できた重大行動は，指標として使うので，それを抽出する。(e)抽出された重大行動について，第2グループは，「1＝とるべきでない行動」から「7＝すぐれた行動」の7段階で判断をし，その優劣の程度についての個人別データを蓄積する。(f)第2グループ全員のデータを集計し，平均と標準偏差を参照して，ほぼ等間隔に重大行動が並び，優劣のレベルで重なりが少なくなるように配列し，評価尺度上の指標とする。(g)第2グループは，このプロセスを業績次元の数だけ繰り返す。(h)最終的に，7個くらいの行動の記述（クリティカル・インシデント）が評定段階となった5〜10の業績次元がセットとなって，考課表がつくられる。例えば図8-3には，「コミュニケーション・スキル」という次元についてのサンプルが示されている。

④　**目標管理制度** ── 目標管理制度とは，前述したように，職務に関連した具体的な目標を個人別に設定し，期末に目標の達成度によって業績を評価する方法である（McConkie, 1979）。担当している仕事や置かれた状況がそれぞれ違っていても，達成した成果の優劣を，目標の達成度という共通したポイントで評価できるので，絶対評価の1つだと考えられている。

図 8-3　行動基準評定尺度（BARS）の例

コミュニケーション・スキル

7　方針や内容に批判的な相手であっても，それが正しいことをはっきりと論理的に説明し，相手を説得できる。どのようなグループ，どのようなレベルの聞き手に対しても，複雑な観念や知識を理解させることができる。反抗的で攻撃的な相手に対する説得役としても適している。

6　いろいろな聞き手が交ざっていても，複雑な観念や知識を簡単にかみ砕いて説明できる。方針や内容に懐疑的な相手であっても，それが正しいことを明確に論理的に説明できる。批判的な相手に対しては，説得できない。

5　他者の手助けなしに，自己の考えを明確に論理的に述べることができる。内容が伝わっていない場合にはそれを理解し，他の言い方で説明しなおすことができる。反対意見をもつ相手に考え方を変えさせるまでの説得力はもたない。

4　他者の前で試しに話してみて，伝える内容をはっきり確認した後であれば，考え方をはっきりと論理的に述べることができる。内容が伝わっていない場合にはそれを理解し，たいていの場合は，他の言い方で説明しなおすことができる。

3　他者の手助けがあれば，考え方をはっきりと論理的に話すことができる。通常の会話の中では，どこからポイントが始まっているのかがわからないが，誰かの手助けがあれば，内容が伝わっているかいないかを理解することができる。努力が必要だが，たいていは内容を明確に伝えることができる。

2　他者の意見がのみこめなかったり，まわりの状況がわきまえられなかったりして，たいていは内容を明確に伝えることができない。相手が内容を理解しているかいないかがわからない。内容のすれ違いがわかった後でも，話を明確に説明しなおすことができない。会話の技能を向上させるために，まだ多くの経験が必要である。

1　普段の会話でも，重大な話しあいの中でも，しばしば内容を明確に伝えることができない。認識の違いや誤解を解くことに対して，興味も能力も感じられない。

⑤ **自由記述法・所見法** ── 自由記述法（あるいは所見法〔narrative essay〕）は，絶対評価法として最も単純なものである。この方法では，評価対象者の強み・弱み，潜在的資質，育成提案などを，評価者自身の言葉で自由に表現・記述する（Cascio, 1991；Schuler, 1987）。あらかじめ決められた評価項目の制約を受けずに，対象者を評価することができることがよさではあるが，何がすぐれているのか，誰が秀でているのかを判断するのが難しい。

相対評価法

相対評価法では，従業員の能力や業績を，全般的観点から相互に比較して評価する。絶対評価法との大きな違いは，絶対評価が何らかの絶対基準に基づいて本人の資質・行動の格づけを行うのに対して，相対評価ではグループ内での相対的順位や位置づけを評価のポイントとすることである。自分の評価に他者の結果が影響してしまうことが，よく批判の的にされる。比較の対象となるグループのメンバーしだいで，相対的ポジションが上下してしまう運・不運が影響してしまうからだ。

逆に多くの有利な特徴もある。例えば，絶対評価と比べて，相対評価法では全般的に見て人物全体を比べることが多いため，評価しやすい（Guilford, 1954）。細かに定義された評価項目について 10 点満点で判断するより，人と人を見比べて，どちらがすぐれているかを判断したり，全員のランキングをつける方が格段に苦労が少なく，評価も正確になる。昇進に関わる評価が，その人の人格や人柄も含んだ総合評価である（吉田，1993）とすれば，じつは評価方法として，絶対評価よりいいかもしれないのである。さらに相対評価は，全体的な能力の高さや業績の高さという総合評価の次元では結果が安定し，絶対評価法より信頼性が高いこと，寛大化や中心化傾向といったバイアスをコントロールしやすいことなどが，特徴として挙げられる。

図 8-4　強制分布法

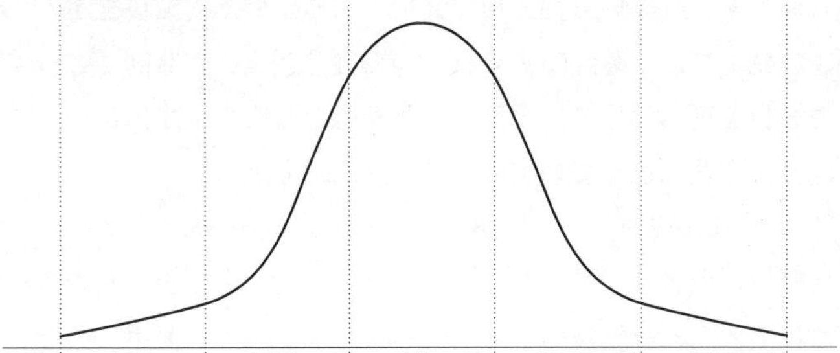

評定	S：上位 10%	A：中上位 20%	B：中位 40%	C：中下位 20%	D：下位 10%
得点	5	4	3	2	1
人数	5 名	10 名	20 名	10 名	5 名

（注）　人数は全体で 50 人の場合。

相対評価法には次のような方法がある。

①　**強制分布法・分布制限法** ── 強制分布法・分布制限法（forced distribution）とは，あらかじめ決められた分布にあてはまるように評価対象者の人数制限をして，序列化する相対評価法である。産業場面や学校教育場面で相対評価といえば，ふつうはこれを指す。評価者は，評価基準となる観点から評価対象者を判断し，あらかじめ決められた比率で人数制限されたカテゴリー（通常は 5 段階）に対象者を割り当てていく。図 8-4 に示したように，各カテゴリーの割合はおおむね正規分布に従うよう決められ，それぞれに対応する人数が示されている。また，「S＝5」「A＝4」……「D＝1」などのように，対応する評定点が与えられる（Schneider & Schmitt, 1986；髙橋, 1999）。

②　**序列法** ── 序列法（ranking）とは，評価対象者の業績全般，あるいは能力全般について序列づけを行う方法である。単純序列法（straight ranking）では，最もすぐれている従業員から最も劣っている従業員までを，上から順に並べていく。また，交互序列法（alter-

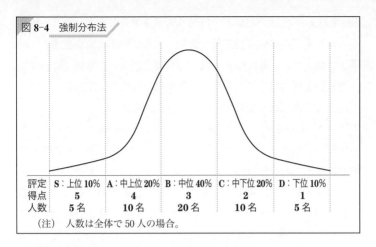

nate ranking）では，対象者全員のリストを手元に置き，リストの中から最もすぐれている従業員と，最も劣っている従業員を1人ずつ選ぶ。続いて，2番目にすぐれている従業員と，2番目に劣っている従業員を選んでいき，全員の評価が終わるまで，序列化のしやすい両極を交互に選んでいくのである（Cascio, 1991）。

③　**一対比較法**——一対比較法（paired comparison）とは，対となった評価対象者を比較することによって，対象者の業績や資質を序列づけする相対評価法である（Lawshe et al., 1949）。運用にあたっては，まず対象者の総あたりですべてのペア組み合わせをつくる。各ペアについて，評価基準となる観点からどちらの従業員がすぐれているかを，評価者が判断する。次に，各対象者について，他の人よりもすぐれていると判断された比率を，スポーツのリーグ戦で勝率を計算するように，個人別に集計し順位を並べ替える。そうすると，部門のメンバー総あたりで相対評価したかなり正確な結果が得られるのである。また，部門間比較のために，その率から標準得点を求めていくこともある。

絶対評価と相対評価の比較

絶対評価と相対評価の特徴をまとめてみよう。絶対評価では，はっきりと定義された絶対基準を，必要に応じていくつも設定できる。評価のポイントや評価要素を柔軟に設定でき，内容をはっきりと文章化して示すことができるのがメリットである。基準が複数あるから，多様な側面を評価できる。結果の求め方は，細かく分けられた評価点を積み上げて集計することになるから，評価すべき全体像が結果に反映される。一方，相対評価では，業績全般や能力全般を念頭におき，相互比較が行われる。少ない数の全般的な評価基準のうえで，人材を総合的に評価できるメリットがある。

両者の違いに着目すれば，多数の絶対基準から細かに分析的に評価を行うのが絶対評価であり，少数の基準上で総合的・包括的に比較を行うのが相対評価であるといえる。要するに，分析的評価と総合的評価という認知メカニズムに違いがある（髙橋・金井，2003）。評価基準の明確化や客観性を重視する絶対評価と，人格全体を念頭においた総合判断である相対評価では，評価や判断の仕方に特徴があるため，どちらがすぐれているとか，どちらかにすべきであるとかを一概に論じることはできない。それぞれの手法の特徴を正しく認識することが大切だ。

3 評価にミスとズルが起きないために

人事評価を云々するときには，必ずといっていいほど，「人が人を評価するのだから完璧な評価というのはありえない」という批判が出されてくるものだ。どんなに正確に評価をしようとしても，人間の判断には一方向性や特殊な傾向性が現れてしまうことがある。人事評価では，この傾向性を評定上の誤りや偏り・歪みとしてとらえ，**評定誤差**（rating errors）という観点から，さまざまな工夫を凝らしてコントロールすべきと考えてきた（鈴木，1996；荻原，1998）。本節では，誤差を知ることで誤差を減らすために，評定傾向についてくわしく述べていく。ただし，評価傾向を誤差として悪者扱いするのではなく，評価に見られる特徴として**評定効果**（rating effects）と呼び，価値中立的な意味合いをもたせることもある（Dipboye et al., 1994）。

ハロー効果

評定の傾向性として，最も有名なのが**ハロー効果**（halo effect）だろう。特定の従業員の全般的印象や感じ方（親しみやすさや無遅刻無欠勤など）から，個別の要素・特性に対する判断（仕事の迅速さ，正確さなど）を行ってしまうことをいう。語源となっているハローとは，月や太陽にかかった暈《かさ》とか，仏像・聖像にかかった後光・光輪を指す。ハロー効果は，評価者が個別の評価要素を１つひとつくわしく区別しないで，すべて一貫してよく（あるいは悪く）評価してしまうことである。だから，評価要素間に高い相関があれば，ハロー効果が起こっている可能性がある。しかし，体格のいい警備員が安心感を与えたり，笑顔のステキな店員さんがお客さんに好感を与えたり，本人のもつ印象と行動が一致するような場合には，ハロー効果は誤差だとはいえない。このような全般的印象は，「真のハロー」（ubiquitous halo）として区別されている（Cooper, 1981）。

中心化傾向

中心化傾向（central tendency）とは，極端な評価を避け，中庸な評価ばかりをしてしまうことをいう。統計的には，評価結果全体について平均と標準偏差を求め，平均値が中央に寄っており，かつ標準偏差が小さいときには，中心化傾向の可能性がある。この傾向は，評価者に自信がなく，評価のミスを恐れて誰に対しても中庸な評価を行えばよいという保守的な態度をとるときに起こりやすい。

寛大化・厳格化

評価者が対象者の特性を一貫して実際よりも高く評価したり（**寛大化**〔leniency〕），実際よりも低く評価して（**厳格化**〔severity〕）しまうことをいう。評価結果の平均値が，高低どちらかに偏っている場合には，寛大化もしくは厳格化の傾向がある。寛大化・厳格化や中心化傾向が誤差とはいえないケースもある。絶対基準に照らして絶対評価をしっかり行った場合に，結果として，これらの傾向性が現れてしまうかもしれないのだ。評価が甘い，辛い，中くらいではなく，基準をしっかりあてはめて必然的にそうなってしまうことがある。相対評価ではこの傾向性は起こらないので，絶対評価特有の評価傾向である。

類似性効果

類似性効果（similarity effect）とは，評価者が何らかの面で自分と似ている部下を高く評価することをいう。例えば，同じ学校出身であるとか，同じ知人がいるとか，男同士であるとかの類似点から親近感を覚えて，特定の部下を高く評価することがある（Wexley et al., 1980）。周りからは情実やえこひいきととらえられてしまうので注意すべきである。

エピローグ　Epilogue

古い球団のスカウトのように，人は偏った見方で人を判断してしまうことがあります。評価に情実やえこひいきは後を絶ちません。少なくとも，昇進競争の渦中にいる従業員の眼にはそう映ります。今夜も，新橋あたりで飲んでいるサラリーマンの話題には，上司に対する不満やぐちが上ってくるでしょう。上司が自分の意に沿うように部下の評価を曲げたり，情実やえこひいきをすれば，評価を曲げられた部下はやる気を失ってしまいます。かつてのような“飲みニケーション”が姿を消し，上司と部下の絆が薄くなってしまった時代では，不公平な人事評価の結果から起こるモチベーション低下の影響は深刻です。「評価に誤りはつきものだ」と居直ったり，「正確な評価などできない」とあきらめたりするのはよくありません。産業・組織心理学の知見を生かし，希望をもって，一歩ずつでもいいから，正確な評価を実施できるよう努力を重ねていくことが肝心なのです。

まとめ　Summary

職場において**1**人ひとりの仕事ぶりや実績を評価する人事評価には，人が人を評価することにまつわる多くの問題が起こる。その第**1**は，評価基準の問題である。そもそも評価基準とはいかにあるべきか，評価の仕組みはどうなっているのかについて理解する必要がある。次に，絶対評価と相対評価の問題がある。絶対評価を重視する風潮があるとはいえ，絶対評価と相対評価のメリット・デメリット，具体的評価技法について学ぶことによって，どんな評価方法が使われていても，先入観をもたずに判断することができる。最後に，人事評価で起こる評定誤差の問題である。人事評価には，ハロー効果，中心化傾向，寛大化，厳格化，類似性効果などの評定誤差が現れ，評価を偏らせることが知られている。個人の能力や成果に応じて昇進・昇給を決めていくとすれば，公平で正確な評価を行うことが絶対条件だが，それがどれほど難しいかを考えることができる。

文献案内 Book Guide

髙橋潔（2010）『人事評価の総合科学——努力と能力と行動の評価』白桃書房

●人事評価の歴史に始まり，人事評価研究の展望，評価手法の詳説，能力・行動・努力など評価要素の理論，評価者の認知枠組み，評価の公平性，グローバル評価，オリンピックでの評価に至るまで，人事評価に関わる問題を多角的に検討している学術書。

日本経団連出版編（2003）『最新成果主義型人事考課シート集——本当の強さをつくる評価・育成システム事例』日本経団連出版

●人事評価のあり方や評価表のつくり方についての注意点を整理し，かつ各社の人事評価表を例として掲載している。人事評価の実施手順について，実際の評価表を参照しながら，具体的に理解できる。

高原暢恭（2008）『人事評価の教科書——悩みを抱えるすべての評価者のために』労務行政

●人事評価の設計，実践，教育に至るプロセス全体を，単元ごとに手短にまとめている。理論を現場に応用するための実践家に向けた実用書でもある。

第9章　消費者行動

消費者心理がわかったら何の役に立つのか

プロローグ　Prologue

青空ルミさんと赤海タロウさんは，あるメーカーの会社員です。今年から消費者行動研究部門に配属されてきました。青空さんは，学生時代は電子工学を専攻した自称バリバリの理系人間で，これまで製品開発の仕事をしていました。赤海さんは，学生時代は消費者行動論のゼミに所属しており，そのことがきっかけになり営業部から配属されました。

青空ルミ「赤海さんは大学で消費者行動論を勉強したって言うけど，消費者行動がわかったら何の役に立つの？ これまで製品開発をしてきたけど，消費者行動のことなんか考えなくたってすぐれた製品はつくれたように思うけど」

赤海タロウ「技術的にはすぐれた製品はつくれたかもしれないけど，わが社の売上はこのところ落ちているでしょ。技術的にすぐれた製品が必ずしも売れるとは限らないからね。消費者行動の研究だってけっこう役に立つんだよ。例えば携帯電話でもどんな消費者がどんな機能を欲しがっているのか，あるいは余計な機能だと思っているのかを知ることができれば，製品開発をするときに役に立つでしょ。それから，消費者の店舗での購買パターンがわかっていたら，店頭での陳列の仕方なんかを変えることができるじゃない。実際，商品の陳列方法を研究の結果変えたら，売上がだいぶ伸びたという例もあるよ」

青空ルミ「なるほどね。でもほかにはどんな役に立つの？ それから消費者行動の研究ってどんなふうにするの？」

赤海タロウ「うーん……。僕は学生時代はアルバイトで忙しくてあんまり勉強してなかったので，それ以上はよく答えられないな。ごめんね」

赤海さんは，青空さんに満足のいくような説明ができなかったようです。はたして，消費者行動の研究というのはどんなものなのでしょうか？

1 消費者行動とは

消費者行動の定義

消費者行動というのは，一言で言えば，**消費者**のとる行動である。消費者というのは，何も消費者団体の人や主婦だけではない。大学生も消費者として，デジタル・オーディオ・プレーヤーを買ったりするし，それを売っている家電販売店の店員も買い物を別のところでするわけだから，消費者としての側面をもっている。少し難しい定義をすると，消費者行動というのは，社会経済生活の中で人間が商品やサービスを獲得し，消費し，廃棄することに直接含まれる活動のことである (Blackwell et al., 2001；杉本，2012)。特に，人々は消費者行動において，いろいろな**判断**や**意思決定**をしているので，これらの活動の分析が**消費者行動研究**あるいは**消費者心理学**の中心になる。

人々の社会経済行動には，ガソリンや土地などの資源を利用して財をつくる一連の行動の系列である**生産**，その財をもとに欲求を満足させるための一連の行動の系列である**消費**とがある。われわれの生きている現代社会のように，分業体制が成立している社会では，**生産者**と消費者はほとんどの場合一致せず，また，生産に関わらない人間も存在している。他方，すべての人間は消費を行っており，その意味で，消費者行動研究の対象は，社会生活を行っているほとんどすべての人間の行動になる。

消費者行動の３つの側面

消費者行動には，大別すると３つの側面がある。消費者行動の第１の側面が，**購買前行動**である。これは，商品やサービスの購買のための準備段階での消費者の計画などに関する，判断，意思決定，行動である。すなわち，購買前行動は，①「アルバイトして今月は6万円稼いだけど，4万円使って2万円は貯金しよう」というような**所得の貯蓄と消費への配分決定**，②「使うと決めた4万円のうち，3万円はオーディオ・プレーヤーを買って，残りはコンパに使おう」というような消費に配分された所得をどのような費目に配分するかの**予算計画**，③「オーディオ・プレーヤーといってもポータブル型と据え置き型のプレーヤーがあるんだ」というような**製品知識の形成**，④「池袋とか新宿まで行くと店もいっぱいあってけっこう安く買えるんだ」というような**購買目的地や購買店舗についての知識の形成**からなる。

第2の側面は，**購買行動**である。これは，商品やサービスの購買に直接関わる判断，意思決定，行動である。すなわち，購買行動には以下の7つの側面がある。すなわち，①「オーディオ・プレーヤーを買いたいのだけれどポータブル型のプレーヤーにしようか据え置き型のプレーヤーにしようか」というような，どのようなタイプの製品やサービスを検討するかという**購買選択肢集合**の決定，②「池袋で買い物をしようか秋葉原まで行こうか」というような**購買目的地**の決定，③「ヤマダ電機で買おうか，石丸電気で買おうか」というような**購買店舗**の決定，④「ウォークマンにしようか」というような**ブランド（銘柄）の決定**，⑤「ウォークマンの中でもNW-A50シリーズにしようか」というような銘柄の中の詳細な**モデルの選択**（色やデザインの型番やオプション機能の選択など），⑥「1つだけ買おうか，ほかに同じものをもう1つ買おうかな」というような購買する銘柄の**数量の決定**，⑦「調子が悪くなったからまた同じのを買おうかな」というような**購買の反復行動**がある。したがって，一般に「購買行動」というときには，厳密な意味では，購買前の判断や意思決定や行動を含んでいるが，直接に購買と関係するような過程を研究者は「購買行動」と呼ぶ傾向がある（例えば，杉本，2012；竹村，2000）。

最後に，消費者行動の第3の様相は，**購買後行動**である。購買後行動は，商品やサービスの購買後の判断，意思決定，行動のことである。購買後行動には以下のものがある。すなわち，①「さっそく買って使ってみたけど，説明書が難しくて，基本的機能だけを使って毎日音楽を聴いている」というような，商品やサービスがどのように使用されたかという**使用行動**，②「音はいいけど，使い方が難しいな」というような，使用行動の結果，どのような体験がなされ，商品やサービスにどのような評価判断がなされたかについての使用後の**評価判断**，③「いつも持ち歩いてるけどちゃんとケースに入れて大事に保管しているよ」というような，商品の**保管・保守**，④「つぶれてしまったからゴミの回収日のときに捨てた」というような商品の**廃棄**，あるいは⑤「リサイクルショップにもっていった」とか「分解して他の目的で使った」というような商品の**リサイクル**である。

消費者行動研究においては，上に挙げたような，購買前行動，購買行動，購買後行動における消費者の判断，意思決定，行動を分析し，それらの現象を理論的に説明するのである。さらには，これらの知見をもとにして，消費者や企業や行政の役に立てることを目的にするのである。

2 消費者行動の仕組みがわかると何の役に立つのか

消費者行動研究は，基本的に**産業心理学**や**応用心理学**の一分野と考えられることが多い。消費者行動研究は，他の産業心理学と同じように，「役に立つ」ということに重点をおいた研究分野である。消費者行動研究には，企業などのマーケティング活動への貢献，消費者への貢献，社会経済現象解明への理論的貢献という3つの側面で「役に立つ」ことを意図した学問であると考えることができる(Takemura, 2019)。

マーケティングに役立つ

消費者行動研究は，生産者（企業や公共組織）が行うマーケティング活動に貢献する。**マーケティング**という言葉を聞くと，多くの人々は広告だとか販売の仕方などを連想するが，それらの活動はもちろんマーケティング活動の一側面であるが，それらだけではない。マーケティングというのは，もともとは商業活動の一環であったので，古代バビロニアでも古代日本でもあったともいえる。しかし，マーケティングは，20世紀初頭からアメリカで特に発達したものなので，アメリカでどのように用いられているかを考えてみることにする。

アメリカのマーケティングに関する代表的組織である**アメリカ・マーケティング協会**（**AMA**）の1985年の定義によると，「個人と組織の目的を満足させる交換を創造するために，アイディア・商品・サービスについての，概念形成・価格設定・プロモーション・流通を，計画し実施する過程である」となっている。この定義で重要なことは，マーケティングが企業の営利活動に限定されないということ，販売とか広告などのプロモーション活動に限定されないということである。したがって，公共団体の広告もマーケティング活動であると考えられるのである。実際，学校や病院や地方自治体も「マーケティング活動」をやっているし，当事者たちもそのことを意識している。また，電力会社が夏になると「省エネ」を推進して広報をするのもマーケティング活動であるととらえることができるのである。

アメリカ・マーケティング協会の2004年度に改訂された定義でも，マーケティングとは，「組織とステークホルダー（関与者）両者にとって有益となるよう，顧客に向けて『価値』を創造・伝達・提供したり，顧客との関係性を構築したりするための，組織的な働きとその一連の過程である」とされており，以前の定義をさらに広げている。このようにマーケティングというのは，かなり広い概念なのである。

マーケティングで重要になってくるのが**4P戦略**と呼ばれる活動である。消費者行動研究は，この4P戦略に非常に重要な貢献をするのである。このことについて説明しよう。生産者は，①**製品**（product），②**価格**（price），③**流通**（placeあるいはdistribution），④**プロモーション**（promotion）などの側面から，総合的にマーケティング戦略を構築している（Kotler & Armstrong, 1997；木綿ら，1989；杉本，1997）。これらの4つの側面が，英語の頭文字をとって4Pと呼ばれているのである。マーケティングの実務家は，これらの4Pの要因などを組み合わせた**マーケティング・ミックス**を行って，マーケティング活動をしている。この4Pの要因とその具体的な実施項目を示したのが図9-1である（Kotler & Armstrong, 1997）。この4P戦略の実施において，消費者心理学の知見を活用することは非常に重要である（竹村，2000）。

まず，**製品戦略**では，製品やサービスを提供する段階において，消費者がどのような製品やサービスを望んでいるのか，どのような製品に魅力を感じるのかを知る必要がある。また，消費者の観点からその製品が他の製品と比べてすぐれた特徴をもっていると認識される方がよい。これは，マーケティング用語では，**製品差別化**と呼ばれていることであるが，これができていないと，マーケティング活動において成功しない（例えば，青木・恩蔵，2004）。

図 9-1　マーケティングにおける 4P

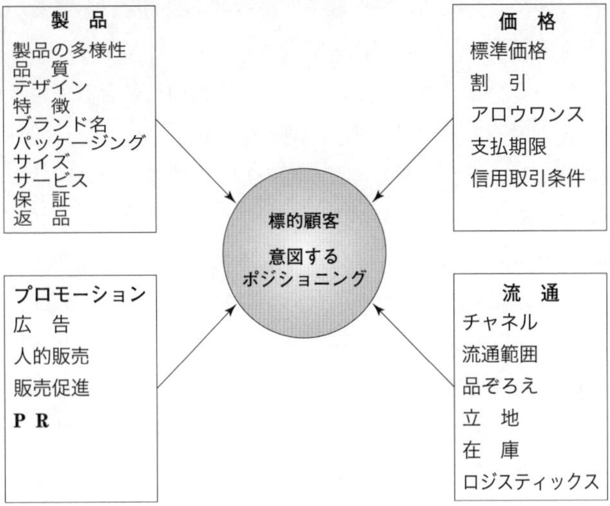

（出典）　Kotler & Armstrong, 1997 より作成。

次に**価格戦略**では，売上の向上をもたらす価格の設定を考えるうえにおいても，消費者が購買したいと思うような価格設定にする必要がある（例えば，小嶋，1986；上田・守口，2004）。価格は安い方が消費者にとって魅力的と思われるかもしれないが，消費者にとって魅力的な価格帯というのは，安い方がよいとは限らないし，同じような製品でも原価率が同じとは限らない。例えば，栄養ドリンク，化粧品などは，原価と比べてかなり高めに価格の設定がされているが，高い方が品質がよいように思うという消費者心理を利用している。また，自動販売機では清涼飲料水はほとんど 130 円になっているが，これも原価に関係なく一律同じにしているのである。消費者心理や消費者行動を分析することによって，効果的な価格設定がわかってくるのである。

流通戦略では，卸売店，小売店，直営店，さらには通信販売を含めて，どのような流通経路を経て，消費者に製品を供給するかということを考えるが，この際に，消費者が製品にどのようなイメージをもっているかということや，どのような使用行動をしているかということを考慮する必要がある（例えば，小林・南，2004）。例えば，流通戦略として店舗数をどんどん増やして消費者にその製品に接する機会を増やすというものがあるが，プラダのハンドバッグのような高級ブランドの商品に，このような流通戦略をとることは効果的でないように思われる。プラダのハンドバッグが，近所のコンビニエンスストアとかスーパーマーケットでいつも買えたらブランドのイメージはどうなるだろうか。消費者は，特別な高級品の専門店で買えるから，このブランドを高く評価するのである。このように，流通戦略を考えるときにも，消費者の心理や行動を理解する必要があるのである。

最後に，広告や販売の仕方を考える**プロモーション戦略**においては，消費者への心理的効果を考える必要がある（田中・清水，2006；上田・守口，2004）。例えば，広告代理店は，どんなタレントを広告に用いるとそのブランドの売上がどのくらい伸びるか，どのくらいの効果があるかの分析を行っている。駅の構内や電車内の広告を，乗客はどのくらい注目して見ているかなども消費者の行動分析をすることによってわかってくるのである。これらの分析によって，効果的なプロモーション戦略を考えることができるのである。

近年，マーケティング戦略は4P戦略だけでは不十分であるという意見が実務の世界では指摘されてきている。特に，国際的なマーケティング戦略を考えたりする場合には，人々の消費文化やその地域性に考慮することがかなりの程度必要になってくる。このような文化や地域性の問題を考えるうえでも消費者心理学の知見は役に立つのである（竹村，2000；Takemura, 2019）。

消費者の役に立つ

消費者行動研究は，消費者のためにも役に立つ（竹村，2000）。1955年の森永ヒ素ミルク中毒事件や1962年のサリドマイドやスモンの薬害などのように，消費者の購入した商品が甚大な健康被害を招く事例が戦後発生し，また，それ以降も企業の欠陥製品や事故による健康被害やいわゆる悪徳商法などによる金銭的被害が後を絶たない（西村，1999）。このような被害のリスク（危険性）から消費者を保護し，消費者の諸権利を守るための政策が必要になってきているのである。

まず，消費者行動研究の知見は，消費者との**リスク・コミュニケーション**をする際に必要である（吉川，1999, 2000）。現在でも，欠陥車による事故，食品の食中毒，製品の誤使用による事故など，消費者はいろいろなリスクに囲まれている。消費者が企業の製品を購入したり使用したりするときに被害を受ける可能性がある場合に，企業や政府などの公共組織がそのリスクを伝達したり，消費者の疑問や苦情に対応するためにも，消費者がどのような知識をもち，どのような行動をとり，どのような情報の提示をよく理解し納得するのかということを知る必要がある。例えば，製品の取扱説明書にくわしく危険性について記したからといって，それだけでリスクを正確に伝えたことにならない。消費者は，あまりに多くの情報を伝えられると，それを無視したり，いい加減にしか見ようとしないからである。多忙な消費者ほどそうである。そのため消費者のそうした心理を把握して，消費者が納得できるコミュニケーションを考える必要がある。

次に，消費者行動研究の知見は，政府などの公共組織が行う**消費者保護政策**に不可欠である。例えば，消費者保護を図る目的で設立された消費生活センターでは，相談員が配置され，相談者の依頼により法律の範囲内で企業との交渉を行い，消費者被害の救済や問題解決の援助を行っている（西村，1999；米川ら，1994）。このとき，被害を受けた消費者に対する相談員の対応を考えるうえでも，消費者がどのような知識をもち，どのような行動をとるかということについて理解が必要になってくる。また，消費者保護のための法の制定や法の運用においても，消費者行動の知見は必要である。例えば，消費者が欠陥商品事故に対して企業を法的に訴えようとした場合，いわゆるPL法の制定に認められるように，消費者の挙証責任（消費者が訴えの根拠になる原因を証明する責任を負うこと）が近年になって緩くなり，企業の側に移ってきているが，このような法の改正がなされたのは，一般の消費者の商品知識が企業に比べてかなり低いという実態把握があったからである。裁判においても，一般消費者の知識や使用行動の特性などが実際に問題になり，そのための証拠として消費者行動の分析がなされることがある（Takemura, 2019）。

最後に，消費者行動研究の知見は，**消費者教育**に必要である。これには，企業が主体になるもの，公共組織が主体になるもの，消費者団体など消費者が主体になるものがある。企業が主体になる消費者教育は，商品知識の普及や苦情処理や消費者団体との情報交換などがある。特に，PL法の施行以降，企業は経営戦略の一環としても消費者教育に熱心に取り組むようになっている。例えば，欠陥商品が出た場合，どのような対応をすると，消費者の理解や納得を得て，経営戦略上効果的かということを研究している企業もある。

また，公共組織が主体となる消費者教育には，消費者被害の防止や消費者救済支援や啓蒙などの活動がある。このタイプの消費者教育については，文部省（現文部科学省）を通じた社会教育や学校教育で従来から若干なされていたが，1990年からは経済企画庁（現内閣府）と文部省の共同所管の財団法人として消費者教育支援センターが設立され，1997年からは経済企画庁（現在は内閣府に統合）が，消費者教育専門家派遣制度を発足させ，消費者教育にあたるようになっている（西村，1999）。このような消費者教育を実施するうえでも，消費行動の実態を把握し，被害に至るプロセスなどを明らかにする必要が出てきている。

さらに，消費者が主体になる消費者教育については，商品テストによる知識の普及や環境保護や消費者の諸権利に関する学習会などによる啓蒙活動がある。このタイプの消費者教育は，主婦連合会，日本消費者協会，生活クラブ事業連合生活協同組合連合会などの消費者団体が行っている。消費者が主体になる消費者教育においても，消費者がどのような知識をもっており，どのような点で誤解をしたり，誤った使用行動をするのかということや，どのような情報を求めているのかということに関する理解が必要になるのである。

社会経済現象の解明に役立つ

経済学などの社会科学は社会経済現象を解明し，社会政策への示唆を行うことを1つの目的としている。実際，経済学者が政府の審議会の委員をしたり，大臣になったりしていることからもうかがえるように，社会経済現象に関する理論はある程度，政治や社会政策に影響を与える可能性がある（Takemura, 2019）。

経済学は，理論的にも洗練され，かなり発展した社会科学であるが，多くの理論の前提に関して，消費者行動研究の知見から見ておかしい点がある。というのは，実際の消費者行動の観察によると，消費者の行動は多くの経済理論に仮定されているほどには，合理的ではないからである。多くの経済学者は，実際の消費者行動の観察をもとに理論をつくるというよりも，消費者の意思決定の合理性をあらかじめ仮定した理論を作成する傾向にある。しかし，もし間違った仮定に基づく理論をもとに，政治や社会政策がなされているとしたら少し恐ろしいことである。近年では，こうした反省のもとに，経済学内部で**行動経済学**，**実験経済学**という分野ができ，実際の人々の行動の観察をもとに経済理論を考える人々が増えてきているが，消費者行動に関連する社会経済現象についてはまだまだわからない点が多い。例えば，景気は消費者の心理とどのように関係しているのか，消費税は消費者の需要にどのような影響を及ぼすのか，消費者の意思決定をどのような数学モデルで近似したらよいのかなど，いまだに十分に答えられていない重要な問題がたくさんある。

このような点からも，実際の消費者の行動を研究することは，今後も社会経済現象の解明に役立つだろう。カーネマン（Kahneman, D.）という心理学者が2002年にノーベル経済学賞を受賞し，行動経済学者のセイラー（Thaler, R. H.）が2017年に同賞を受賞しているが，彼らは，消費者行動を含めた人間の判断と意思決定を研究しており，これらの研究知見から経済理論や社会政策に示唆を与えている。このような意味でも，消費者行動研究は，今後の発展が期待できる。

3 消費者行動の理論枠組みと研究法

消費者心理学の歴史的経緯については，中西（1984），大澤（1992），杉本（2012），フォクサル（Foxall, 2002），竹村（Takemura, 2019）の文献などにくわしいが，ここでは，消費者行動の理論枠組みをいくつか分類して紹介することにする。また，その理論枠組みに対応した研究法も紹介する。

表 9-1 モチベーション・リサーチで提示されたリスト

リスト A	リスト B
ハンバーガー	ハンバーガー
パン	パン
人参	人参
ベーキング・パウダー	ベーキング・パウダー
インスタント・コーヒー	**ドリップ式コーヒー**
桃の缶詰	桃の缶詰
ジャガイモ	ジャガイモ

（出典） Haire, 1950 より作成。

モチベーション・リサーチ

モチベーション・リサーチの理論枠組みでは，消費者が意識していない購買動機を探り，なぜ特定のブランドを購入したりするのかを明らかにしようとする。この理論枠組みは，意識下の動機を明らかにしようとする**精神分析学**の影響を受けている。この理論枠組みは，特に 1950 年代に流行したが，現在においても，**マーケティング・リサーチ**をする実務家の中で，このアプローチを採用している者が少なからずいる。

この枠組みの研究で有名なものに，ヘアー（Haire, 1950）によるネスカフェのインスタント・コーヒーの購買動機研究がある。ネスカフェのインスタント・コーヒーは発売当初はある程度売れたが，すぐに売上が低迷した。なぜインスタント・コーヒーを買わないのかを直接消費者に聞いても，その理由はわからず，味に関してもインスタント・コーヒーとドリップ式コーヒーとを区別できていないことがわかった。そこで，ヘアーは表 9-1 のような，コーヒーのところだけが違う買い物リストを提示し，これらの品物を買う女性はどのような人だと思うかを書き出してもらうという調査を行った。このような調査は，消費者の無意識の欲求や意識を表出させることを意図した**投影法**と呼ばれる。調査の結果から，ドリップ式コーヒーが入ったリストを提示された人は，購入した女性を肯定的に受け取っていたことがわかった。それに対して，インスタント・コーヒーが入ったリストを提示された人は，購入した女性を怠け者で計画能力がないと受け取る傾向があった。つまりこの投影法によって，インスタント・コーヒーを買うとよくないイメージを人々からもたれることを消費者が恐れていると解釈されたのである。この調査結果を受けて，ネスレ社は，ネスカフェを飲むことが，むしろ活動的で家庭役割の中心になっているということを伝える広告をつくり，マーケティングに成功したといわれている。

モチベーション・リサーチでは，このような投影法や，グループ・インタビューなどの**面接法**が用いられることが多い。

態度研究

態度とは，社会心理学でさかんに用いられている概念であり，その定義を述べると，「経験を通じて体制化された心理的あるいは神経生理的な準備状態であって，生活体が関わりをもつすべての対象や状況に対するその生活体自体の行動を方向づけたり変化させたりするもの」である(Allport, 1935)。この態度の概念をもとにした**質問紙法**を使って，消費者行動を予測しようという研究が特に1970年代にさかんであった。

フィッシュバインとアイゼン（Fishbein & Ajzen, 1975）は，態度から行動の関係を説明する**合理的行為理論**を提案した。この理論は消費者行動においてもさかんに用いられており，この理論はいろいろな属性の態度を仮定しているので，**多属性態度モデル**の研究ともいわれている。彼らは，図9-2に示されているように，行動を直接規定するのは態度ではなく，行動をとろうとする意図であり，意図は態度とその行動をとることの主観的規範が寄与するとした。ここで

図 9-2　合理的行為理論

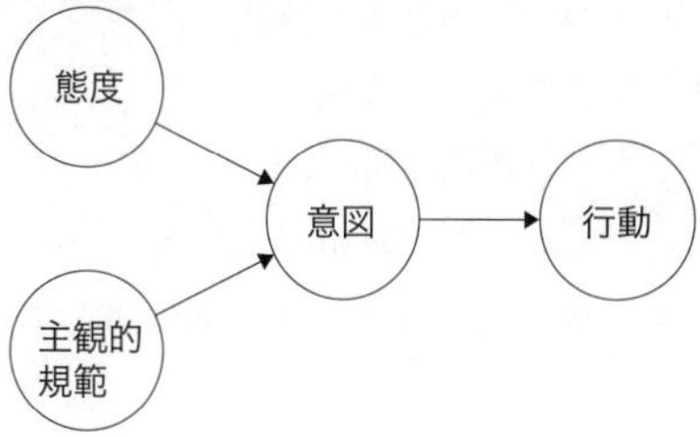

（出典） Fishbein & Ajzen, 1975 より作成。

図 9-3　計画的行動理論

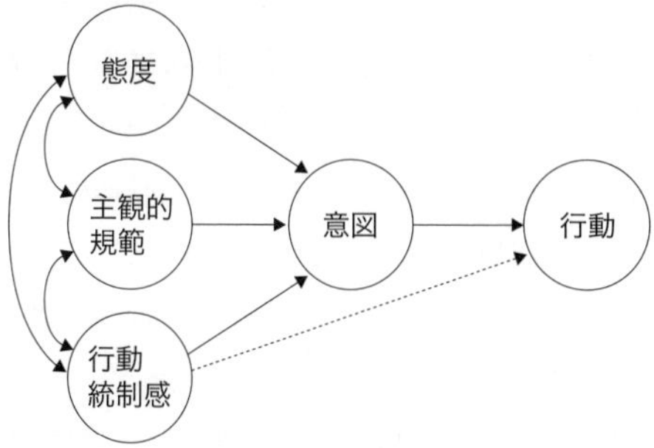

（出典） Ajzen, 1991 より作成。

主観的規範とは，重要な他者（両親や友人や配偶者など）がどの程度その行動をとることを期待しているかということに関する規範である。主観的規範と態度がどの程度，意図に寄与し，行動に結びつくかという重みに関しては，実際の調査や実験データの統計的分析によって推定される。

アイゼン（Ajzen, 1991）は合理的行為理論をさらに発展させて，**計画的行動理論**を提案している。図 9-3 に示されているように，行動を直接規定するのは，意図であるが，意図には，態度，主観的規範に加えて，行動統制感が寄与する。行動統制感は，行動を遂行することに関する能力の要因であり，当該の行動をとることが行為者にとってどの程度容易かの認知である。これらの3要因は，相互に関連しあって意図に影響することになる。

情報処理論的研究

情報処理論的研究のアプローチは，ベットマン（Bettman, 1979）による消費者の情報処理に関する研究が契機になっており，消費者の情報処理の過程や意思決定の過程に焦点をあてた研究のパラダイムである。このアプローチでは，図9-4に示したような，消費者の**意思決定過程**が概念的に想定されている。このモデルは，エンゲルら（Engel et al., 1995）やブラックウェルら（Blackwell et al., 2001）によって提唱されているものであるが，基本的には，欲求認識→情報探索→選択肢評価→購買→結果（満足，不満足，処分）という時間的な経過を仮定している。

このアプローチが，なぜ消費者の情報処理過程に焦点をあてるのかというと，情報処理の仕方が意思決定の結果に影響を及ぼすことがあるので情報処理過程を把握しないと消費者の行動を予測できない場合があるからである。

消費者の情報処理過程を検討するためには，**過程追跡技法**という方法が用いられる。過程追跡技法には，考えていることを話してもらう**言語プロトコル法**，情報の取得順序を分析する**情報モニタリング法**がある。

ポストモダン研究

近年，従来の理論枠組みとはまったく異なる研究パラダイムが出現している。これは，**ポストモダン研究**と呼ばれることもある研究アプローチである。このアプローチは，消費者の象徴や意味の問題やそれに関わる社会的文脈や状況の問題を全面的に取り扱おうとする，ハーシュマンとホルブロック（Hirschman & Holbrook, 1992；Holbrook & Hirschman, 1993）らによって進められてきた。このアプローチでは，社会心理学や社

図 9-4　消費者の意思決定過程の概念モデル

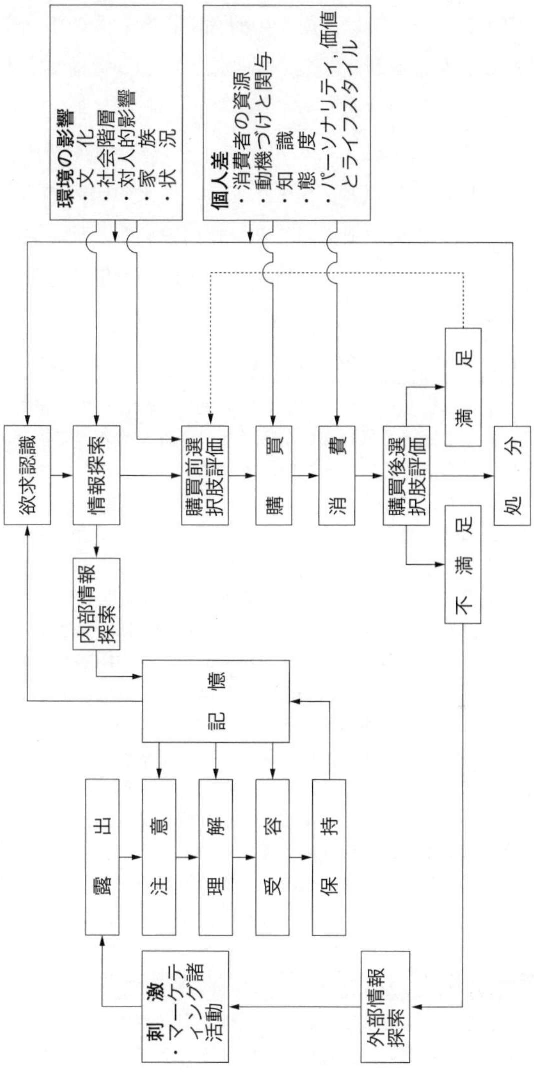

（出典）　Engel et al., 1995 より作成。

会学における社会構成主義や解釈学的研究と類似した立場がとられている。このアプローチでは，従来の研究が消費者間の相互作用を軽視していたことを指摘し，記憶や思考などの心的機構が文化や状況や個人間において普遍性をもっていることが暗黙に仮定されることを批判的に考察している。このアプローチは，**質的分析法**をおもな研究法としている。このアプローチでは，従来の研究パラダイムの代替として十分な成果が出ているとは言い難いが，従来の研究に対する問題指摘は的確であり，今後の新しい展開が期待できる。

エピローグ Epilogue

赤海さんは，青空さんの質問に少しは答えられましたが，彼女が十分に満足するようには答えられませんでした。これまで述べてきたように，消費者行動の研究は，さまざまな側面で役に立ちうることがわかりました。消費者行動研究は，赤海さんや青空さんの会社の製品開発，製品の価格設定，流通のさせ方，広告などの販売促進に利用できます。また，消費者からの苦情相談やリスク・コミュニケーションにも役立つと考えられます。実際に，多くの企業では，消費者行動研究の知見を実務に生かしています。しかし，彼らの会社の具体的な問題に対処するために重要なことは，単に消費者行動研究の方法論や知見を応用すればよいということではありません。実務活動においては，その状況に応じて，何が重要な変数であるかを見極める目をもっている必要があります。このことは，何も消費者行動の研究だけでなく，電子工学を実際の製品開発に役立てる場合でも同じです。消費者行動研究にはいろいろなアプローチがあることもわかりましたが，実務に生かす場合には，どのようなアプローチが問題解決に有効なのかを考える必要があります。赤海さんも青空さんもこの対話をきっかけにして，消費者行動研究部門の仕事にやる気を出して，多くの問題解決をすることでしょう。

まとめ Summary

消費者行動は，社会経済生活の中で人間が商品やサービスを獲得し，消費し，廃棄することに直接含まれる活動のことである。消費者行動には，大別すると**3**つの側面がある。消費者行動の第**1**の側面が，購買前行動である。これは，商品やサービスの購買のための準備段階の消費者の計画などに関する，判断，意思決定，行動である。消費者行動の第**2**の側面は，購買行動である。これは，商品やサービスの購買に直接関わる判断，意思決定，行動である。消費者行動の第**3**の側面は，購買後行動である。購買後行動は，商品やサービスの購買後の判断，意思決定，行動のことである。

消費者行動研究は，企業などの組織のマーケティング活動，消費者の保護や教育，社会経済現象の解明のために役立つ。消費者行動研究には，モチベーション・リサーチ，態度研究，情報処理理論的研究，ポストモダン研究などの理論枠組みがある。モチベーション・リサーチでは投影法，面接法，態度研究では質問紙法，情報処理理論的研究では過程追跡技法，ポストモダン研究では質的分析法という研究法が主として用いられている。

文献案内 Book Guide

杉本徹雄編著（2012）『新・消費者理解のための心理学』福村出版

●消費者行動研究の全般的な内容が書かれた本である。消費者行動研究がどのように行われ，他の心理学とどのような関係があるかがよくわかる。

竹村和久編（2000）『消費行動の社会心理学――消費する人間のこころと行動』北大路書房

●消費者行動研究が，具体的にどのように進められて，役に立っているかが書かれた本。消費者行動研究の具体的イメージをもちたい場合に役に立つ。

竹村和久（2015）『経済心理学――行動経済学の心理的基礎』培風館

●経済心理学の入門書であり，経済学，心理学，神経科学との関連も記述されている。

山田一成・池内裕美編（2018）『消費者心理学』勁草書房

●消費者心理学の入門書であり，消費者心理学のトピックがわかりやすく書かれている。

第10章 消費者の価格判断と心的会計

「安い」「高い」とどうして思うのか

プロローグ　Prologue

青空ルミさんと赤海タロウさんは，会社で同じ部署で働いているうちに，縁があってつきあいはじめ，3年の交際期間を経てめでたく結婚しました。2人は経済観念もそれほど違わないし，どちらかというと節約家です。しかし，新しい家庭の買い物に関して意見が分かれました。

ルミ「ねえ，タロウさん，あなたは，どうして特売の卵とかレタスのチラシがあったらわざわざ車で20分もかけて買い物に行ったりするの。そんな遠いところに行ったらガソリン代だってもったいないよ」

タロウ「だって，あのスーパーに行ったら，いつも150円のレタスが特売のときは50円で売ってるし，卵だっていつも1パック200円のものが100円で売ってたりするんだよ。せっかくの機会だから買わない手はないじゃないか」

ルミ「気持ちはわかるけど，タロウさんは，ほかにもその店で買い物をたくさんするんでしょ。ほかの商品はそんなに安いの？」

タロウ「そうでもないんだけど。でも，近くの店に行くのとそんなに変わらないよ」

ルミ「だったら近くの店の方がいいよ。近くの店だったらポイントが5%たまるし，ポイントの分を考えたら近くの店の方がいいじゃない」

タロウ「けど，ポイントで5%なんかちょっとじゃない。安くなった感じがしないじゃない。僕の行くスーパーだったら，レタスは3分の1の価格になるし，卵は半額になるんだよ」

ルミ「そんなに強く思うなら，好きにしたらいいけど。ところで，今日の晩ご飯何にしようか？」

……と2人の会話は続いていきます。結局2人は喧嘩することなく，仲良く話しています。でもタロウさんとルミさんのどちらの意見が合理的なのでしょうか。

1 消費者の価格判断

価格判断とは

われわれの購買行動においては，価格は，非常に重要な判断材料になっている。いくら品質がよいと判断したブランドであっても，割高だと判断されたものは購買されないし，高級ブランドであっても割安だと判断されれば購買につながったりする。例えば，100円ショップで100円のボールペンを高いと思う一方で，デパートで1万円の高級ボールペンを安いと判断したりすることもあるのである。

青木（2004）は，図10-1のように，価格に関する消費者の情報処理過程を示している。これによると，ブランドの価格の情報は，消費者の知覚を経て意味解釈が加えられる。価格情報は，第1に「このブランドはどのくらい品質がよいのか」という品質の手がかりとして機能し，第2に「このブランドはどのくらい安いのか」という節約の手がかりとして機能する。これらの手がかりをもとにして，消費者の価格の総合評価である「価格に対する反応」に至る。そしてこの反応をもとにして購買行動の意思決定がなされるのである。

例えば，日本マクドナルドはハンバーガーの価格を2000年2月に平日半額として130円のハンバーガーを65円にしたが，このとき，第2の機能の「価格が半額になった」という節約の手がかりがあっただけでなく，第1の機能により「マクドナルドのハンバーガーは65円くらいの品質なのか」という品質の手がかりに関する低い推定がもたらされたと考えることができる。この値下げにより，平日のハンバーガーの売上は5倍伸びたが，ほかの種類のハンバー

図 10-1　価格に対する消費者の情報処理過程

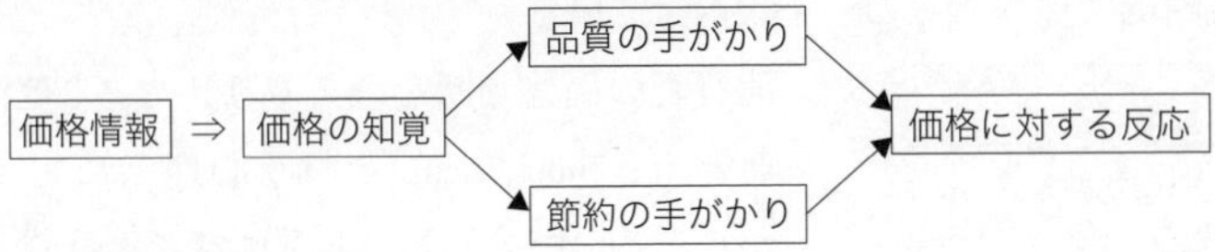

（出典）　青木，2004 より作成。

ガー（当時 190 円から 280 円）に対する不満が高まり，以前は 30% 以上を記録していた価格満足度が，10% 以下に低下したという（青木，2004）。このことは，日本マクドナルドのハンバーガー全体についての品質評価が値下げによって下がった一面があると解釈できる。

消費者の価格推定

ディクソンとソーヤー（Dickson & Sawyer, 1990）は，スーパーマーケットで消費者がどのような価格の知覚を行っているかを調査している。彼らの研究では，消費者は商品をカートに入れた 30 秒後に，「目をつぶって，カートをチェックすることなしに，今あなたが選んだ商品の価格を言えますか？」と尋ねられた。その結果，55.6% の消費者が実際の価格の 5% 以内で推定することができた。同様の方法で日本のスーパーマーケットにおいて飲料の価格の知覚を調査した研究では，価格を正確に覚えていた消費者は，50.6% であった（竹村，1996）。この調査で，ブランド名と会社名をともに再生できた消費者が 37.3% であったことや 51.7% が成分を 1 つも言えなかったこと（竹村，1996）を考慮すると，価格に対する知覚は，他の属性と比べると比較的正確であることがわかる。いずれの調査でも価格は，ある程度消費者に正確に覚えられていることがわかる。ただし，ディクソンとソーヤー（Dickson & Sawyer, 1990）は，価格の推定値は低めになる傾向があること，ほとんどの消費者が把握していたのは同じカテゴリーの他のブランドと比較したときに高いか安いか同じかという相対的関係であることを報告している。

消費者の価格判断と心理物理学

消費者の価格判断を考えるうえで，**心理物理学**（psychophysics）という心理学に古くからある分野の知見が非常に参考になる。心理物理学の開祖であるフェヒナー（Fechner, G. T.）という心理学者（なお，彼は物理学者であり哲学者でもあった）が，1860 年に刊行された著書において，**心理物理学的測定法**（psychophysical method）を提唱し（精神物理学的測定法とも訳されることもある），刺激強度と判断を通じてなされる心理量との関数関係を特定するための定量的測定法と尺度構成法を開発し，対数関数で表現される感覚量の理論を導出した（竹村，2015；Takemura, 2019）。

彼は，刺激強度 I とその弁別閾 ΔI との比，$\Delta I/I$ が一定であるというウェーバー（Weber, E. H.）らの実験による知見，いわゆる**ウェーバーの法則**（Weber's law）をもとに，判断された感覚の大きさ S が刺激強度 I の対数に比例する（$S=k\log I$，ただし k は正の定数）という，いわゆる**フェヒナーの法則**（Fechner's law）と呼ばれる理論を提案したのである（和田ら，1969；印東，1977）。

このウェーバーの法則というのは，ちょうど認識可能な刺激の増加分，すなわち**弁別閾**が，刺激の初期の強さに比例することを述べた法則である。この法則は，聴覚，視覚，触覚などさまざまな感覚領域で成り立つことが知られているが（和田ら，1969），このような基本的な感覚だけでなく，商品の値引きの割安感などにおいてもおおむね成り立つことがわかっている（小嶋，1986）。例えば，定価 100 円の商品を 30 円値引くのと，定価 1 万円の商品を 30 円値引くのでは，同じような割安感は得られず，100 円から 30 円値引くのと 1 万円から 3000 円値引くのが，同じ割安感を与えるというのが，

図 10-2　フェヒナーの対数関数

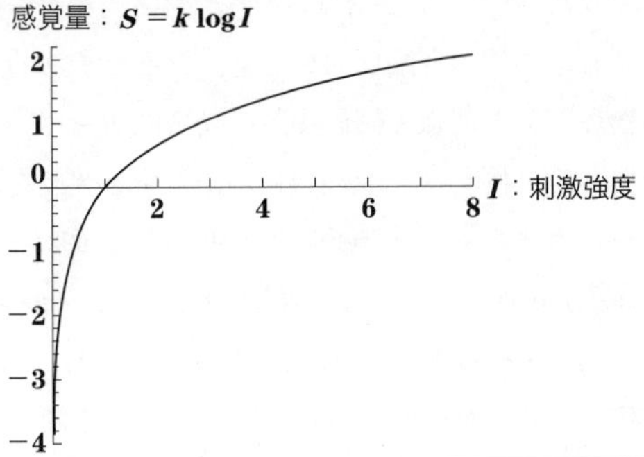

ウェーバーの法則を示していることになる。

フェヒナーの法則の導出においては，彼は ΔI を微分で考え，$\Delta I = dI$ と仮定し，これが感覚の最小単位 $\Delta S = dS$ と比例していると考え，$dS = k\ dI/I$（k は定数）と置いた。そして，この等式の両辺の積分をとって，$S = k \log I + C$（ただし，C は定数）とした。$S = 0$ のときの刺激強度を I_0 とすると，$C = -k \log I_0$ であると考えることができるので，$S = k \log I - k \log I_0 = k \log I/I_0$ となる。ここで，I/I_0 を刺激閾の値 I_0 によって基準化された刺激強度であると考えると，いわゆるフェヒナーの法則が得られるのである。フェヒナーの導いた対数関数は，図 10-2 のようなグラフを描く。割引率の割安感をフェヒナーの法則から予測すると，10%，20%，30% と割引率が上がっていくにつれて，割安感の増分は減っていくことになる。

このフェヒナーの法則のように，物理量と心理量との関係に関する法則は**心理物理法則**（psychophysical law）と呼ばれ，現代においても，さまざまな研究がなされている。フェヒナーによる対数関数の心理物理関数がはたして妥当かどうかについては異論もあり，ウェーバーの法則からの導出に飛躍があるとの批判や，対数関数よりむしろベキ関数が妥当であるというスティーヴンス（Stevens, 1975）による理論（$S=\alpha I^{\beta}$，ただし，α，β は定数）がある（和田ら，1969）。価格に関する価値や効用の理論においても，フェヒナーやスティーヴンスの心理物理関数と同様の価値関数や効用関数を用いた理論が多く提言されている。例えば，金銭的利得に対する評価を記述するトヴェルスキーとカーネマン（Tversky & Kahneman, 1992）の**プロスペクト理論**（prospect theory）のような**非線形効用理論**（nonlinear utility theory）においても，ベキ関数による価値関数の推定が行われている。

また，竹村（1998；Takemura, 2001）は，消費者の価格判断におけるような評価関数は，判断可能な刺激の下限付近で下に凹で上限付近で下に凸な性質をもつとする心的物差理論（mental ruler theory）を提案しており，フェヒナーの法則やスティーヴンスの法則を特殊例として含むような定式化を行っている。このモデルに関して，商品の値引きの望ましさをマグニチュード推定法と呼ばれる方法で数値評価させる調査を行ったところ，図 10-3 に示したような結果が得られている（Takemura, 2001）。この調査では，標準小売価格が 8800 円の携帯電話を用いた値引きを，①割引額の割合をパーセントで表示をする群（例えば，標準小売価格から 10% 割引きという表示をする群），②値引きの絶対額を表示する群（例えば，標準小売価格から 880 円の値引きという表示をする群），③値引き後の価格の割合をパーセントで表示する群（例えば，標準小売価格の 90% の価格という表示をする群），④値引き後の価格の絶対額を表示する群（例えば，値引き後の価格が 7920 円という表示をする群）も設けたが，いずれの表示においても，図 10-3 に示されているように逆 S 字型の評価関数が見出されている。つまり，標準小売価格よりも少しの値引きでもかなりインパクトをもって評価されるが，中程度の値引率の領域ではあまり敏感ではなく，高い値引率の領域でかなり敏感になるというこ

図 10-3　商品の値引きの評価値（平均値）

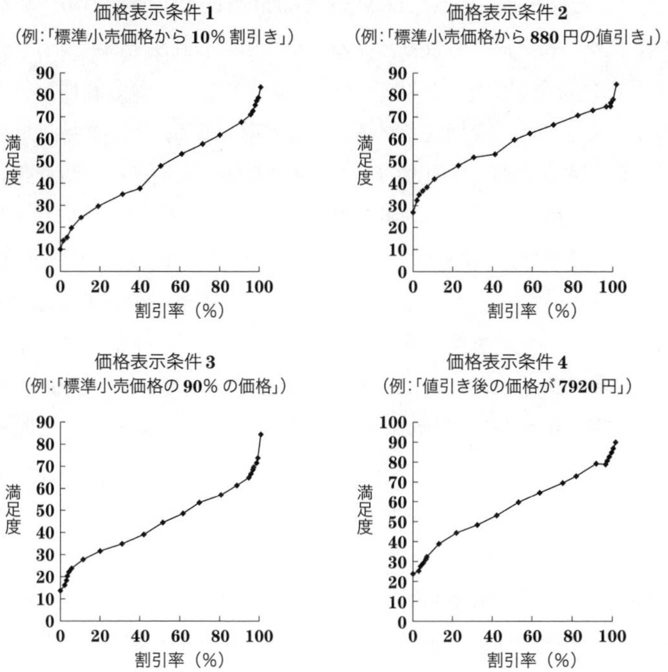

（出典）　Takemura, 2001 より作成。

とがいえる。

2　参照価格とプロスペクト理論

参照価格とは

価格判断において，消費者は価格を絶対的に評価するわけではなく，むしろ相対的に判断しているといえる。例えば，小嶋（1986）が示したように，

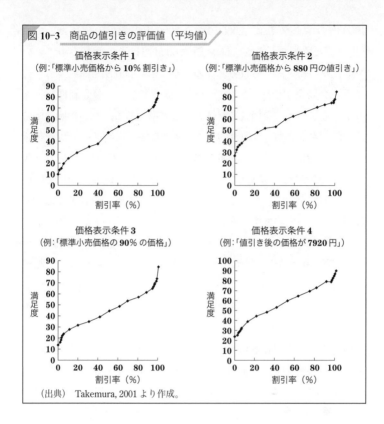

4000円のネクタイは，2000円から3000円の商品の中においては「高い」と感じられるが，5000円や6000円以上の商品の中においては「安い」と感じられる。このような相対的判断を説明するうえで重要な概念が**参照価格**（reference price）である。参照価格というのは，製品の価格を消費者が評価する基準である。この参照価格には，消費者が知覚して記憶する**内的参照価格**と店舗などで情報刺激として外的に提示される**外的参照価格**がある。特定のブランドを非常に好む**ブランド・ロイヤリティ**の高い消費者は外的参照価格を価格判断に用いやすく，ブランド・ロイヤリティの低い消費者は価格を重視するため内的参照価格を価格判断に用いやすいという研究結果がある（Mazumdar & Papatla, 1995）。4000円のネクタイが2000円から3000円の商品の中において「高い」と感じられるのは，参照価格が低くなっているからであり，5000円や6000円以上の商品の中において「安い」と感じられるのは，参照価格が高くなっているからである。

内的参照価格が価格判断に影響を及ぼしたと考えられる実験結果にシー（Hsee, 1998）の研究がある。彼は，友人から贈り物として，55ドルのウールコート（価格帯が最低で50ドル，最高で500ドルするもの），あるいは45ドルのウールスカーフ（価格帯が最低で5ドル，最高で50ドルするもの）をもらった場合，45ドルのウールスカーフを贈った方が気前がよく感じられるという結果を見出している。価格帯によって内的参照価格が変化して値段の安い贈り物の方がありがたく感じられる場合もあるという結果が出たものと考えられる。

参照価格とプロスペクト理論

参照価格の概念は，カーネマンとトヴェルスキー（Kahneman & Tversky, 1979；Tversky & Kahneman, 1992）のプロスペクト理論における**参照点**（reference point）に対応している。カーネマンとトヴ

図 10-4　プロスペクト理論に過程される編集段階と評価段階

①編集段階		②評価段階
文脈や言語的表現に影響されて問題の心的構成（フレーミング）が行われ，参照点が定まる。	⇒	参照点が定まり，状況に依存しない評価関数による評価と意思決定が行われる。

ェルスキーによって提唱されたプロスペクト理論は，意思決定の心理学的研究と非線形効用理論（あるいは一般化期待効用理論）の知見を総合した理論である。プロスペクト理論は，当初はリスク下の意思決定を扱う記述的理論として提案されたが（Kahneman & Tversky, 1979），後に，不確実性下の意思決定も説明できる理論に発展させられている（Tversky & Kahneman, 1992；Takemura, 2019）。

プロスペクト理論の「プロスペクト」とは，ある選択肢を採択した場合の諸結果とそれに対応する確率の組み合わせであり，リスク下の意思決定では「ギャンブル」と同じである。プロスペクト理論では，意思決定過程は，問題を認識し，意思決定の枠組みを決める**編集段階**（editing phase）と，その問題認識に従って選択肢の評価と意思決定を行う**評価段階**（evaluation phase）とに分かれる（Kahneman & Tversky, 1979）。図 10-4 に示したように，編集段階は，状況依存的であり文脈情報や少しの言語的表現の相違などによっても変化するが，評価段階では，ひとたび問題が同定されると状況に依存しない評価と意思決定がなされることになる。

プロスペクト理論の特別な点は，価値を評価する原点に相当する参照点が，意思決定問題の編集の仕方によって容易に移動することを仮定していることにある。プロスペクト理論では，結果の評価は心理学的な原点である参照点からの乖離量からなされ，意思決定者

図 10-5　プロスペクト理論の価値関数

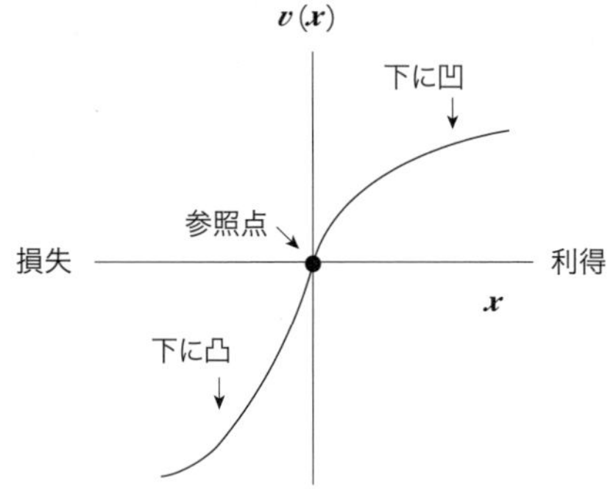

は利得あるいは損失のいずれかとして結果を評価することになる。参照価格，特に内的参照価格は，プロスペクト理論における参照点と同じように，状況をどのように把握するかによって変化すると見なすことができる。

プロスペクト理論では，図 10-5 に示されているように，利得の領域より損失の領域の方が価値関数（評価関数；$v(x)$）の傾きが一般に大きい。このことは，100 円を損失する場合の心理的なインパクトが 100 円を獲得する場合より大きいということを示している。すなわち，プロスペクト理論では，$x>0$ において，$v'(x) < v'(-x)$ となる（ただし，$v'(x)$ は，$v(x)$ の導関数である）。このことは，損失の方が利得よりも心理的なインパクトがあることを示しており，この性質は**損失忌避**（loss aversion）と呼ばれている。

損失忌避から導ける価格判断現象

損失忌避の性質から導ける現象としては，値上げに対する心理的抵抗の強さを指摘することができる。一度消費者が低い内的参照価格を形成してしまうと，それよりも高い価格は消費者には損失として把握され，さらに内的参照価格より低い価格での販売は消費者には利得として把握されるが，損失忌避の性質により，あまり心理的なインパクトはなくなるのである。それゆえ，いったん値下げなどで低い内的参照価格が形成されてしまうと，それよりも高くなれば望ましさが著しく損なわれ，値引きの効果をあげるには相当価格を安くしないといけなくなるのである（守口・鶴見，2004）。例えば，先に紹介した日本マクドナルドの低価格路線があまり成功しなかったのも，消費者の内的参照価格が低く設定されて損失忌避が働いたためだと考えられる。同様の例は，スーパーマーケットで4割引きから5割引きの特売を行っている冷凍食品についてもいえる。冷凍食品も半額近くに値引きしてしまうと，その額が内的参照価格になって通常の販売価格では高いと感じて購入に至らなくなってしまうのである。

損失忌避の性質から導ける現象としては，**賦存効果**（endowment effect）も指摘することができる（Kahneman et al., 1990, 1991）。この現象は，ある財を与えられて保有している場合のその財の売値が，その財を与えられずにいた場合の買値よりも高くなる現象である。簡単にいうと，初期保有していた財を手放しにくくなってしまう現象であり，**現状維持バイアス**（status quo bias）を表していると解釈されることもある。

カーネマンらは，賦存効果を確認する一連の実験を行っている。その1つの実験で，彼らは，まず77名のサイモン・フレーザー大学の学生を，「売る条件」「買う条件」「選択する条件」の3群に無作為に分けた（Kahneman et al., 1990）。売る条件の実験参加者には，マグカップを与えてそれをいくらなら手放すかを調べ，買う条件の実験参加者にはそのマグカップをいくらなら買うかを調べ，選択する条件では，種々の価格を提示してそのマグカップを選ぶか現金をもらう方がよいかの選択をさせた。その結果，売る条件では7.12

ドル，買う条件では2.87ドル，選択する条件では3.12ドルが値付けの中央値となった。売る条件では参照点がマグカップを所有している状態になっており，買う条件や選択する条件では参照点はマグカップを所有していない状態であるために，このような値付け額の相違になったと考えられる。

賦存効果は，中古住宅市場でも働きやすいと考えられる。住宅の売り手は現状維持バイアスが働いて高めの価格設定をしがちだが，買い手は逆に低めの価格でないと許容できず，価格判断を厳しくしてしまうのである。特に地価や住宅価格が下がっている状況では，売り手の価格判断と買い手の価格判断はかなり乖離してしまい，売り手は中古住宅を売れずにそのまま所有するということになってしまいやすい。

3 消費者の心的会計

心理的財布

小嶋（1986；Kojima, 1994）は，消費者の価格判断が相対的であり，消費者が購買意思決定をどのように把握しているかによって購買行動や購買後の満足感が大きく影響されることを指摘し，どのような状況依存的な問題認識が存在するのかを**心理的財布**という構成概念を用いて説明している。小嶋は，消費者が異なる複数の財布をあたかも所有しているように行動し，購入商品やサービスの種類や，それらを買うときの状況に応じて別々の心理的な財布から支払うと考えた（図10-6）。それらの心理的財布は，それぞれが異なった次元の価値尺度をもっているので，同じ商品に同じ金額を支払った場合でも，その金額を支払う財布が異なれば，それによって得られる満足感や，出費に伴

図 10-6　心理的財布のイメージ

心理的財布
物理的財布
物理的な財布は1つだが，心理的な財布はたくさんありうる！

う心理的痛みも異なると考えられるのである。この心理的財布の概念によって，普段の生活では食費を節約しているのに旅行先では高級レストランで食事をしても心理的な痛みをまったく感じないような消費者の心理を「異なる心理的財布をもっている」という観点で説明できるのである（Takemura, 2019）。

心理的財布に関して，小嶋（1986）は，次のような知見を報告している。まず，ボーナスや宝くじで賞金を得るなどの一時的な経済的収入によって心理的財布は一般に拡大し購買行動は促進される。また，一時的な経済的収入によって心理的財布が縮小して購買行動が抑制されることはない。しかし，お金を落とすなどの損失によっては，心理的財布は一般に縮小し購買行動は抑制される傾向があるが，興味深いことに，大きな損失によって逆に心理的財布が拡大するという知見も見出している。例えば，ギャンブルなどで大金を失ったり，マンション購入などで多額の出費があった場合，「いまさら1，2万円のお金を倹約しても仕方がない」と考えたり，「4000

万円のマンションを購入するのだから20万円のカーペットの購入も気にならない」ということがこのケースに含まれる。

また，小嶋（1986）は，商品購入におけるクレジットやローンの利用は，心理的財布の拡大に大きな影響を与えると指摘している。クレジットやローンは，①当初の支払いが頭金だけですむこと，②商品代金を直接支払わず預金からの自動引き落としによること，③購入と支払いのタイムラグ（時間的ズレ）があること，④購入時点で支払いのことを強く意識しないですむこと，⑤所持金に制約されないことなどにより，支出に伴う心理的痛みを減少させ，心理的財布を拡大させ，購買行動を促進させることが指摘されている。

心的会計

金銭に関係する意思決定に関して，トヴェルスキーとカーネマン（Tversky & Kahneman, 1981）は，**心的会計**（mental accounting）という概念を用いて説明している。心的会計というのは，人々が金銭的な意思決定問題を心的に処理するための様式を指しており，小嶋（1986）が指摘した心理的財布のあり方を指している（Takemura, 2019）。

トヴェルスキーとカーネマンは，計383名の実験参加者に以下のような質問を行って，心的会計のあり方を検討している。彼らは，200名の実験参加者にチケット紛失条件の下記の質問を行った。

チケット紛失条件

以下の場面を想像してください。あなたは，ある映画を見に行くことに決め，代金10ドルのチケットを購入した後，映画館に行きます。映画館に入る段になって，あなたは，そのチケットをなくしたことに気づきました。あなたは，チケットをもう一度買い直しますか？

また，残りの183名には，現金紛失条件の下記の質問を行った。

現金紛失条件

以下の場面を想像してください。あなたは，ある映画を見に行くことに決め，映画館に行きます。チケットの代金は，10ドルです。映画館に入る段になって，あなたは現金10ドルをなくしたことに気づきました。あなたは，チケットを買いますか？

質問の結果，チケット紛失条件では46%の実験参加者がチケットを買うと答えたのに対して，現金紛失条件では，88%の実験参加者がチケットを買うと答えたのである。ここで注意する必要があるのは，どちらの条件でも，10ドル相当の損失をして，10ドル相当のチケットを買うかどうかの意思決定を求められているということである。トヴェルスキーとカーネマンは，チケット紛失条件と現金紛失条件とでは心的会計のあり方が異なるために，結果が異なったと説明している。つまり，チケット紛失条件では，チケット支出のアカウント（一種の心理的財布）からもう1回チケットを買わなければいけないのに対して，現金紛失条件では，現金とチケットの支出が別のアカウントになっているために二重にチケットを買うという痛みにならなくて，チケットの購入意向が高くなったと解釈できるのである。チケットを購入するときは，チケットのアカウントのみが使われるため，現金の紛失がそれほど影響を与えなかったと考えられるのである。このように，心的会計は金銭の総合的評価でなされるのではなく，トピック単位でなされやすいと，トヴェルスキーとカーネマンは説明している。

トヴェルスキーとカーネマンは，消費者の心的会計に関する以下のような質問も総計181名の実験参加者に行っている。彼らは，88名の実験参加者に下記の15ドルの電卓条件の質問を行った。

15 ドルの電卓条件

以下の状況を想像してください。あなたは，125 ドルのジャケットと 15 ドルの電卓を買おうとしたところ，店員から，自動車で 20 分かかる支店に行くと 15 ドルの電卓が 10 ドルで販売されていることを聞かされました。あなたはその支店まで買いに行きますか？

また，残りの 93 名の実験参加者には，下記の 125 ドルの電卓条件の質問を行った。

125 ドルの電卓条件

以下の状況を想像してください。あなたは，125 ドルの電卓と 15 ドルのジャケットを買おうとしたところ，店員から，自動車で 20 分かかる支店に行くと 125 ドルの電卓が 120 ドルで販売されていることを聞かされました。あなたはその支店まで買いに行きますか？

ここで，両方の条件とも，電卓とジャケットを買うという購買意思決定として共通しており，さらに総額 140 ドルの買い物をするか，5 ドルの利益を得るために 20 分間自動車を運転するというコストをかけて支店に買いに行くかという点についてはまったく同じである。質問の結果，前者の 15 ドルの電卓条件では，68% の実験参加者が支店まで出かけると回答したのに対して，後者の 125 ドルの電卓条件では 29% の実験参加者が支店まで出かけると回答しただけであった。

この結果の理由として，実験参加者が，電卓の買い物とジャケットの買い物を統合して考えるのではなく，2 つの意思決定問題に別々に分離してフレーミング（後述）を行ったことが考えられる。このことも，心的会計のあり方が総合的ではなく，トピック単位で別々になされることがあることを示している。総額140ドルの買い物をするか，自動車で20分かけて135ドルの買い物をするかという問題認識をすれば，両条件の評価結果は同じになるはずである。しかし，15ドルの電卓条件では，電卓の定価である15ドルが10ドルになるという部分が注目され，125ドルの電卓条件では，電卓の定価である125ドルが120ドルになるという部分が注目されたと考えられるのである。もしプロスペクト理論で仮定されているように，下に凸な負の効用関数を仮定するならば，電卓の定価の15ドルが10ドルになるというコストの低下は，125ドルが120ドルになるというコストの低下に比べて，大きく価値づけられることになる。

快楽追求的フレーミング

プロスペクト理論によると，消費者の価格判断は問題の心的構成（フレーミング）のあり方によって参照点が変わり，異なる判断や意思決定がなされることになる。フレーミングの仕方によって意思決定の結果が異なる現象を**フレーミング効果**（framing effect）という。例えば，自動車保険の購買意思決定でも，フレーミング効果は観察される。ある研究では，1000ドルの加入料の保険で600ドル以下の損害支払いが免責になっている保険と，1600ドルの加入料の保険で600ドル以下の損害も支払ってくれて，事故のない場合は600ドルをキャッシュバックする保険とでは，両者は結果的には同じであるにもかかわらず，後者の方が人々に選好されることがわかっている（Johnson et al., 1993）。最近，外資系の保険会社が後者のようなキャッシュバックをする保険を宣伝しているが，これも消費者のフレーミング効果を利用しているといえるのである。

セイラー（Thaler, 1985, 1999）は，心的会計のあり方は，総合評価値が高くなるように，意思決定問題の種々の要素を統合したり分離したりする**快楽追求的フレーミング**（hedonic framing）の原理でなされるとしている。彼は，2つの要素 x，y を考え，$x \oplus y$ を x と y との結合であるとすると，快楽追求的フレーミングは，

$$v(x \oplus y) = \mathrm{Max}(v(x+y), v(x)+v(y))$$

というルールでなされるとしている。彼は，プロスペクト理論の価値関数の仮定から，快楽追求的フレーミングについて，以下のような特徴があると指摘している。

① 利得はトピックごとに分離してフレーミングされる――利得の価値関数は下に凹なので，分離する方が総合評価値は高くなる。

② 損失は種々のトピックを統合してフレーミングされる――損失の価値関数は下に凸なので，統合する方が総合評価値は高くなる。

③ 小さな損失と大きな利得は統合してフレーミングされる――損失忌避が差し引き勘定される。

④ 小さな利得と大きな損失は分離されてフレーミングされる――利得領域の価値関数は原点付近は急勾配をもっているので，大きな損失をわずかだけ減らすことより，利得をわずかに増やす方が大きいインパクトがある。

セイラーの快楽追求的フレーミングの原理によると，割引きなどの消費者にとっての利得は分離されてフレーミングされやすいことになる。先ほどのトヴェルスキーとカーネマンによる電卓の質問の結果が示唆するように，割引きが商品ごとに分離されてフレーミングされると，消費者が複数の商品を購入しようとしている場合，価格が安い商品の方の値下げ額を大きくする方が，価格が高い商品の値下げ額を大きくするよりも，マーケティング的には有効であることが予測される。例えば，スーパーマーケットでは，卵のパックを

通常価格 200 円のところを，100 円などに大幅値引きして集客し，他の高額商品の価格はあまり下げないで，総合的な購買単価を上げる戦略をとることが多い（なお，卵の値段は比較的安定しているので割引きをした場合消費者にわかりやすい点もある）。もし，そのスーパーマーケットがトータルでは卵のパックと同程度以上の値引きを消費者にした場合，テレビなどの高額商品の割引きをたとえ 500 円以上したとしても，卵の 100 円引き半額の集客効果の方が大きいと考えられるのである。このように，心的会計の特徴を把握して利用すると，マーケティング的に有意味な戦略を考えることができるし，消費者の立場からは企業に踊らせられないように気をつけることができるのである。

エピローグ　Epilogue

赤海タロウさんとルミさんの議論は，どちらももっともなような気がします。しかし，タロウさんの購買行動は，これまでに示した消費者の心的会計において起こりがちな選択パターンを示しています。もし，タロウさんが特売以外の商品をかなり多く買うとしたならば，むしろルミさんの意見のように，ポイントなどの割引きを利用してガソリン代がかからない店に行く方が経済的な観点からいうと合理的です。というのは，例えば **150** 円のレタスが **50** 円になったとしても，トータルのコストとしては **100** 円安くなるだけです。かりに買い物総額が **2000** 円以上だとするならば，**5**% のポイントで **100** 円分以上つくことになります。

特売というのは，先にも述べたように，スーパーマーケットが行っているプロモーション戦略の一環であって，単価の安い商品を大幅な割合で値引きして，集客を狙っているのです。いわば，スーパーマーケットの特売戦略は，消費者の心的会計のパターンを利用しているともいえるでしょう。そのような罠に陥らないためには，家計を一括して考えることが必要です。いうならば，別々の心理的財布で計算をするのではなく，**1** つの財布にした方が経済的であるのです。

しかし，ここに重大な問題があります。ルミさんのように，心理的財布をまとめて考えて行動すると，タロウさんのような，レタスが特売になったからといって「得した！」と思う楽しみが減ってしまうことです。心理的な満足を重視する方がよいのか経済的合理性を追求する方がよいのかは個人の価値観によるので，一概にはいえないのです。この点が人間の問題を考えるときに重要になってくるポイントです。

まとめ　Summary

消費者が知る価格情報は，「このブランドはどのくらい品質がいいのか」という品質の手がかり，そして「このブランドはどのくらい安いのか」という節約の手がかりとして機能する。これらの手がかりをもとにして，消費者の価格の総合評価である「価格に対する反応」に至る。消費者の価格判断の基礎過程としては，ウェーバーの法則やフェヒナーの法則などの心理物理法則が関わっている。これらの法則の意味するところは，価格判断においても，評価値は金額に対する絶対的なものではなく相対的なものだということである。

このような相対的判断を説明するうえで重要な概念が参照価格である。参照価格というのは，製品の価格を消費者が評価する基準である。この参照価格には，消費者が知覚して記憶する内的参照価格と店舗などで情報刺激として外的に提示される外的参照価格がある。参照価格の概念は，プロスペクト理論における参照点に対応している。プロスペクト理論の特別な点は，価値を評価する原点に相当する参照点が，意思決定問題の編集の仕方によって容易に移動することを仮定していることにある。プロスペクト理論では，結果の評価は心理学的な原点である参照点からの乖離量からなされ，意思決定者は利得あるいは損失のいずれかとして結果を評価することになる。また，プロスペクト理論では，利得の領域より損失の領域の方が価値関数の傾きが一般に大きい。このことは，損失忌避を意味する。また，この損失忌避の性質から消費者の商品の値上げに対する心理的抵抗や賦存効果を説明することができる。

価格に関する総合的意思決定においては，心理的財布，心的会計，快楽追求的フレーミングの概念がある。いずれの概念も消費者の問題状況の心的な編集の仕方が価格判断や購買意思決定に影響を及ぼすことを説明している。

文献案内　Book Guide

上田隆穂・守口剛編（2004）『価格・プロモーション戦略（現代のマーケティング戦略 2）』有斐閣

●価格戦略とプロモーション戦略について書かれた本だが，消費者の価格判断，参照価格の形成と消費者心理との関係などについてもわかりやすく述べられている。マーケティング実務との関連性も述べられている。
白井美由里（2005）『消費者の価格判断のメカニズム —— 内的参照価格の役割』千倉書房
●価格判断についての研究をまとめた専門書。本書では，価格判断における内的参照価格に焦点をあて，消費者の価格判断の形成過程についての考察を行っている。
永井孝尚（2018）『なんで，その価格で売れちゃうの？ —— 行動経済学でわかる「値づけの科学」』PHP 新書
●価格設定についての行動経済学的観点からの説明を非常にわかりやすく行っている。
コールドウェル，L.／武田玲子訳（2013）『価格の心理学 —— なぜ，カフェのコーヒーは「高い」と思わないのか？』日本実業出版社
●消費者の心理状態にあわせてどのような具体的価格戦略をとると適切なのかが述べられた実務書である。

第11章 消費者の意思決定過程

消費者はどんな決め方をしているのか

プロローグ　Prologue

広瀬みすずさんは，あるスーパーマーケット・チェーンに今年入社した社員です。彼女は，社内研修の後，店舗内の販売促進を担当する部署にまわされました。その部署では，どのように商品を店舗内に陳列したらよいかを決めるプロジェクトに参加しました。このプロジェクトは，従来は試行錯誤的に行っていた商品陳列のあり方を組織的に考えなおそうという目的ももっているそうです。彼女には，店舗内の商品陳列が売上にそんなに影響を及ぼすとは思えなかったのですが，彼女の上司から商品陳列の工夫しだいで売上はだいぶ変わるのだと聞き，驚きました。

広瀬さんは，学生時代から自宅通いであったためか，買い物をスーパーマーケットですることがほとんどなく，店舗内で消費者がどのような行動をとるのかよくわかっていません。それで，とりあえず，彼女は消費者の立場で現在の店舗を観察してみることにしました。彼女が観察したところ，スーパーマーケットの店舗内は広すぎて，商品陳列の仕方もいつも行くコンビニエンスストアともかなり違っているため，自分なら店舗内で迷ってしまうのではないかと思いました。店舗内の商品のまとめ方も，業界で長年用いられている伝統的な分け方で，消費者の迷いを促進するように思えました。また，店舗内の雰囲気をもう少し快適にした方がよいように思えました。

しかし，なぜそのようにした方がいいのか合理的な理由が見つかりません。一応，上司に自分の意見を述べたところ，もう少し説得力のある論点で意見を述べるように言われてしまいました。確かに，彼女の上司の言うように，自分の意見は思いつきであって，あまり説得力がありません。また，どのように店舗内の雰囲気を変えたり，商品陳列を変えたらよいのか具体的なアイディアがわいてきません。彼女は，商品陳列などの店舗内の環境をどのように変えていったらよいのか，再度考えているところです。

1 消費者の意思決定と情報探索

消費者の情報探索のタイプ

店舗で商品を購入する場面を想定してみよう。例えば，デジタル・オーディオ・プレーヤーの購入場面を考えてみる。消費者は，店頭やカタログで，価格や録音可能曲数や音響性能やデザインなど複数の属性をいろいろと調べて意思決定をする。このような複数の属性の情報を検討してなされる決定を**多属性意思決定**（multiattribute decision-making）と呼ぶ。多属性意思決定では，複数の情報を探索して意思決定すると考えられる（Takemura, 2014, 2019）。

図 11-1 に示したように，消費者の情報探索は記憶内の関連情報を検索する**内部情報探索**（internal information search）から出発し，もし記憶内に十分な情報が存在しない場合には外部の情報源へ向けてなされる**外部情報探索**（external information search）が行われる（青木, 1989；Engel et al., 1993；Mowen, 1995）。例えば，ある研究では，自動車修理サービスの決定に際して，多くの消費者はほとんど記憶からの内部情報探索に頼っており，外部情報探索を行う者は 40% にすぎないことがわかっている（Biehal, 1983）。また，以前の購買に満足した場合は，内部情報探索だけによって意思決定がなされやすいこともわかっている（Engel et al., 1993）。

内部情報探索のみで消費者が意思決定を行うかどうかは，1 つには，彼らの既有知識に依存している。例えば，はじめて電器店の店頭を訪れる消費者は，商品についての知識がほとんどないので，意思決定に必要な情報を内部情報探索によって検索することができない。したがって，カタログを調べたり店員に尋ねるなどの外部情報

図 11-1　問題認識と情報探索の過程

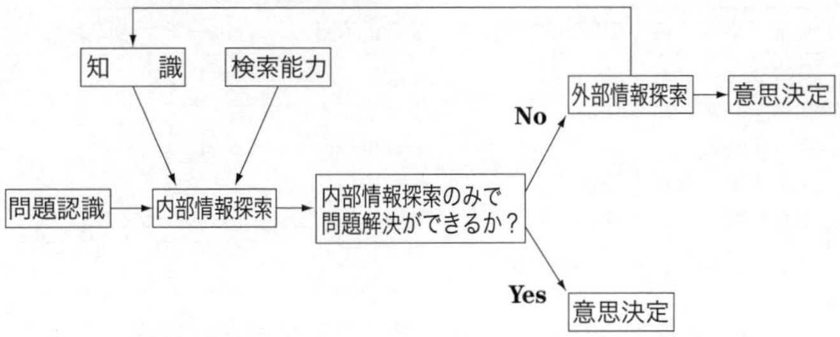

（出典）　竹村，1997a より作成。

探索によって消費者は必要な情報を検索することになる。商品についての知識がある消費者でも，製品カテゴリーに関する自分の知識や検索能力が十分でないと感じたりしたときなど，外部情報探索は促進される（図 11-1）。

外部情報探索は，**購買前探索**（prepurchase search）と**進行的探索**（on-going search）とに分けることができる。前者の購買前探索は，特定の商品の購買のためになされる情報探索であるが，後者の進行的探索は，必ずしも購買のためになされるとは限らず，知識欲求などのために比較的規則的になされる情報探索である。例えば，パソコンが趣味の人が定期的にパソコンに関する雑誌を読んでいる場合は，進行的探索になる。他方，パソコンを買おうと思っている人が情報収集のためにパソコンに関する雑誌を読むのは購買前探索になる。

消費者の情報探索の状況

消費者の情報探索のあり方は，購買状況のタイプによって異なる。購買状況は次の 3 つに分類できる（Howard, 1989）。

第 1 のケースは，反復的な購買行動，すなわち**ルーチン的問題解決**（routine problem solving）の状況である。この状況では，「プリンターのトナーが切れてしまった」という場合のように，当該製品の家庭

表 11-1　意思決定状況と情報探索のあり方

情報探索の性質	広範的問題解決	限定的問題解決	ルーチン的問題解決
探索ブランド数	多い	少ない	**1**つ
探索店舗数	多い	少ない	不明
探索属性数	多い	少ない	**1**つ
探索の源泉数	多い	少ない	なし
探索時間	長い	短い	きわめて短い

（出典） Engel et al., 1993 より作成。

内の在庫が切れたというきわめて単純な形で問題が認識される。

第 2 のケースは，種々の選択肢についての情報に関して消費者が熟知しており，しかも消費者に想起される選択肢は複数あるような形式の意思決定状況，すなわち**限定的問題解決**（limited problem solving）の状況である。例えば，パソコンについてよく知っている消費者が，いくつかのメーカーのパソコンを，ハードディスク容量，CPU のタイプ，DVD-R の性能，モニターのタイプをもとに比較検討して，購買決定するような場合に相当する。

第 3 のケースは，第 2 のケースのように製品の属性についての学習がなされておらず，どのような属性で選択肢を比較するかについての概念形成をしてから，複数の選択肢の比較検討をするような意思決定状況，すなわち，**広範的問題解決**（extensive problem solving）の状況である。この状況は，例えば，はじめてパソコンを購入するような商品知識の低い場合にあたる。この場合，ハードディスクや CPU とはどういうものかを消費者は学習しなければならない。

表 11-1 に示されているように，広範的問題解決の状況においては，消費者は一般に，比較的多くの情報を探索し，探索に要する時間もかなり長い。すなわち，多くの店舗で，多くのブランドについて探索し，また，価格やメーカー名など多くの属性について情報探索を行い，外部情報探索をする場合も広告や店員・知人など多くの

源泉から情報を得ようとする。一方，ルーチン的問題解決においては，逆に，情報探索の程度はわずかであり，1つのブランドについて1つ程度の属性（せいぜいブランド名）が探索されるくらいであり，探索に要する時間もきわめて短い。また，限定的問題解決では，広範的問題解決とルーチン的問題解決の中間程度の量の情報探索がなされる。

2 消費者の種々の決定方略

情報探索と選択肢評価

情報探索のあり方と選択肢の評価のあり方は密接な関係にある。例えば，テレビの購買意思決定では，いろいろなテレビを評価することが必要になってくるが，テレビのどのような**属性**（attribute）をどのような順序で情報探索していくかということがそのテレビの総合評価に大きな影響を与える。表 11-2 に示されたようにブランドの各属性を評価していたとしても，すべての選択肢について，すべての属性の情報探索を行う場合と一部の属性のみについて情報探索を行う場合とでは，選択肢の評価は明らかに異なるだろう（竹村，1997a；Takemura, 2019)。また，価格のような最も重視する属性において最も適当な価格の銘柄を探すために，まずすべての銘柄の価格に関して情報探索を行い，次に2番目に重視する属性について情報探索を行って決定する場合（属性型の情報探索）と，銘柄ごとに情報探索を行い，各銘柄の総合的評価をしてから決定する場合（選択肢型の情報探索）とでも，選択肢の評価や意思決定の結果は異なることが多い（Bettman, 1979；Bettman et al., 1991；竹村，1997a；Takemura, 2014)。このように，情報探索のあり方と選択肢の評価のあり方は，非常に関連し

表 11-2　ブランドの購買意思決定における選択肢評価

	ブランド A	ブランド B	ブランド C	ブランド D
価　格	39,800 円 (60 点)	29,800 円 (80 点)	29,800 円 (80 点)	19,800 円 (90 点)
デザイン	あまりよくない (50 点)	まあまあよい (70 点)	かなりよい (80 点)	非常によい (90 点)
機　能	非常によい (90 点)	まあまあよい (70 点)	かなりよい (80 点)	あまりよくない (50 点)

ているのである。

決定方略とは

このように情報探索の観点から意思決定の過程をとらえるうえで重要な概念は，**決定方略**（decision strategy）である。決定方略は，選択肢の評価および選択肢の採択をどのような心的操作の系列で行うかについての仕方である。決定方略は，**決定ヒューリスティックス**（decision heuristics）とも呼ばれる。**ヒューリスティックス**という概念は，最適解を必ず導く実行方略である**アルゴリズム**（algorithm）と対比される概念である。ヒューリスティックスの使用は，アルゴリズムの使用に比べて，問題を迅速かつ効率的に解決することが多いが，ある場合には不適当な解を導いたり，非一貫的で状況に依存する決定を導くことがある。人間の意思決定における決定方略は，ほとんどがヒューリスティックスであるので，決定ヒューリスティックスと呼ばれることが多いのである。決定方略の概念は，情報探索と概念的には区別されるが，現実にはほとんど対応している。実際，後で述べるように，決定方略の研究のために，意思決定者の情報探索パターンを分析することが多い（Klayman, 1983；Bettman et al., 1991；Takemura, 2014）。

人間の決定方略は，**効用理論**において仮定されているような**効用**（選好関係を表す満足度のようなもの）を最大化するという手順を経ることがほとんどないことが，これまでの意思決定過程の研究からわかっている（Simon, 1957；Abelson & Levi, 1985；Gigerenzer & Selten, 2001）。サイモン（Simon, 1957）は，人間が利用しうる限りの選択肢から最良のものを選び出す，**最大化**や**最適化**の原理によって意思決定するのではなく，情報処理能力の限界のために，ある一定のところで満足のいく選択肢を探し求める，**満足化の原理**によって意思決定することを指摘した。それ以降，おもに人間の情報処理能力の限界に起因する数多くの決定方略が見出されてきた（Beach & Mitchell, 1978；Payne, 1976；Payne & Bettman, 2004；竹村，1986, 1996a, 1996b, 1997a；Takemura, 2014, 2019）。

消費者の決定方略の種類

これまでに見出された決定方略には，以下のようなものがある。

① **加算**（additive）**型** ── この決定方略においては，各選択肢が全次元にわたって検討されていき，各選択肢の全体的評価がなされ，全体的評価が最良であった選択肢が選ばれる。加算型には，各属性に異なる重みがおかれるもの（**荷重加算**〔weighted additive〕**型**）とそうでないもの（**等荷重**〔equal weight〕**型**）とがある。例えば，表 11-2 でこの方略のあり方を見てみよう。この方略では，まずブランド A について検討して，「価格は 3 万 9800 円か（60 点）。デザインはあまりよくないな（50 点）。機能は非常にすぐれているな（90 点）」というように見て，「全体としてブランド A はまあまあいいな（合計 200 点）」というような判断をする。同様に，ブランド B は「かなりよいな（合計 220 点）」，ブランド C は「非常によいな（240 点）」，ブランド D は「かなりよいな（合計 230 点）」というように全部の選択肢を評価して，一番評価の高かったブランド C（合計 240 点）を選ぶような決め方になる。ここでは，それぞれの選択肢の総合評価が各属性の評価値の加算で決まること

になるのである。

② **加算差**（additive difference）**型**―― この決定方略においては，任意の1対の選択肢XとYについて，属性ごとに評価値の比較が行われる。選択肢の数が3以上の場合は，1対の比較によって勝ち残ったもの同士が，いわばトーナメント方式で順次比較され，最終的に残った選択肢が採択される。例えば，表11-2では，まずブランドAとブランドBとを比較する。価格ではブランドBがすぐれており，デザインの評価もブランドBがすぐれていて，機能ではブランドAがすぐれている。属性への重みが等しいとすると，ブランドAとBとの差は負になるので（すなわち，(60点－80点)＋(50点－70点)＋(90点－70点)＝－20点)，ブランドBをひとまず選ぶことになる。次に，ブランドCとブランドDを比べて，ブランドCをひとまず選ぶ。そして最後に，残ったブランドBとブランドCを比べて，ブランドCを選ぶことになる。

③ **連結**（conjunctive）**型**―― この決定方略においては，各属性について必要条件が設定され，1つでも必要条件を満たさないものがある場合には他の属性の値にかかわらずその選択肢の情報処理は打ち切られ，その選択肢は拒絶される。この決定方略で選択肢を1つだけ選ぶ場合，全属性にわたって必要条件をクリアした最初の選択肢が選ばれることになる。例えば，表11-2で，すべての属性の必要条件が80点以上であるとして，ブランドAから順次選択肢の評価を行うとすると，最初に条件をクリアしたブランドCが選ばれることになる。この場合，残りのブランドDの検討は行われない。

④ **分離**（disjunctive）**型**―― この決定方略においては，各属性について十分条件が設定され，1つでも十分条件を満たすものがある場合には他の属性の値にかかわらず，その選択肢が採択される。例えば，表11-2で，すべての属性の十分条件が80点以上とする。ブ

ランドAから順次選択肢の評価を行うとすると，ブランドAでは，価格とデザインはこの条件を満たしていないが，機能に関して80点以上であるので，すぐにブランドAを選ぶことになる。この場合，残りのブランドB，ブランドC，ブランドDは検討されない。

⑤　**辞書編纂**（lexicographic）**型**――この決定方略においては，最も重視する属性において最も高い評価値の選択肢が選ばれる。もし最も重視する属性について同順位の選択肢が出た場合には，次に重視する属性で判定が行われる。ただし，ある範囲の僅少差も同順位と見なされ，次に重視する属性で判定が行われる場合は，**半順序的辞書編纂**（lexicographic semi-order）**型**と呼ばれる。例えば，表11-2で，価格を最も重視すると，価格の最も安いブランドDが選ばれることになる。この場合，機能やデザインは考慮されない。

⑥　**EBA**（elimination by aspects）**型**――この決定方略においては，属性ごとに必要条件を満たしているかどうかが検討され，必要条件をクリアしない選択肢は拒絶される。この決定方略は，連結型に類似しているが，1つの属性について複数の選択肢を調べていく属性型の決定方略をとっている点が連結型と異なっている。例えば，表11-2で，連結型と同じ基準の必要条件（80点以上）として，価格，デザイン，機能の順に属性が逐次検討されるとする。そうすると，価格に関してブランドB，C，Dが残り，次に残った3つのうちデザインではブランドC，Dが残り，最後に機能に関してブランドCが残り，最後に残ったブランドCが選ばれることになる。

⑦　**感情依拠**（affect referal）**型**――過去の購買経験や使用経験から最も好意的な態度を形成しているブランドを習慣的に選ぶ方略である。特定のブランドを非常に好む**ブランド・ロイヤリティ**の高い消費者の購買意思決定は，この方略を用いていることが多く，新たな情報探索はほとんどしない。例えば，表11-2でブランドDがいつ

も使っていて身近に感じるブランドであるとすると，他のブランドをほとんど検討することなく，ブランドDを選んでしまうような場合である。

消費者の決定方略の分類

このように，種々の決定方略が見出されているが，決定方略を補償（compensatory）型と非補償（non compensatory）型というように2分類して考察することがよくある。**補償型**の決定方略とは，ある属性の評価値が低くても他の属性の評価値が高ければ，補われて総合的な評価がなされる決定方略であり，加算型，加算差型がこれに含まれる。補償型では，すべての選択肢の情報が検討される。また，**非補償型**の決定方略とは，そのような属性間の補償関係がないような決定方略であり，連結型，分離型，辞書編纂型，EBA型，感情依拠型がこれに含まれる。

非補償型の決定方略のもとでは，選択肢や属性を検討する順序によって決定結果が異なることがあるので，一貫しない意思決定の原因になることがある。例えば，連結型で消費者がテレビの銘柄の意思決定を行う状況を考えてみよう。連結型では，最初に必要条件をクリアした選択肢が採択されるので，どのような順番で銘柄を検討するかが非常に重要である。もし別の店にその消費者が最も気に入るテレビの銘柄が置いてあったとしても，最初に訪れた店に必要条件を満たすものがあれば，その銘柄が購入される。したがって，その消費者が最も気に入る銘柄を購入するかどうかは，店頭の商品配置や店舗の位置などの状況要因に左右されやすくなるのである。

また，実際の意思決定場面では，決定方略は両者が決定段階に応じて混合されることが多い。あるいは，消費者は，認知的緊張を低減するために，まずEBA型のような選択肢の拒絶を行っていく方略で選択肢を少数にしぼった後に，加算型のような補償型の方略が用いられることが多い（Bettman, 1979；Payne et al., 1993；竹村，1996a, 1997a；Takemura, 2014, 2019）。このように，決定方略自体が意思決定過程の進行に応じて変異することもあるのである。このような意思決定を**多段階的決定方略**と呼ぶこともある（Takemura, 1993）。

消費者の決定方略をどのようにして同定するのか

では，どのように消費者の決定方略を調べることができるのだろうか。決定方略を同定する方法には，**言語プロトコル法**（verbal protocol method）と**情報モニタリング法**（method of monitoring information acquisition）という2つの方法がある（Bettman et al., 1991；Payne & Bettman, 2004；竹村，1997a；Takemura, 2014, 2019）。

言語プロトコル法は，実験参加者に意思決定過程中のことを話させたり筆記させたりして，記録し，その記録をもとにどのような決定方略が採用されていたかを検討する方法である。言語プロトコル法は，意思決定過程中に同時に発話させる方法と意思決定直後の記憶をもとに記録をとる方法がある。また，この方法のバリエーションとして，あらかじめ実験参加者にいくつかの決定方略のリストを提示しておき，どの方略を用いたかを事後的に報告させる方法もある。

例えば，竹村（1996a）の言語プロトコル法を用いた研究では，さ

表 11-3　言語プロトコルの例

1月6日　ラジオで，カナダ，アメリカ東部は氷点下の気温ということを聞き，防寒機能がすぐれていて，防水のものを買おうと思う。

1月12日　梅田のスポーツ店に行く。スキーウェアのコーナーに行くと，ハーフコートがあるのを発見。ハーフコートの中で，フード付のものを見つける。フードの縁がフェイクファーで飾られていてかわいい。表地は，防水でないが，水をはじくように，加工しているから，少々濡れても大丈夫だろう。色は少し気に入らないけれど，防寒機能もよさそうだ。色は妥協することにし，そのハーフコートを購入した。

（出典）竹村，1996a より作成。

まざまな商品の購入を考えている人々に日記を書いてもらっている。その研究では，決定の最終段階で連結型の決定方略を用いたと推定される言語プロトコルが表 11-3 のように報告されている。表 11-3 の日記を書いたのは 22 歳の女子大学生であり，カナダ旅行に備えてハーフコートを購入するまでの過程を報告したものである。

情報モニタリング法は，実験参加者にブランドについての情報を自由に探索させ，どのような選択肢のどのような属性の情報をどのような順序で探索したかを分析する方法である。この方法では，カードに示されたブランドの属性情報（価格など）を順次獲得していく様子を調べる**情報提示ボード**による方法，**アイカメラ**などの測定装置を用いて意思決定における注視パターンを分析する方法などがある（Bettman et al., 1991；Payne et al., 1993；竹村，1996a, 1996b, 1997a；Takemura, 2014, 2019）。情報モニタリング法を用いた実験データの分析では，例えば，すべての選択肢の情報を選択肢型の情報探索で検討していたら加算型であるとか，属性をベースにして情報探索をして次々と検討する選択肢を少なくしていれば EBA 型であるというように推測していくのである。

図 11-2 には，表 11-2 と同じブランドでの情報モニタリング法における架空の実験参加者の情報探索パターンが示されている。これによると，実験参加者は，最初に価格に関して属性型の情報探索を行い，それから比較的価格の安いブランド B と C を検討して，デザインと機能で比較的すぐれたブランド C を選んでいる。ブランド D のデザインと機能は検討されていない。この場合は，意思決定過程の前半においては，半順序的辞書編纂型が用いられ，後半からは連結型が用いられたと推定される。このような情報の検討過程は，例えば，図 11-3 に示したようなアイカメラを用いた情報モニタリング法を用いて検討されることもある（Takemura, 2014）。

図 11-2　情報モニタリング法での情報探索のパターン

	ブランド A	ブランド B	ブランド C	ブランド D
価　格	39,800円 (60点)	29,800円 (80点)	29,800円 (80点)	19,800円 (90点)
デザイン	あまりよくない (50点)	まあまあよい (70点)	かなりよい (80点)	非常によい (90点)
機　能	非常によい (90点)	まあまあよい (70点)	かなりよい (80点)	あまりよくない (50点)

ブランド C が選択された

図 11-3　アイカメラを用いた情報モニタリング法の実験風景

(出典)　大久保ら，2004。

3　購買環境と消費者の意思決定過程

情報過負荷と消費者の決定方略

これまでの消費者の意思決定過程の研究は，決定方略が選択肢数や属性数などの課題の性質に応じて変わることを示している。選択肢数が少ない場合は，補償型の決定方略が採用され，選択肢数が多くなると非補償型の決定方略が採用されやすいことが報告されている（Payne et al., 1993；Takemura, 1993；竹村，1996a, 1996b）。例えば，竹村（Takemura, 1993）は，ラジカセについての購買意思決定に関する言語プロトコル法を用いた実験を行い，問題において提示する選択肢数および属性数を2水準（それぞれ4と10）にわたって変化させ，実験条件間で採用された決定方略を比較している。その結果，各条件において認められた決定方略は，表11-4のようになった。実験参加者の多くは，表11-4に示されているように，複数の決定方略を多段階的に混同する形式を採用していたが，一般に，選択肢数や属性数が多い条件では，非補償型の決定方略が採用されやすいことがわかる。また，このデータの分析によって，選択肢数が多いと属性をベースにした決定方略が採用されやすいことも明らかになっている。

なぜ決定方略が選択肢数や属性数の変化に伴ってこのように変わるかというと，選択肢数や属性数が多い条件では，多くの情報を処理しなければならないために**情報過負荷**（information overload）になり，それによる認知的緊張を回避するために，情報処理の負荷の低い単純な決定方略が採用されたと解釈できる。このように情報過負荷の状態になると，採用される決定方略が単純になり，その結果，意思決定の結果は変化すると考えられる。また，情報過負荷になると，決定方略が単純化されるだけでなく，意思決定状況からの回避も生じやすくなる。意思決定をしないでその状況から回避することも一種の情報処理の単純化であると考えることができる。竹村（1996a）は，スーパーマーケットでの消費者行動観察と店頭面接調査を行い，情報過負荷の状態になって迷った消費者は，**コンフリクト**を回避するために，売り場から逃れやすいと報告している。

表 11-4　各条件における決定方略に関するプロトコル

実験参加者	4 選択肢		10 選択肢	
	4 属性	10 属性	4 属性	10 属性
1	LEX, ADD	LEX, ADDc	EBA, ADDc	EBA, ADDc
2	CONJ	LEX-SEMI	CONJ, LEX-SEMI	LEX-SEMI
3	LEX, ADDc	LEX, CONJ	LEX-SEMI, ADDc	LEX-SEMI, ADDc
4	LEX, ADD	LEX, ADD	LEX	LEX, ADD
5	ADD	LEX-SEMI	LEX-SEMI	LEX-SEMI, ADD
6	ADD	CONJ	ADDc	CONJ, ADD, LEX
7	ADD	LEX	ADD	LEX, ADD
8	CONJ, ADD-DIF	ADDc	CONJ, ADD-DIF	CONJ, EBA, ADD-DIF
9	LEX-SEMI, ADD	LEX-SEMI	LEX-SEMI	LEX-SEMI
10	ADD	CONJ, ADD	LEX	EBA
11	ADD	LEX-SEMI	ADD, LEX	LEX-SEMI, ADD
12	LEX, ADD, CONJ	ADD, CONJ	ADD	ADD, LEX-SEMI, CONJ
13	ADD	ADD, DISJ	LEX, ADD	CONJ, DISJ
14	LEX, ADD	ADDc	LEX, LEX-SEMI	LEX, LEX-SEMI
15	ADD	LEX, ADDc	LEX-SEMI, LEX	LEX-SEMI, ADDc
16	CONJ, ADD	LEX	ADD	CONJ
17	LEX, EBA, ADD	CONJ, LEX	LEX	LEX, LEX-SEMI, ADD
18	CONJ, LEX, ADD-DIF	CONJ, ADD	CINJ, LEX	CONJ, ADD
19	LEX, ADDc	ADDc	LEX	ADDc
20	ADDc	EBA, DISJ	ADD, EBA, LEX	EBA, ADDc
21	ADD	EBA	EBA	LEX, EBA, CONJ
22	ADDc	CONJ, ADDc	LEX-SEMI	LEX-SEMI, ADD-DIF, CONJ
23	ADD	CONJ	LEX, CONJ	LEX, LEX-SEMI, EBA

（注）ADD：加算型，ADDc：顕著な属性に基づく加算型，ADD-DIF：加算差型，CONJ：連結型，DISJ：分離型，LEX：辞書編纂型，LEX-SEMI：半順序的辞書編纂型，EBA：EBA 型。

（出典）Takemura, 1993 より作成。

消費者の決定方略と関与・感情

消費者の決定方略は，選択肢数や属性数だけではなく，意思決定者がどの程度，その購買決定に心理的に**関与**（involvement）しているかということからも影響を受ける（Abelson & Levi, 1985；Bettman et al., 1991；Blackwell et al., 2001；Engel et al., 1993）。消費者は，こだわりの製品だと関与が高くなって，補償型の決定方略を採用しやすいが，こだわりの低い関与の低い製品だと非補償型の決定方略を採用しやすいのである。したがって，住宅や自動車などのような**高関与製品**の場合は，消費者はいろいろな情報をすべて検討して購買意思決定をしやすいが，清涼飲料水だとか使い捨てライターのような**低関与製品**の場合は，あまり情報を検討することなく，店頭の陳列のあり方などに影響されて購買意思決定をしてしまいやすいのである。

また，決定方略は意思決定者の感情によっても影響を受けることがわかっている（Cohen & Areni, 1991；Isen & Means, 1983；Luce et al., 2001；Payne & Bettman, 2004；竹村，1996c, 1997b；Takemura, 2019）。例えば，アイセンとミーンズ（Isen & Means, 1983）は，ポジティブな感情（よい気分）が決定方略に及ぼす効果について検討している。彼女らは，知覚運動課題に成功したという偽のフィードバックを受けた実験参加者（ポジティブ感情群）が，フィードバックを受けていない実験参加者（統制群）に比べて，自動車の選択に要する時間が短く，決定に際して情報をあまり探索しないことを明らかにした。彼女らは，また，言語プロトコル法を用いて，ポジティブな感情の実験参加者が，統制群の実験参加者と比べて，注目する属性によって選択肢を逐次的に除去していくようなEBA型決定方略による意思決定をする傾向があることを明らかにした。EBA型決定方略は，最適な決定を必ずしも導かないが認知的負荷が低い方略であるので，ポジティブな感情がこのような性質の方略の使用を促進させると考えられた。消費者をBGMや店の環境で気分よくさせると，消費者は非補償型の決定方略を用いやすいことになり，十分な商品の検討をせずに，購買意思決定をしやすくなるのである。

消費者の店舗内での意思決定

実際の店舗内の消費者の購買意思決定において，消費者は，どの程度の選択肢を検討し，どのような属性を検討するのであろうか。ディクソンとソーヤー（Dickson & Sawyer, 1990）は，シリアル（穀物食），コーヒー，マーガリン，歯磨き粉の4つの製品についての**店舗内消費者行動**を研究している。その結果，消費者は平均すると，12秒以内で意思決定しており，約半数が5秒以内で決定していた。また，他のブランドとの価格比較などをした消費者は4分の1程度にすぎず，40% 以上の消費者は自分のカートの中にあるブランドの価格の検討すらしていないことがわかった。高木修らの研究グループは，カレー，ハヤシシチュー，レトルト食品，レンジ食品などのスーパーマーケットでの店舗内消費者行動を研究したところ，1つのブランドしか検討しなかった消費者が全体の60% 近くいることを明らかにした（竹村，1996a）。また，彼らは清涼飲料水や機能性飲料などの購買行動を検討したところ，購買者も非購買者とも図11-4に示されているように，大半が1つのブランドしか検討せず，検討されるブランド数はせいぜい3個程度までであることを明らかにしている。

大槻（1991）は，スーパーマーケットの商品棚では右側に消費者の注意が集中しやすく，左側よりも1.5倍から2倍の確率で選択されることを報告している。これらの研究は，消費者がすべての情報を検討しないで決定をする非補償型の決定方略を用いていることを示している。

図 11-4　購買者と非購買者の検討選択肢（検討商品）数

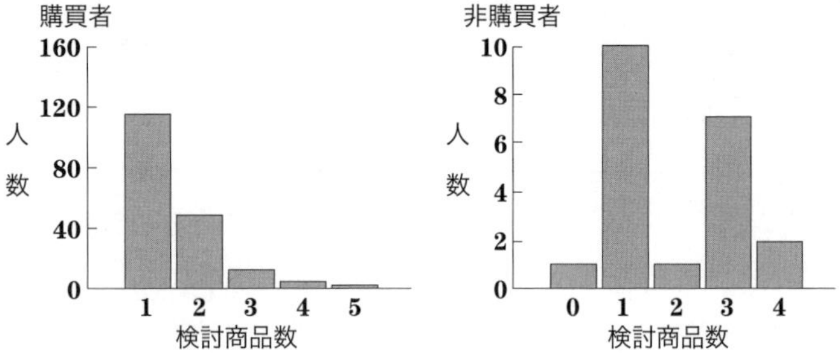

（出典）竹村，1996a より作成。

店舗内消費者行動に影響する要因

店舗内消費者行動には，消費者の感情やBGMなどの文脈情報も影響する。これらは，先に考察したように非補償型の決定方略を消費者が用いているときにいっそう顕著になると考えることができる。

ドノヴァンとロシター（Donovan & Rossiter, 1982）は，店舗のもつ感情価を査定する面接調査を行い，消費者がその店内の環境を快適であると評定している場合，商品に対する彼らの購買意図がより強いことを明らかにしている。また，彼らは消費者が店内の環境を快適であると評定している場合，購買意図が覚醒水準（生理的換起のレベル）とともに上昇するが，消費者が店内の環境を不快かもしくは不快でも快適でもないと評定している場合，購買意図は覚醒水準と関連をもたないことを明らかにしている。

ミリマン（Milliman, 1986）は，店舗内でのBGMを実際に操作し，消費者行動に及ぼす効果を検討している。この研究では，2カ月の間，スーパーマーケットで音楽が流れない条件，1分間に60拍の音楽が流れる条件，1分間に108拍の音楽が流れる条件をつくり，店舗内行動との関連性を分析した。ここで扱われた音楽は種々のものがあったが，いずれもBGM的音楽であり，ほとんど意識されないようなものであった。しかし，店舗内の歩行速度は，無音楽条件が他の2つの条件の中間的な結果であったが，1分間に108拍の速いテンポの音楽の条件が60拍の遅いテンポの音楽の条件より17%も速くなることが明らかにされた。しかし，購入金額の総額は，60拍の遅いテンポの音楽の条件が108拍の速いテンポの音楽の条件より38%も多くなることが明らかにされた。ミリマンは，レストランでの遅いテンポの音楽が消費者を長時間滞在させ，アルコール飲料をより多く消費させることも明らかにしたのである。

消費者の非計画購買

これまでに示したように，消費者は店舗内において非補償型の決定方略を用いやすいが，そもそも来店する前に何を買うのかについての十分な検討をして，購買計画を立てていれば，補償型の決定ができるだろう。しかし，これまでの店舗内消費者行動の研究は，多くの消費者があまり購買計画を立てないで店舗に来店していることを示している（Takemura, 2019）。このように入店前に意図しなかったブランドが店舗内で購買される行動を**非計画購買**と呼んでいる。非計画購買に関する研究は，1935年に始まったデュポン（Dupont）社の消費者購買習慣研究（consumer buying habits study）にまでさかのぼることができる。デュポン社の調査では店舗に来店する消費者に対して，入店時と出店時にそれぞれ面接調査を行い，どの程度の非計画購買率かを継続的に検討しているのである。

デュポン社の研究を踏襲した非計画購買に関する研究は，わが国では流通経済研究所が中心になって1980年代から進められてきているが，その成果は大槻（1991）らによって報告されている。これまでの非計画購買に関する調査研究に関して，1977年にアメリカで行ったデュポン社とPOPAI（Point of Purchase Advertising Institute）

との共同研究では広義の非計画購買率（店内決定率）は 64.8%，1980 年代にわが国で行われた流通経済研究所の一連の調査研究では 87.0% から 96.8% の非計画購買率を示している（青木，1989；永野，1997；西道，2000）。このことは，スーパーマーケットなどにおけるプロモーションにおいては，口コミや事前の広告だけではなく，店舗内での POP 広告や人的販売の技術が重要になってくることを示唆しているのである。現在では，店舗内での消費者行動は，POS システムの分析による買い回り行動との関連で研究されている（永井ら，2016）。

青木（1989）はこれまでの非計画購買の研究をとりまとめて，次のような狭義の非計画購買が存在すると指摘している。

① **想起購買** —— 店舗に来店したとき，あるいは売り場で POP 広告などを見て潜在的な商品の必要性が想起されて購買に至るケースである。

② **関連購買** —— 購入された他の商品との関連性の想起から必要性が認識されて購買に至るケースである。

③ **条件購買** —— 来店時には明確な購買意図はもっていないが，漠然とした形で特定の商品の必要性を認識しつつ，価格その他の条件が満たしていることがわかれば購買に至るケースである。

④ **衝動購買** —— 上記の 3 つのいずれにも属さない，商品の新規性に起因する購買や真に衝動的な購買に至るケースである。

さらには，上記の狭義の非計画購買ではなく，計画購買として分類されることもあるが，広義の非計画購買に入る購買としては，次のものがあると青木（1989）は指摘している。

① **ブランド（銘柄）選択** —— 商品カテゴリーは計画されているが，店舗内においてブランドが決定されるケースである。

② **ブランド（銘柄）変更** —— 来店前に特定のブランドの購買が計

画されていたが，店舗内の意思決定の結果として異なるブランドが購入されるケースである。

これらの非計画購買のうち価格などの条件による改善によって非計画購買が生じる条件購買を除くと，他の購買はヒューリスティックス的で非補償型の決定方略が多いと想定できる。また，条件購買でも当該条件によって選好が変化するので，非補償型の決定方略である可能性が高いと考えられる。特に，衝動購買は感情依拠型の非補償型の決定方略によってなされると考えることができる。

4 消費者の意思決定後の過程

認知的不協和理論

消費者の購買意思決定過程の後には，後悔が起こったり，認知の変化が起こったりすることがある。フェスティンガー（Festinger, 1957）は，**認知的不協和理論**（cognitive dissonance theory）と呼ばれる理論を提案し，意思決定後の心理的変化の特徴を説明しようとした。彼は，自己または自己の環境についてのあらゆる知識，意見，信念あるいは感情を認知（cognition）という術語でまとめ，この認知単位間の**不協和**（dissonance）が生じると，人はこの不協和を解消しようとすると仮定した。彼によると，不協和の状態は，不快な状態であり，この不快状態を低減させるために，認知の変化，行動の変化，新たな認知の付加，新たな情報への選択的接触などが生じるとしたのである。フェスティンガーは，意思決定後の状況では，行動はすでになされていることが多いので，不協和が生じやすく，不協和の解消の手段がとられやすいと考えた。このことから，選んだ後の選択肢の魅力は，選ぶ直前より上昇することが予測されるのである。

フェスティンガーとカールスミス（Festinger & Carlsmith, 1959）は，退屈な作業課題をおもしろいと嘘をついて別の実験参加者に伝えることに対し，1ドルの報酬をもらえた者の方が20ドルの報酬をもらえた者より，自分の行為の正当化が起こり，作業課題がおもしろいと信じる傾向があったことを報告した。この結果は，認知的不協和理論と整合的である。なぜなら，1ドルという安い報酬であるにもかかわらず，つまらない作業課題をおもしろいと報告することは，20ドルの報酬をもらって同じことをするよりも，より不協和な関係にあり，認知の変化を生じやすいと考えられるのである。

認知的不協和と消費者行動

認知的不協和が働くとすると，自分が購入した商品は，購入前よりもその評価が上がることが予想される。実際，ある研究では，競馬場で馬券を買う直前の人と買ったばかりの人に，自分が賭ける馬の勝つ確率がどの程度かを尋ねたところ，馬券をすでに買ったグループの方が買う直前のグループより自分の賭けた馬が勝つことを強く信じていることがわかっている（Knox & Inkster, 1968）。また，最近新しく自動車を買った人と，3年以上前の古い車をもっている人々に面接調査をして，最近どのような自動車広告を見たかを調べたところ，最近新しく自動車を買った人の方が自分の購入した車の広告をよく見ていることもわかっている（Ehrlich et al., 1957）。

このように消費者は購買意思決定の後にも，自分の意思決定を正当化させるために，選んだブランドの評価を変えたり，広告を見たりするのである。その意味でも，すでに購入した消費者に対しても広告などのプロモーション戦略が重要になってくる。

認知的不協和理論は人間の社会行動の広範な領域をカバーしており，認知的不協和概念を用いた研究は，現在でも続けられている（Harmon-Jones & Mills, 1999；Matz & Wood, 2005）。また，認知的不協和理論は，意思決定後の正当化の過程に焦点をあてたが，モントゴメリー（Montgomery, 1983, 1993）やルースら（Luce et al., 2001）のように，意思決定の正当化のために意思決定前の決定方略に影響を与えることを指摘する研究者もいる。

エピローグ Epilogue

広瀬みすずさんは，うまく上司に説明ができませんでしたが，上司に述べた意見は，ある面あたっていたと思います。つねに，その店舗で買い物を行っている消費者にとっては，店舗内の環境は熟知されていて，情報処理負荷は低いのですが，広瀬さんのようにこれまでコンビニエンスストアでしか買い物をしていなかった消費者にとっては，店舗内の売り場情報に関しても広範的問題解決をしなければならないので情報処理負荷が高くなります。これまでの研究が示しているように，情報処理負荷が強すぎると，消費者は売り場から回避する傾向があるので，売上が下がります。

広瀬さんのような顧客を新たに開拓しようとすると，店舗内の環境を変えることも必要になってくるでしょう。しかし，消費者が迷わないためといっても，店の商品数をコンビニエンスストアのように減らすことはできません。そこで，商品のカテゴリー化を変えて情報処理負荷を低くすることが考えられます。例えば，スーパーマーケットでは調味料，惣菜，飲料と同じところに同じカテゴリーの商品が固まって陳列されていますが，同じ調味料でも，料理に同時に使う食材や飲料と一緒に陳列したり，弁当とインスタントみそ汁をセットで陳列するなどすると，広瀬さんのような消費者には購入しやすくなると思われます。それから，このような工夫は非計画購買における関連購買や想起購買を促進することになります。

また，売り場の **BGM** やディスプレイを変えて快適なものにすることも，これまでの研究が示しているように売上に貢献すると考えられます。消費者調査を行って快適な **BGM** やディスプレイを開発していくことも必要になってくるでしょう。

まとめ Summary

消費者は，価格や機能などの複数の属性をいろいろと情報探索する多属性意思決定をしていることが多い。消費者の情報探索のあり方は，購買状況のタイプによって異なる。購買状況は，情報探索量が多い広範的問題解決状況，次に多い限定的問題解決状況，最も少ないルーチン的問題解決状況の **3** つに分類できる。消費者は，いずれの状況においても，どのように決めていくかという決定方略によって情報探索をして意思決定を行っている。決定方略は，ある属性の評価値が低くても他の属性の評価値が高ければ補われて総合的な評価がなされる補償型の決定方略と，そのような関係がない非補償型の決定方略に大別できる。非補償型の決定方略では，必ずしもすべての情報が検討されないので，商品陳列などの文脈や感情に依存した意思決定がなされやすい。多くの店舗内での購買は，非計画的で非補償型決定方略が用いられているので，商品陳列などの店舗内環境が消費者の意思決定過程に影響を強く与えることになる。消費者の購買意思決定後は認知的不協和のために選んだブランドの再評価が行われるので，購入者への広告などのプロモーションも有効である。

文献案内 | Book Guide

阿部周造・新倉貴士編著（2004）『消費者行動研究の新展開』千倉書房

● 消費者行動研究についての専門的な本だが，消費者の意思決定過程をどのように研究して実務につなげていくかについてもくわしく書かれた本である。

竹村和久編著・西篠辰義監修（2018）『選好形成と意思決定（フロンティア実験社会科学 5）』勁草書房

● 好みの形成や意思決定過程の種々の分析法について具体的に叙述されている。

ウィルヘルムス，E. A.・レイナ，V. F.／竹村和久・高橋秀彦監訳（2019）『神経経済学と意思決定 ── 心理学，神経科学，行動経済学からの総合的展望（認知心理学のフロンティア）』北大路書房

● 経済行動の意思決定過程の神経科学的研究や発達心理学的研究，認知心理学的研究について，その歴史的基礎から理論と実証研究に至るまでさまざまな観点から解説がなされている。

杉本徹雄編著（2012）『新・消費者理解のための心理学』福村出版

● 消費者行動研究の全般的な内容が書かれた本だが，消費者行動の意思決定過程について意思決定の理論的な観点からもくわしく述べられている。

第12章 人間工学

ヒトの特性とモノのデザイン

プロローグ　Prologue

家電メーカーに勤める山田康子さんは最近肩こりと腰痛に悩まされています。どうも職場で使っているノートパソコンがいけないような気がするのです。ここのところ新規開発商品に関するユーザビリティ評価の結果をまとめるのに忙しく，朝から晩まで小さなノートパソコンを使い続けています。背が高くて近眼の山田さんは，画面を一生懸命に見ようとするとどうしても猫背になってしまうし，キーボードが小さいから肩に力が入ります。我ながら姿勢が悪いと思うから，1時間に1回は立ち上がって腰を伸ばし，首や肩をまわそうと心がけていますが，仕事に夢中になるとアッという間に何時間か経ってしまいます。山田さんが現在配属されている部署では，事務机に自分専用のノートパソコンを広げて使います。前にいたところは，パソコンデスクに共用のデスクトップパソコンが置いてあって，もっとよい姿勢でパソコンを使えたのに。「人に優しいデザイン」を売り物にしている会社のくせに従業員にはちっとも優しくないんだから，と心の中で悪態をつきながら，今日も1日ノートパソコンにかがみ込んでいる山田さんです。

1 ヒトのサイズとモノのサイズ

商品にせよ，乗り物にせよ，建築・構造物にせよ，作業用の道具・機械・衣類・スペースにせよ，ヒトが使用するモノ，利用するモノは人間の特性に合わせて設計されなければならない。設計に反映すべき人間の特性とは，視覚，聴覚，嗅覚などの感覚特性，思考，判断，理解などの認知特性，身体各部位の形状・寸法，動き，発揮できる力などの身体特性である。ヒトの身体の形状や寸法を測定する技術は**人体計測法**（anthropometry）と呼ばれ，運動や力を計測したり研究したりする分野は**生体力学**（biomechanics）という。

身体寸法からモノを設計する際には，次の6つの基本方略がある。

① 個人のサイズに合わせてデザインする ── 1人が専用するモノについてのみ適用可能。注文服，宇宙服など。

② 平均値に合わせる ── 厳密には中央値であるが，身体寸法はほぼ正規分布するため，中央値と平均値は同じと見なせる。モノのサイズがヒトの**ユーザビリティ**（使い勝手）にとってそれほどクリティカルでなく，大量生産のメリットが大きい場合に適用する。事務机，食卓，洗面台，流し台，ドアノブの高さ，つまみの直径，ボールペンの太さなど。「それほどクリティカルでない」といっても，やはり大きすぎたり小さすぎたりすれば使いにくいので，対象とするユーザーの平均値およびバラツキをきちんと把握する必要がある。例えば，上記の例のうち，家庭の洗面台は大人も子どもも使うが，流し台は大人（おもに女性）のユーザーを想定してつくられている。

③ 小さい人に合わせる ── 大きすぎることが決定的にユーザビリティを阻害するが，小さいものなら何とか使える場合。公園の水

飲み場の高さなど。

④　大きい人に合わせる──「大は小を兼ねる」ようなものの場合。ベッドや布団の長さ，出入り口の高さなど。

⑤　ユーザー層を分けて数種類のサイズを用意する──既製服のサイズが典型的な例である。1996年に男性服，1997年には婦人服のサイズ表示に関するJIS規格が改訂された。これは，日本人のサイズ変化に対応したもので，例えば男性の「M」の中心値は，従来，身長165 cm，チェスト88 cm，ウェスト76 cmだったものが，それぞれ170，92，80 cmに変更された。ちなみに，1992年から1994年の間に計測されたデータによると日本人の20〜24歳男子の身長は，5，50，95パーセンタイル値の順に161.0，170.3，180.4 cm，同年齢の女子は149.7，158.2，167.0 cmである（人間生活工学研究センター，2003）。

⑥　調節機構を備える──簡単な操作でユーザーみずからがサイズを調節できるようにすれば，1つの製品でも多くのユーザーに対応できる。自動車のドライビング・シートの位置，OAチェアの高さなど。

上記①から⑥の方略は人体計測法的特性にとどまらず，知覚特性，認知特性，生体力学的特性にも応用できる。例えば，視覚表示の設計には視力，報知音には聴力，説明書には理解力・言語能力，ねじ蓋の固さには握力・筋力などについて，ユーザーの特性を十分に把握したうえでデザインを決定しなければならない。さもなければ，高齢者には字が小さくて読めないラベルや，周波数が高すぎて聞こえない報知音を使い，ユーザビリティどころか安全性にまで問題のある製品をつくり出してしまうのである。

2 ヒトとモノの接点

●ユーザー・インターフェイス

表示器と操作器

道具が機械へと進化した結果，機械が人間に状態を知らせるための装置である**表示器**（displays）と，機械に人間の意思を伝えるための装置である**操作器**（controls）が誕生した。それでも，機械の構造や機能が単純なうちは，動かすためのスイッチと，動いていることを示すランプがあれば十分だったが，機械やシステムが複雑になるにつれ，ヒトにとってわかりやすく扱いやすい仕組みが必要になってきた。ヒトと機械が共通の目的のために共働する**ヒューマン・マシン・システム**の中で，ヒトと機械がコミュニケーションするための仕組みが**ヒューマン・マシン・インターフェイス**（human-machine interface）または**ユーザー・インターフェイス**（user interface）である（図 12-1）。

表示器には，計器，ランプ，液晶パネル，CRT 画面，ベル，ブザー，電子音発信器，振動発生器などがある。人間の視覚と聴覚はさまざまな面で特性の違いがある。それをふまえて，表 12-1 には視覚表示と聴覚表示の使い分けのガイドラインが示されている。

操作器には，スイッチ，ボタン，つまみ，レバー，ハンドル，舵輪，ジョイスティック，マウス，キーボード，ジョグダイアル，ペダルなどがある。トグルスイッチを上げると電気がつき，下げると消える，つまみを時計方向にまわすと音が大きくなり，反対にまわすと小さくなる，というように，操作方向とそれに対する機械本体の作用との間には標準的な関係がある。それを定めているのがわが国では JIS 規格であり，その一部を表 12-2 に引用する。

表示器や操作器は個々のデザインと種類の選択も大切であるが，

図 12-1　ヒューマン・マシン・システムにおけるユーザー・インターフェイス

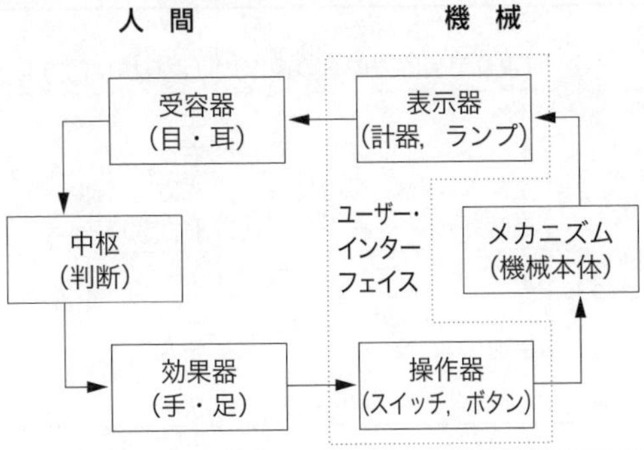

表 12-1　視覚表示と聴覚表示の使い分け

視覚による伝達が適当な場合	聴覚による伝達が適当な場合
①　メッセージが複雑な場合	①　メッセージが単純な場合
②　メッセージが長い場合	②　メッセージが短い場合
③　メッセージを後に参照する必要がある場合	③　メッセージを後に参照しなくてよい場合
④　メッセージが空間的定位とか地点を取り扱う場合	④　メッセージが時間経過の中の特定の時点を扱う場合
⑤　メッセージ内容が特に急を要しない場合	⑤　メッセージの伝達速度が重要な場合
⑥　聴覚的チャンネルへの負荷が過重である場合	⑥　視覚的チャンネルへの負荷が過重である場合
⑦　騒音環境下で聴覚を利用できない場合	⑦　明・暗順応などが問題となり視覚を利用できない場合
⑧　オペレータが定位置で作業できる場合	⑧　オペレータが定位置で作業できない場合

（出典）　Sanders & McCormick, 1987 より作成。

複数の表示器・操作器をどのように配置するかというレイアウトはさらに重要である。自動車の操縦席，航空機のコックピット，化学プラントや原子力発電所の制御室など，多数の表示器・操作器が混在するユーザー・インターフェイスでは，最も重要で頻繁に用いる

表 12-2　操作方向・配置と作用の関係

	N 操作 （より消極的方向への操作）	**P** 操作 （より積極的方向への操作）
操作方向	下へ 左へ 手前へ（引く） 逆時計式に	上へ 右へ 先方へ（押す） 時計式に
操作器が **2** つある場合の配置	下 左 手前	上 右 先方

（出典）横溝・小松原，1991 より作成。

ものをユーザーの近くや正面に配置したり，関連するもの同士をグループ化したり，順に見たり操作したりするものを隣接して並べたり，重大な決定が行われた後にしか操作しないスイッチをあえてオペレータから離れた場所に配置するなど，さまざまな工夫がなされている。

ヒトとコンピュータのインターフェイス

近年，計器やスイッチに代わって CRT や液晶ディスプレイが用いられる傾向がますます強まっている。機械式の計器やスイッチと違い，ユーザーの選択や反応に合わせて提示する情報を変化させ，スイッチとそのラベルも取り替えることができるため，非常に柔軟なインターフェイスである。おかげで，飛行機などは狭い操縦席に天井までぎっしり並んでいた計器とスイッチがすっかり整理され，「ガラスのコックピット」(glass cockpit) と呼ばれるくらい，重要な情報がすべてコンピュータ画面に表示される状態となった。複数の異常事態が発生した場合には，重大性と緊急性に応じて優先順位が決められ，パイロットの注意をさまつな情報にそらさないように下位の情報は表示を抑制するなど，すぐれた警報システムも組み込まれている。その反面，目標地点が画面から消えたために飛行方向を見失って山中に墜落する事故が起きるなど，新しいタイプのヒューマンエラーを誘発した事例も数多く報告されている。

この種のユーザー・インターフェイスは，銀行のATMや駅の券売機などわれわれの生活の中でも身近なものとなっている。さらに，インターネットで情報収集をしたり，買い物をしたりすることも多くの人にとって日常的な行動となりつつある。人間とコンピュータのコミュニケーション，情報のやりとりは**ヒューマン・コンピュータ・インタラクション**（human-computer interaction）と呼ばれ，現代のユーザー・インターフェイス研究の中心課題である。

3 人間工学的によいデザインの要件

人間工学的によいデザインとは，効率的で，快適で，安全な使用のために人間の諸特性が考慮されているデザインといえる。伝統的な人間工学では，人体計測および生体力学上の特性が考慮の中心であったが，最近は認知特性を重視する傾向が強まり，心理学の知見と方法論を活用した認知工学（cognitive engineering），認知人間工学（cognitive ergonomics）と呼ばれる研究分野が発展している。以下では認知工学で提唱されているデザイン・コンセプトを中心に，近年特に注目されているユーザ・エクスペリエンスまでを簡潔に紹介する。

① **コンパティビリティ**（compatibility）── 表示器・操作器の配置，色，動き，操作方向などがヒトにとって自然な認知と整合している程度である。右のメーターは右側のタンクの圧力で，左のメーターは左側のタンクの圧力を示す，手前にレバーを倒すと機体は上昇し，

向こう側に倒すと下降する，熱湯は赤色で表示し，冷水は青色で表示する，などがコンパティブルなデザインの例である。

② **コーディング**（coding）――表示器・操作器を識別する方法で，文字ラベル，位置コーディング，**カラー・コーディング**（color-coding），形状コーディングのほか，さまざまなコーディング方法がある。鉄道の路線ごとにシンボルカラーを決め，路線図，駅の案内表示，車両の塗色などをその色に統一することはユーザビリティを高めるすぐれたカラー・コーディング・システムである。

③ **マッピング**（mapping）――操作器の配置と，操作される機械本体との位置的対応のこと。コンパティブルなマッピングであることを要する。

④ **可視性**（visibility）――システムの状態，モードをユーザーに明示すること。聴覚など視覚以外の表示方法も含む。自動車のギアが後進（R）に入っていることを示すブザー音，保温中を示す電気ポットのLED，電話の保留音など。

⑤ **冗長性**（redundancy）――複数のチャンネルで情報を伝えること。色と形と文字ラベルによる男子トイレ・女子トイレの表示，赤色ランプとサイレンで伝える火災警報など。

⑥ **アフォーダンス**（affordance）――本来はギブソン（Gibson, J. J.）の生態心理学の概念であるが，これをモノのデザインに適用したノーマン（Norman, 1988）によると，「アフォーダンスとは，ある事物をどのように使うことができるかということに関して人が知覚する事物の特徴」と説明されている。水平な面は，膝くらいの高さなら座ることをアフォードし，腰くらいの高さならものを上に置くことをアフォードし，十分に広ければ上に立つことをアフォードする。ドアに付いた垂直の取っ手からは「引く」というアフォーダンスを知覚するので，人はそのドアを自然に引いて開けようとするし，平

図 12-2　アフォーダンスを利用したドアの取っ手のデザイン

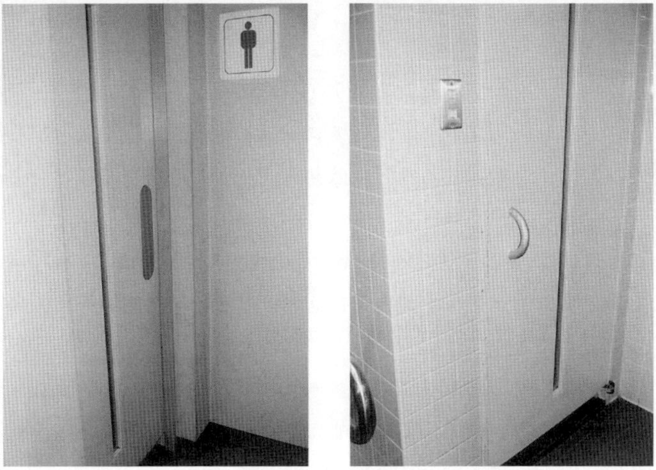

（注）　左はトイレの外側（押して開ける），右は内側（引いて開ける）。

らな板がドアノブの代わりに付いていれば「押す」という行為しかアフォードしないため，人はそのドアを押して開けるだろう（図 12-2）。このように，アフォーダンスを利用すれば「PUSH」「PULL」などの表示をしなくても，自然に望ましい取り扱いを引き出したり，エラーを予防したりすることができる。

⑦　**フールプルーフ**（fool-proof）――間違って操作をしようとしても操作できないようにデザインすること。レンズカバーを開けないとシャッターが切れないカメラ，回転中に蓋を開けると回転ドラムにブレーキがかかって停止する脱水機など。

⑧　**フェイルセーフ**（fail-safe）――狭義には故障するときに安全な側に止まること。故障した踏切が開け放しにならず，閉まり放しになるなど。人間が誤操作しても安全なように設計することや，本体の大部分の機能が失われても安全に停止するための最小限の機能だ

けは残るようにすることなどを含めることもある。

⑨ **バリアフリー**（barrier-free）―― 高齢者や障害者の使用を妨げている障壁（バリア）を取り除いて，従来サービスの提供を受けられなかった人々のアクセシビリティ（accessibility）を保証する試み。エレベータを設置する，階段をスロープにする，点字で表示する，点字ブロックを敷設するなど，公共施設や公共輸送機関などを中心とした，福祉施策的ニュアンスの強い言葉である。

⑩ **ユニバーサルデザイン**（universal design）―― 高齢者でも障害者でも健常者でも，誰もが使える共通のデザインを目指す考え。高齢者や障害者にとって使いやすいものは，健常者にとっても使いやすいはずだという理想に基づく。ユーザー層の拡大を見込めるため，電機メーカーなどを中心に，製品のユニバーサルデザイン化を図る研究開発が行われている（図 12-3）。

⑪ **ユーザ・エクスペリエンス**（user experience；UX）―― 近年の消費者製品やサービスの開発においては，使いやすさ（ユーザビリティ）に加え，使い心地，満足感，楽しさ，さらには，革新性に対する驚きや感動，上質な製品を使用しているという充足感，使用後に期待される嬉しい経験，といった心理的側面が重視されるようになった。あるメーカでは「エクスペリエンス・デザイン」を「製品システムやサービスのご利用を通じて，お客様の経験価値を高めるソリューションをデザインするもの」と位置づけて推進している。別のメーカではユーザ・エクスペリエンスのプロセスを使用前の予感，使用の体験，使用後の経験の 3 段階に分けて，これらを充足させるためのデザインを目標に製品開発をしている。

図 12-3　ユニバーサルデザインの考え方

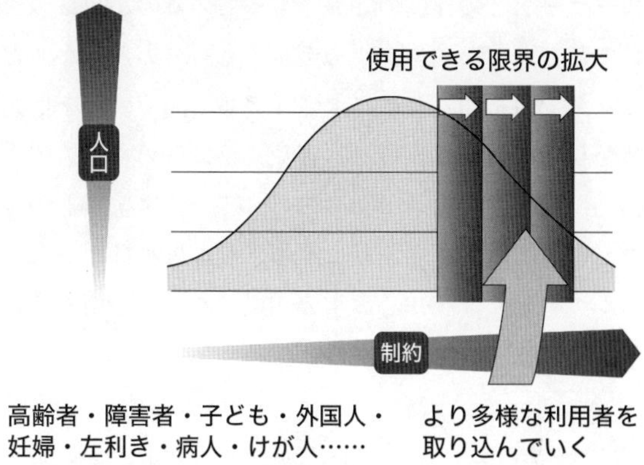

（出典）平野ら，2004 より作成。

4　取扱説明書と警告表示

よいマニュアルの条件

高度で多様な機能をもつ製品が安価に普及している現在，**取扱説明書（マニュアル）**の重要性は大きい。なぜなら，過去において，高度で多様な機能をもつ機械は訓練を受けた専門家だけが使うものだったのに，現在では一般の消費者が買う商品（特に電気製品，パソコン，ソフトウェア）がことごとくそうなっているからである。ところが，その商品に添付された取扱説明書は，専門知識のない消費者にとってわかりにくく，誤操作や誤使用の原因となっている場合すらある。マニュアルの良否は製品のユーザビリティの一部であるという認識が必要である。

マニュアルは，製品の開発や製作にあたった技術者が書くのではなく，彼らとユーザーの橋渡しをするという目的意識をもったマニュアル制作チームによってつくられるべきである。マニュアル制作者は，ユーザーがどの程度の知識をもっているのか，システムの働きに対してどのようなメンタルモデルをもっているのか，どのようなタイミングで何を知るためにマニュアルを開くのかを把握し，やさしくわかりやすい文章表現，写真やイラストの多用，体系的な見出しの構造，一貫したシンボルマーク（禁止，注意，補足説明など）の利用などを心がけて，念入りに制作されなければならない。よいマニュアルづくりには認知心理学の知見と方法を応用することが有効と思われる（海保，1991）。

リスク・コミュニケーションとしての警告表示

警告表示はユーザーに危険を知らせるための文章，文字，イラスト，シンボルマークなどによる表現で，マニュアルの中に記載されたり，製品本体や容器に印刷され，あるいは施設・場所に掲示される。ただし，何らかの危険が存在するとき，第1にすべきはその危険を取り除くことであり，第2は，その危険に人が近づけないようガードする（柵，カバーなど）こと，第3に残存するリスクに対してユーザーに警告を与えるという優先順位で考えなければならない（Wogalter et al., 1999）。

基本的な警告表示は，①見出し（「注意」「危険！」「立入禁止」など），②リスクまたは禁止事項の内容（例：「ゴミの投げ捨ては条例によって禁止されています」），③従わなかった場合の結果（例：「違反した者は罰金1万円」）から構成されている。見出しは注意を引くために赤い文字，大きな文字，ピクトグラム，イラストなどを用いて目立たせる工夫が行われる。内容と結果には簡潔性，具体性，わかりやすさが重要である。警告の表示場所ももちろん肝要である。最も効果的なのは，ユーザーが警告表示を破棄しないと製品の利用ができないようにする方法で，缶のプルタブの上に貼られたシール，ソフトウェアが入ったCD-ROMのケースに封をしている同意書などがその例である。このような警告表示を「インタラクティブな警告」と呼ぶ。

社会心理学では，リスクの伝達・理解，リスクを敢行するか回避するかの意思決定を支援する方法に関するリスク・コミュニケーションの研究がさかんに行われており，その知見を警告表示のデザインに応用する動きも始まっている（吉川，1999）。

なお，危険が発生したときにそれを知らせる警報（alarm）と，そこに存在する，あるいは顕在化する可能性があるリスクを知らせる警告（warning）とは，従来は別のものであることが多かった。しかし，センサー技術やモニタリング・システムの進歩と，ディスプレイ装置の大型化・低価格化により，技術ベースの警告システム（tech-nology-based warning system）または先端的警告システム（ad-vanced warning system）と呼ばれる新しいタイプの警告表示が普及しつつある（Wogalter, 2003）。固定式警告表示では，警告が常時表示されているために（例えば「段差あり，足下注意」）注意を引かなくなったり，不必要なときにも表示されているため（例えば「路面凍結注意」）誤警報のようになってしまうことがある。しかし，新しいシステムでは，人が近づくタイミングで「足下注意」の表示を点灯したり，低温時のみ「路面凍結注意」を表示することで，警告効果を高めることができる。

エピローグ　Epilogue

本来，ノートパソコン（＝ラップトップパソコン）は持ち運ぶために開発されたもので，長時間オフィスで使うには不向きです。おもな問題点は，①キーボードが小さいため，手首を外側（小指側）に曲げることによる負担が大きい，②画面が小さく，また位置が低いため，頸部と肩に負担がかかる，③書字用に最適化されている机上面に置いたキーボードは，タイピングには位置が高すぎる，などです。山田さんも，パソコンデスクにデスクトップパソコンを置いて使うのが望ましいのですが，それがかなわないなら，ノートパソコンに外づけのディスプレイとキーボードを接続し，キーボードは机の引き出しを引き出した上に置く，パソコンを使うときは椅子を高くするなどして，タイピングのときの肘の角度が**90**度以上になるよう工夫するとよいと思います。

まとめ　Summary

この章ではヒトの特性に合わせてモノをデザインするための人間工学を学んだ。寸法を例にとると，モノの寸法はヒトの寸法の平均値に合わせればよいというものではない。小さいヒトに合わせるべき場合，大きいヒトに合わせるべき場合，サイズ別にグループ化する方法，調節機構を備える方法など，ユーザーの特性と製品の使われ方，コストなどを勘案して最適なものを選択する。この方略は人体計測法的特性にとどまらず，知覚特性，認知特性，生体力学的特性にも応用すべきである。ヒトがモノに意思を伝え，モノがヒトに状態を伝えるのがユーザー・インターフェイスである。モノがどんどんコンピュータ化していくので，ユーザー・インターフェイスの設計にはヒューマン・コンピュータ・インタラクションの重要性が高まっている。人間工学，認知工学から見たよいデザインの要件は，コンパティビリティ，コーディング，マッピング，可視性，冗長性，アフォーダンス，フールプルーフ，フェイルセーフなどであり，障害者，高齢者にも使えるバリアフリー化，ユニバーサルデザイン化が，今後はますます求められるだろう。また，マニュアルの良否は製品のユーザビリティの一部であり，製品の開発や製作にあたった技術者とユーザーの橋渡しをするという目的意識をもったマニュアル制作チームによってつくられるべきである。マニュアル，製品，施設などの警告表示をリスク・コミュニケーションの**1**つととらえ，心理学的に研究して設計・改善に役立てようとする試みにも注目したい。

文献案内　Book Guide

ノーマン，D. A.／岡本明・安村通晃・伊賀聡一郎・野島久雄訳（2015）『誰のためのデザイン？――認知科学者のデザイン原論』［増補・改訂版］新曜社

● **1988**年の初版本はモノのデザインについてはじめて認知心理学の立場からアプローチした画期的な名著であるが，一般読者向けに書かれていて大変わかりやすい。**2013**年（翻訳書は**2015**年）に増補・改訂版が出た。

ユニバーサルデザイン研究会編（2002）『ユニバーサルデザイン――超高齢社会に向けたモノづくり』［改訂版］日本工業出版

●日本のメーカーで実際の製品デザインに関わる仕事をしている人たちを中心とした執筆陣が，写真や図版を多用して具体的なユニバーサルデザインの工夫を紹介している。

熊田孝恒編著（2015）『商品開発のための心理学』勁草書房

●実験心理学など基礎系心理学の知見や方法論がどのように実際の商品開発に生かされているか，車庫入れ，視覚性ストレス軽減，駅の案内表示，高齢者が使いやすい情報機器，化粧品の対面販売など，興味深い具体例が紹介されている。

木下冨雄（2016）『リスク・コミュニケーションの思想と技術――共考と信頼の技法』ナカニシヤ出版

●日本のリスクコミュニケーション研究の草分けであり大御所である社会心理学者が，自分自身とその研究仲間の数十年にわたって行ってきた研究や，現場での実践をまとめた本である。

引用・参考文献

◆ 第1章

赤瀬川原平（1998）『老人力』筑摩書房

Allport, G. W., & Odbert, H. S.（1936）Trait names: A psycholexical study. *Psychological Monographs*, **47**, Whole No. 211.

Arvey, R. D., & Campion, J. E.（1982）The employment interview: A summary and review of recent research. *Personnel Psychology*, **35**, 281–322.

Barrick, M. R., & Mount, M. M.（1991）The big five personality dimensions and job performance: A meta-analysis. *Personnel Psychology*, **44**, 1–26.

Cattell, R. B.（1965）*The scientific analysis of personality*. Penguin.（斎藤耕二・安塚俊行・米田弘枝訳，1975『パーソナリティの心理学――パーソナリティの理論と科学的研究』金子書房）

Costa, P. T., Jr., & McCrae, R. R.（1992）*Revised NEO personality inventory*（*NEO PI-R*）*and NEO Five-Factor inventory*（*NEO-FFI*）*: Professional manual*. Psychological Assessment Resources.

Cronbach, L. J.（1960）*Essentials of psychological testing*, 2nd ed. Harper & Row.

Gardner, H.（1983）*Frames of mind: The theory of multiple intelligences*. Basic Books.

Guilford, J. P.（1956）The structure of intellect. *Psychological Bulletin*, **53**, 267–293.

Guilford, J. P.（1967）*The nature of human intelligence*. McGraw-Hill.

Harris, M. M.（1989）Reconsidering the employment interview: A review of recent literature and suggestions for future research. *Personnel Psychology*, **42**, 691–726.

Hogan, J., & Hogan, R.（1990）*Business and industry testing: Current practices and test reviews*. Pro-Ed.

Hough, L. M., Barge, B. N., Houston, J. S., McGue, M. K., & Kamp, J. D.（1985）*Problems, issues, and results in the development of temperament, biographical, and interest measures*. Paper presented at the annual meeting of the American Psychological Association.

Kretschmer, E.（1921）*Korperbau und Charakter: Untersuchungen zum Konstitutionsproblem und zur Lehre von den Temperamenten*. Springer.（相場均訳，1960『体格と性格――体質の問題および気質の学説によせる研究』文光堂）

Mayfield, E. C.（1964）The selection interview: A reevaluation of published research. *Personnel Psychology*, **17**, 239–260.

Norman, W. T.（1963）Toward an adequate taxonomy of personality attributes: Replicated factor structure in peer nomination personality ratings. *Journal of Abnormal and Social Psychology*, **66**, 574–583.

齋藤孝（2003）『段取り力――「うまくいく人」はここがちがう』筑摩書房

Salgado, J. F. (1997) The five factor model of personality and job performance in the European community. *Journal of Applied Psychology*, **82**, 30–43.

Schmitt, N. (1976) Social and situational determinants of interview decisions: Implications for the employment interview. *Personnel Psychology*, **29**, 79–101.

Spearman, C. E. (1904) "General intelligence," objectively determined and measured. *American Journal of Psychology*, **15**, 201–292.

Thurstone, L. L. (1938) Primary mental abilities. *Psychometric Monographs*, No. 1.

Thurstone, L. L. (1947) *Multiple factor analysis: A development and expansion of the vectors of mind*. University of Chicago Press.

辻平治郎（1998）『5 因子性格検査の理論と実際 ── こころをはかる 5 つのものさし』北大路書房

Tupes E. C., & Christal, R. E. (1961) *Recurrent personality factors based on trait ratings*. Lackland Air Force Base, TX: U.S. Air Force (USAF ASD Technical Report No. 61–97)

Ulrich, L., & Trumbo, D. (1965) The selection interview since 1949. *Psychological Bulletin*, **63**, 100–116.

Wagner, R. (1949) The employment interview: A critical summary. *Personnel Psychology*, **2**, 17–46.

Wright, O. R. (1969) Summary of research on the selection interview since 1964. *Personnel Psychology*, **22**, 391–413.

◆ 第 2 章

Alderfer, C. P. (1972) *Existence, relatedness, and growth: Human needs in organizational settings*. Free Press.

Atkinson, J. W. (1957) Motivational determinants of risk-taking behavior. *Psychological Review*, **64**, 359–372.

Bandura, A. (1986) *Social foundations of thought and action: A social cognitive theory*. Prentice-Hall.

Deci, E. L. (1972) Intrinsic motivation, extrinsic reinforcement and inequity. *Journal of Personality and Social Psychology*, **22**, 113–120.

Herzberg, F. (1966) *Work and the nature of man*. World Publishing. (北野利信訳，1968『仕事と人間性 ── 動機づけ－衛生理論の新展開』東洋経済新報社)

Lepper, M. R., Greene, D., & Nisbett, R. E. (1973) Undermining children's intrinsic interest with extrinsic reward: A test of "overjustification" hypothesis. *Journal of Personality and Social Psychology*, **28**, 129–137.

Leventhal, G. S. (1980) What should be done with equity theory? New approaches to the study of fairness in social relationships. In K. J. Gergen, M. S. Greenberg, & R. H. Willis (Eds.), *Social exchange: Advances in theory and research*. Plenum Press.

Lewin, K. (1951) Field theory and experiment in social psychology. In D. Cartwright

(Ed.), *Field theory in social science: Selected theoretical papers*. Harper.（猪股佐登留訳, 1956『社会科学における場の理論』誠信書房）

Locke, E. A., & Latham, G. P.（1990）*A theory of goal setting and task performance*. Prentice-Hall.

Maslow, A. H.（1954）*Motivation and personality*. Harper & Row.（小口忠彦監訳, 1987『人間性の心理学 ── モチベーションとパーソナリティ 改訂新版』産業能率大学出版部）

Mayo, E.（1933）*The human problems of industrial civilization*. Macmillan.（村本栄一訳, 1967『新訳 産業文明における人間問題 ── ホーソン実験とその展開』日本能率協会）

McClelland, D. C.（1961）*The achieving society*. Van Nostrand.（林保監訳, 1971『達成動機 ── 企業と経済発展におよぼす影響』産業能率短期大学出版部）

Murray, E. J.（1964）*Motivation and emotion*. Prentice-Hall.（八木冕訳, 1966『動機と情緒』岩波書店）

Porter, L. W., & Lawler III, E. E.（1968）*Managerial attitudes and performance*. Irwin.

Taylor, F. W.（1911）*The Principles of scientific management*. Harper.（上野陽一訳編, 1969『科学的管理法 新版』産業能率短期大学出版部）

Vroom, V. H.（1964）*Work and motivation*. Wiley.（坂下昭宣・榊原清則・小松陽一・城戸康彰訳, 1982『仕事とモティベーション』千倉書房）

◆ 第3章

Janis, I. L.（1972）*Victims of groupthink: A psychological study of foreign-policy decisions and fiascoes*. Houghton Mifflin.

Moscovici, S.（1976）*Social influence and social change*. Academic Press.

Moscovici, S., & Zavalloni, M.（1969）The group as a polarizer of attitudes. *Journal of Personality and Social Psychology*, **12**, 125-135.

Rahim, M. A.（1986）*Managing conflict in organizations*. Praeger.

Schein, E. H.（1980）*Organizational psychology*, 3rd ed. Prentice-Hall.（松井賚夫訳, 1981『組織心理学』岩波書店）

Stasser, G.（1992）Information salience and the discovery of hidden profiles by decision-making groups: A "thought experiment". *Organizational Behavior and Human Decision Processes*, **52**, 156-181.

Tversky, A., & Kahneman, D.（1981）The framing decisions and the psychology of choice. *Science*, **211**, 453-458.

Tversky, A., & Kahneman, D.（1986）Rational choice and the framing of decisions. *Journal of Business*, **59**, 251-278.

Wallach, M. A., Kogan, N., & Bem, D. J.（1962）Group influence on individual risk taking. *Journal of Abnormal and Social Psychology*, **65**, 75-86.

山口裕幸（1997）「組織内の葛藤」大渕憲一編『紛争解決の社会心理学』ナカニシヤ

出版
山口裕幸（2000）「電子コミュニケーション・システムの導入が組織の創造的情報処理過程に与える影響」『電気通信普及財団研究調査報告書（CD-ROM）』**15**, 72-79.

◆ 第4章

Barnes, R. M.（1958）*Motion and time study*, 6th ed. Wiley.（大坪檀訳，1960『動作・時間研究』日刊工業新聞社）
独立行政法人労働政策研究・研修機構（2019）「早わかり グラフで見る長期労働統計」
Gilbreth, F. B., & Gilbreth, L. M.（1918）*Applied motion study: A collection of papers on the efficient method to industrial preparedness*. Routledge & Sons.（都筑栄訳，1965『応用動作研究 ―― 産業的準備のための効果的方法論文集』風間書房）
芳賀繁（2000）『失敗のメカニズム ―― 忘れ物から巨大事故まで』日本出版サービス
芳賀繁（2002）「ヒューマンエラーと医療事故防止」安達秀雄監修『医療危機管理の実際 ―― システムと技術』メディカル・サイエンス・インターナショナル
芳賀繁・赤塚肇・白戸宏明（1996）「『指差呼称』のエラー防止効果の室内実験による検証」『産業・組織心理学研究』**9**, 107-114.
Heinrich, H. W., Petersen, D., & Roos, N.（1980）*Industrial accident prevention: A safety management approach*, 5th ed. McGraw-Hill.（総合安全工学研究所訳，1982『産業災害防止論』海文堂）
彦野賢・中村肇・渡辺はま・中井雄介・川口潤（2002）「プラントにおける効果的な指差呼称の有効性」『日本人間工学会第43回大会講演集』350-353.
Hollnagel, E.（2014）*Safety-I and Safety-II*. Ashgate.（北村正晴・小松原明哲監訳，2015『Safety-I & Safety-II 安全マネジメントの過去と未来』海文堂出版）
Hollnagel, E.（2018）*Safety-II in practice*. Routledge.（北村正晴・小松原明哲監訳，2019『Safety-II の実践 ―― レジリエンスポテンシャルを強化する』海文堂出版）
Hollnagel, E., Woods, D., & Reveson, N.（2006）*Resilience engineering: Concepts and percepts*. Ashgate.（北村正晴監訳，2012『レジリエンス・エンジニアリング ―― 概念と指針』日科技連）
河野龍太郎（1999）「ヒューマンエラー低減技法の発想手順 ―― エラープルーフの考え方」『日本プラント・ヒューマンファクター学会誌』**4**, 121-130.
清宮栄一・池田敏久・冨田芳美（1965）「複雑選択反応における作業方法と Performance との関係について ―― 『指差・喚呼』の効果についての予備的検討」『鉄道労働科学』**17**, 289-295.
厚生労働省労働基準局編（2019）『安全の指標（令和元年度）』中央労働災害防止協会
正田亘（1992）『産業・組織心理学』恒星社厚生閣
向井希宏・蓮花一己編（1999）『現代社会の産業心理学』福村出版
Münsterberg, H.（1913）*Psychology and industrial efficiency*. Hive Publishing.
Norman, D. A.（1981）Categorization of action slips. *Psychological Review*, **88**, 1-15.

Rassmussen, J. (1986) *Information processing and human-machine interaction: An approach to cognitive engineering*. Elsevier Science Publishing.（海保博之・加藤隆・赤井真喜・田辺文也訳，1990『インタフェースの認知工学 ── 人と機械の知的かかわりの科学』啓学出版）

Reason, J. (1990) *Human error*. Cambridge University Press.（林喜男監訳，1994『ヒューマンエラー ── 認知科学的アプローチ』海文堂出版）

Reason, J. (1997) *Managing the risks of organizational accidents*. Ashgate Publishing.（塩見弘監訳，1999『組織事故 ── 起こるべくして起こる事故からの脱出』日科技連出版社）

Sanders, M. S., & McCormick, E. J. (1987) *Human factors in engineering and design*, 6th ed. Mc-Graw Hill.

高橋完介・芳賀繁（2003）「指差呼称が記憶成績に及ぼす効果」『日本応用心理学会第70回大会発表論文集』50.

田辺肇（1988）「危険予知訓練」三隅二不二・丸山康則・正田亘編『事故予防の行動科学』福村出版

Taylor, F. W. (1911) *Principles of scientific management*. Harper & Row.（上野陽一訳編，1969『科学的管理法 新版』産業能率短期大学出版部）

◆ 第5章

芳賀繁（1993）「メンタルワークロードの測定と注意リソースの測定」『人間工学』**29**, 349–352.

芳賀繁（1997）「ワークロード」『産業・組織心理学研究』**10**, 111–119.

芳賀繁（2001）『メンタルワークロードの理論と測定』日本出版サービス

芳賀繁・水上直樹（1996）「日本語版 NASA-TLX によるメンタルワークロード測定 ── 各種室内実験課題に対するワークロード得点の感度」『人間工学』**32**, 71–79.

Hart, S. G., & Staveland, L. E. (1988) Development of NASA-TLX (task load index): Results of empirical and theoretical research. In P. A. Hancock, & N. Meshkati (Eds.), *Human mental workload*. North-Holland.

三宅晋司・神代雅晴（1993）「メンタルワークロードの主観的評価法 ── NASA-TLX と SWAT の紹介および簡便法の提案」『人間工学』**29**, 399–408.

沼尻幸吉（1972）『働く人のエネルギー消費』労働科学研究所

Reid, G. B., & Nygren, T. E. (1988) The subjective workload assessment technique: A scaling procedure for measuring mental workload. In P. A. Hancock, & N. Meshkati (Eds.), *Human mental workload*. North-Holland.

酒井一博（2002）「日本産業衛生学会産業疲労研究会撰『自覚症しらべ』の改訂作業 2002」『労働の科学』**57**, 295–298.

◆ 第6章

Arthur, M. B. (1994) The boundaryless career: A new perspective for organizational inquiry. *Journal of Organizational Behavior*, **15**, 295–306.

Erikson, E. H.（1950）*Childhood and society*. Norton.（仁科弥生訳，1977・80『幼児期と社会 1・2』みすず書房）

Hall, D. T.（1976）*Careers in organizations*. Scott, Foresman.

Hall, D. T.（1991）*Career development in organizations*. Jossey-Bass.

Hall, D. T.（2004）The protean career: A quarter-century journey. *Journal of Vocational Behavior*, **65**, 1–13.

平野光俊（1994）『キャリア・ディベロップメント ── その心理的ダイナミクス』文眞堂

今田幸子・平田周一（1995）『ホワイトカラーの昇進構造』日本労働研究機構

金井壽宏（2002）『働くひとのためのキャリア・デザイン』PHP 研究所

金井壽宏・髙橋潔（2004）『組織行動の考え方 ── ひとを活かし組織力を高める 9 つのキーコンセプト』東洋経済新報社

Leibowitz, Z. B. & Schlossberg, N. K.（1981）Training managers for their role in a career development system. *Training and Development*, **1981 July**, 72–79.

Levinson, D. J.（1978）*The seasons of a man's life*. Knopf.（南博訳，1980『人生の四季 ── 中年をいかに生きるか』講談社／1992『ライフサイクルの心理学 上・下』講談社）

岡本祐子（1997）『中年からのアイデンティティ発達の心理学 ── 成人期・老年期の心の発達と共に生きることの意味』ナカニシヤ出版

佐藤博樹・藤村博之・八代充史（2000）『マテリアル人事労務管理』有斐閣

Schein, E. H.（1978）*Career dynamics: Matching individual and organizational needs*. Addison-Wesley.（二村敏子・三善勝代訳，1991『キャリア・ダイナミクス ── キャリアとは，生涯を通しての人間の生き方・表現である。』白桃書房）

Schein, E. H.（1990）*Career anchors*. Jossey-Bass.（金井壽宏訳，2003『キャリア・アンカー』白桃書房）

Storey, W. D.（1979）*A guide for career development inquiry: State-of-art report on career development*. American Society for Training and Development.（ASTD Research Series Paper No. 2.）

Super, D. E.（1957）*The psychology of careers: An introduction to vocational development*. Harper & Row.（日本職業指導学会訳，1960『職業生活の心理学 ── 職業経歴と職業的発達』誠信書房）

山本寛（2014）『昇進の研究 ── キャリア・プラトー現象の観点から 改定増補版』創成社

◆ 第 7 章

Avolio, B. J.（1999）*Full leadership development: Building the vital forces in organizations*. Sage Publications.

Bales, R. F., & Slater, P. E.（1955）Role differentiation in small decision-making groups.

In T. Parsons, & R. F. Bales (Eds.), *Family, socialization and interaction processes*. Free Press.（橋爪貞雄・溝口謙三・高木正太郎・武藤孝典・山村賢明訳，2001『家族 ―― 核家族と子どもの社会化 新装版』黎明書房）

Bass, B. M. (1998) *Transformational leadership: Industry, military, and educational impact*. Lawrence Erlbaum Associates.

Blake, R. R., & Mouton, J. S. (1964) *The managerial grid: Key orientations for achieving production through people*. Gulf.（上野一郎監訳，1965『期待される管理者像』産業能率短期大学出版部）

Carson, J. B., Tesluk, P. E., & Marrone, J. A. (2007) Shared leadership in teams: An investigation of antecedent conditions and performance. *Academy of management Journal*, **50**, 1217–1234.

Cartwright, D., & Zander, A. (1960) *Group dynamics: Research and theory*, 2nd ed. Row Peterson.（三隅二不二・佐々木薫訳編，1969–70『グループ・ダイナミックス 第2版1・2』誠信書房）

Edmondson, A. C. (2012) *Teaming: How organizations learn, innovate, and compete in the knowledge economy*. John Wiley & Sons.（野津智子訳，2014『チームが機能するとはどういうことか ―― 「学習力」と「実行力」を高める実践アプローチ』英治出版）

Fiedler, F. E. (1967) *A theory of leadership effectiveness*. McGraw-Hill.（山田雄一監訳，1970『新しい管理者像の探究』産業能率短期大学出版部）

古川久敬（1998）『基軸づくり ―― 創造と変革のリーダーシップ』富士通経営研修所

Graen, G. B., & Uhl-Bien, M. (1995) Relationship-based approach to leadership: Development of leader-member exchange (LMX) theory of leadership over 25 years: Applying a multi-level multi-domain perspective. *Leadership Quarterly*, **6**, 219–247.

Hersey, P., & Blanchard, K. H. (1977) *Management of organizational behavior: Utilizing human resources*, 3rd ed. Prentice-Hall.（山本成二・山本あづさ訳，2000『行動科学の展開 ―― 人的資源の活用：入門から応用へ 新版』生産性出版）

House, R. J., & Dessler, G. (1974) The path-goal theory of leadership: Some post hoc and a priori tests. In J. G. Hunt, & L. L. Larson (Eds.), *Contingency approaches to leadership: A symposium held at Southern Illinois University, Carbondale, May 17–18, 1973*. Southern Illinois University Press.

伊藤守・鈴木義幸・金井壽宏（2015）『神戸大学ビジネススクールで教える コーチング・リーダーシップ』ダイヤモンド社

Katz, D., & Kahn, R. L. (1978) *The social psychology of organizations*, 2nd ed. Wiley.

Kerr, S., & Jermier, J. (1978) Substitutes for leadership: Their meaning and measurement. *Organizational Behavior and Human Performance*, **22**, 374–403.

Kohlrieser, G., Goldsworthy, S., & Coombe, D. (2012) *Care to dare: Unleashing astonishing potential through secure base leadership*. John Wiley & Sons.（東方雅美訳，2018『セキュアベース・リーダーシップ ――〈思いやり〉と〈挑戦〉で限界を超えさせ

る』プレジデント社）

Lewin, K., Lippitt, R., & White, R. K. (1939) Patterns of aggressive behavior in experimentally created climates. *Journal of Social Psychology*, **10**, 271–299.

Likert, R. (1967) *The human organization: Its management and value*. McGraw-Hill.（三隅二不二訳，1968『組織の行動科学――ヒューマン・オーガニゼーションの管理と価値』ダイヤモンド社）

Lord, R. G. (1985) An information approach to social perceptions, leadership and behavioral measurement in organization. In B. M. Staw., & L. L. Cummings (Eds.), *Research in organizational behaviors: An annual series of analytical essays and critical reviews*, vol. 7. JAI Press.

Lord, R. G., & Maher, K. J. (1991) *Leadership and information processing: Linking perceptions and performance*. Harper Collins.

Meindl, J. R. (1990) On leadership: An alternative to conventional wisdom. In B. M. Staw, & L. L. Cummings (Eds.), *Research in organizational behaviors*, vol. 12. JAI Press.

三隅二不二（1984）『リーダーシップ行動の科学 改訂版』有斐閣

Pearce, C. L., & Conger, J. A. (2002) *Shared leadership: Reframing the hows and whys of leadership*. Sage Publications.

Pfeffer, J. (1998) Understanding organization: Concepts and controversies. In D. T. Gilbert, S. T. Fiske, & G. Lindzey (Eds.), *The handbook of social psychology*, 4th ed. Oxford University Press.

Robertson, J. (2016) *Coaching leadership: Building educational leadership capacity through partnership*. New Zealand Council for Educational Research.

Senge, P. M. (2006) *The fifth discipline: The art and practice of the learning organization*. Broadway Business.（枝廣淳子・小田理一郎・中小路佳代子訳，2011『学習する組織――システム思考で未来を創造する』英治出版）

Stogdill, R. M. (1974) *The handbook of leadership: A survey of theory and research*. Free Press.

White, R. K., & Lippitt, R. (1960) *Autocracy and democracy: An experimental inquiry*. Harper & Row.

山口裕幸（1994）「企業組織の活性化過程」齊藤勇・藤森立男編『経営産業心理学パースペクティブ』誠信書房

◆ 第8章

Blum, M. L., & Naylor, J. C. (1968) *Industrial psychology: Its theoretical and social foundations*. Harper & Row.

Campbell, J. P. (1999) The definition and measurement of performance in new age. In D. R. Ilgen, & E. D. Pulakos (Eds.), *The changing nature of performance: Implications for staffing, motivation, and development*. Jossey-Bass.

Campbell, J. P., Dunnette, M. D., Arvey, R. D., & Hellervik, L. W.（1973）The development and evaluation of behaviorally based rating scales. *Journal of Applied Psychology*, **57**, 15–22.
Campbell, J. P., McCloy, R. A., Oppler, S. H., & Sager, C. E.（1993）A theory of performance. In N. Schmitt, & W. C. Borman（Eds.）, *Personnel selection in organizations*. Jossey-Bass.
Cascio, W. F.（1991）*Applied psychology in personnel management*, 4th ed. Prentice-Hall.
Cooper, W. H.（1981）Ubiquitous halo. *Psychological Bulletin*, **90**, 218–244.
Dipboye, R. L., Smith, C. S., & Howell, W. C.（1994）*Understanding industrial and organizational psychology: An integrated approach*. Harcourt Brace.
Flanagan, J. C.（1954）The critical incident technique. *Psychological Bulletin*, **51**, 327–358.
Guilford, J. P.（1954）*Psychometric methods*, 2nd ed. McGraw-Hill.（秋重義治監訳，1959『精神測定法』培風館）
樋口美雄（2001）『人事経済学』生産性出版
苅谷剛彦（2001）『階層化日本と教育危機――不平等再生産から意欲格差社会へ』有信堂高文社
Lawshe, C. H., Kephart, N. C., & McCormick, E. J.（1949）The paired comparison technique for rating performance of industrial employees. *Journal of Applied Psychology*, **33**, 69–77.
町田秀樹（1998）「望まれる戦略対応型報酬システムへの転換」『労政時報』**3351**，3–10.
McConkie, M. L.（1979）A clarification of the goal setting and appraisal processes in MBO. *Academy of Management Review*, **4**, 29–40.
村田多嘉治（1988）『精選人事考課表とつくり方――人事戦略の展開と人事考課制度・人事考課表の検討』産業出版労働協会
Odiorne, G. S.（1979）*MBO II: A system of managerial leadership for the 80s*. Fearon Pitman.（市川彰・谷本洋夫・津田達男訳，1983『精解目標管理――新しい管理者の役割とリーダーシップ』ダイヤモンド社）
荻原勝（1998）『すぐに役立つ人事・労務実務全書』日本実業出版社
連合総合生活開発研究所（1999）「1999 年度連合委託研究」『雇用と人事処遇の将来展望に関する調査研究報告書』連合総合生活開発研究所
Schneider, B., & Schmitt, N.（1986）*Staffing organizations*, 2nd ed. Scott, Foresman.
Schuler, R. S.（1987）*Personnel and human resource management*, 3rd ed. West.
社会経済生産性本部生産性労働情報センター（2001）『日本的人事制度の現状と課題――第 4 回「日本的人事制度の変容に関する調査」結果』社会経済生産性本部
清水勤（1991）『会社人事入門（ビジネス・ゼミナール）』日本経済新聞社
白井泰四郎（1982）『現代日本の労務管理』東洋経済新報社
Smith, P. C., & Kendall, L. M.（1963）Retranslation of expectations: An approach to the

construction of unambiguous anchors for rating scales. *Journal of Applied Psychology*, **47**, 149–155.

Stockford, L., & Bissell, H. W. (1949) Factors involved in establishing a merit scale. *Personnel*, **26**, 94–116.

鈴木敦子（1996）『人事・労務がわかる事典――読みこなし・使いこなし・活用自在』日本実業出版社

髙橋潔（1999）「人事評価のための認識枠組みと評価法との関連」『南山経営研究』**14**, 15–33.

髙橋潔・金井壽宏（2003）「元気の出る経営行動科学（7）――人事評価をめぐる根本問題」『一橋ビジネスレビュー』**51**, 86–101.

津田眞澂（1995）『新・人事労務管理』有斐閣

都留康・守島基博・奥西好夫（1999）「日本企業の人事制度――インセンティブ・メカニズムとその改革を中心に」『経済研究』**50**, 259–283.

Wexley, K. N., Alexander, R. A., Greenawalt, J. P., & Couch, M. A. (1980) Attitudinal congruence and similarity as related to interpersonal evaluations in manager-subordinate dyads. *Academy of Management Journal*, **23**, 320–330.

吉田和男（1993）『日本型経営システムの功罪』東洋経済新報社

◆ 第9章

Ajzen, I. (1991) The theory of planned behavior. *Organizational Behavior and Human Decision Processes*, **50**, 179–211.

Allport, G. W. (1935) Attitudes. In C. Murchison (Ed.), *Handbook of social psychology*. Clark University Press.

青木幸弘・恩蔵直人編（2004）『製品・ブランド戦略（現代のマーケティング戦略 1）』有斐閣

Bettman, J. (1979) *An information processing theory of consumer choice*. Addison-Wesley.

Blackwell, R. D., Miniard, P. W., & Engel, J. F. (2001) *Consumer behavior*, 9th ed. Dryden Press.

Engel, J. F., Blackwell, R. D., & Miniard, P. W. (1995) *Consumer behavior*, 8th ed. Dryden Press.

Fishbein, M., & Ajzen, I. (1975) *Belief, attitude, intention, and behavior: An introduction to theory and research*. Addison-Wesley.

Foxall, G. R. (Ed.) (2002) *Consumer behavior analysis: Critical perspectives on business and management*, vol. 1. Routledge.

Haire, M. (1950) Projective techniques in marketing research. *Journal of Marketing Research*, **14**, 649–652.

Hirschman, E. C., & Holbrook, M. B. (1992) *Postmodern consumer research: The study of consumption as text*. Sage.

Holbrook, M. B., & Hirschman, E. C. (1993) *The semiotics of consumption: Interpreting

symbolic consumer behavior in popular culture and art. Mouton de Gruyter.
吉川肇子（1999）『リスク・コミュニケーション ── 相互理解とよりよい意思決定をめざして』福村出版
吉川肇子（2000）「企業のリスク・コミュニケーションと消費行動」竹村和久編『消費行動の社会心理学 ── 消費する人間のこころと行動』北大路書房
木綿良行・懸田豊・三村優美子（1989）『テキストブック 現代マーケティング論』有斐閣
小林哲・南知惠子編（2004）『流通・営業戦略（現代のマーケティング戦略 3）』有斐閣
小嶋外弘（1986）『価格の心理 ── 消費者は何を購入決定の“モノサシ”にするのか』ダイヤモンドセールス編集企画
Kotler, P., & Armstrong, G.（1997）*Marketing: An introduction*, 4th ed. Prentice-Hall.（恩藏直人監修，月谷真紀訳，1999『コトラーのマーケティング入門』トッパン）
中西正雄編（1984）『消費者行動分析のニュー・フロンティア ── 多属性分析を中心に』誠文堂新光社
西村隆男（1999）『日本の消費者教育 ── その生成と発展』有斐閣
大澤豊編（1992）『マーケティングと消費者行動 ── マーケティング・サイエンスの新展開』有斐閣
杉本徹雄編著（1997）『消費者理解のための心理学』福村出版
杉本徹雄編著（2012）『新・消費者理解のための心理学』福村出版
竹村和久編（2000）『消費行動の社会心理学 ── 消費する人間のこころと行動』北大路書房
Takemura, K.（2019）*Foundations of economic psychology: A behavioral and mathematical approach*. Springer Books.
田中洋・清水聰編（2006）『消費者・コミュニケーション戦略（現代のマーケティング戦略 4）』有斐閣
上田隆穂・守口剛編（2004）『価格・プロモーション戦略（現代のマーケティング戦略 2）』有斐閣
米川五郎・高橋明子・小木紀之編（1994）『消費者教育のすすめ ── 消費者の自立をめざして 新版』有斐閣

◆ 第 10 章

青木道代（2004）「価格と消費者心理」上田隆穂・守口剛編『価格・プロモーション戦略（現代のマーケティング戦略 2）』有斐閣
Dickson, P. R., & Sawyer, A. G.（1990）The price knowledge and search of supermarket shoppers. *Journal of Marketing*, **54**, 42–53.
Hsee, C. K.（1998）Less is better: When low-value options are valued more highly than high-value options. *Journal of Behavioral Decision Making*, **11**, 107–121.
印東太郎編（1977）『心理測定・学習理論』森北出版

Johnson, E. J., Hershey, J., Meszaros, J., & Kunreuther, H. (1993) Framing, probability distortions, and insurance decisions. *Journal of Risk and Uncertainty*, **7**, 35–51.

Kahneman, D., Knetsch, J. L., & Thaler, R. H. (1990) Experimental tests of the endowment effect and Coase theorem. *Journal of Political Economy*, **98**, 1325–1348.

Kahneman, D., Knetsch, J. L., & Thaler, R. H. (1991): The endowment effect, loss aversion, and status quo bias. *Journal of Economic Perspectives*, **5**, 193–206.

Kahneman, D., & Tversky, A. (1979) Prospect theory: An analysis of decision under risk. *Econometrica*, **47**, 263–291.

小嶋外弘（1986）『価格の心理 ── 消費者は何を購入決定の“モノサシ”にするのか』ダイヤモンド社

Kojima, S. (1994) Psychological approach to consumer buying decisions: Analysis of the psychological purse and psychology of price. *Japanese Psychological Research*, **36**, 10–19.

Mazumdar, T., & Papatla, P. (1995) Loyalty differences in use of internal and external reference process. *Marketing Letters*, **6**, 111–122.

守口剛・鶴見裕之（2004）「ブランド育成とプロモーション」上田隆穂・守口剛編『価格・プロモーション戦略（現代のマーケティング戦略 2）』有斐閣

Stevens, S. S. (1975) *Psychophysics: Introduction to its perceptual, neural and social prospects*. Wiley.

竹村和久（1996）『意思決定の心理 ── その過程の探究』福村出版

竹村和久（1998）「状況依存的意思決定の定性的モデル ── 心的モノサシ理論による説明」『認知科学』**5**, 17–34.

竹村和久（2015）『経済心理学 ── 行動経済学の心理的基礎』培風館

Takemura, K. (2001) Contingent decision making in the social world. In C. M. Allwood, & M. Selart (Eds.), *Decision making: Social and creative dimensions*. Kluwer Academic.

Takemura, K. (2019) *Foundations of economic psychology: A behavioral and mathematical approach*. Springer Books.

Thaler, R. H. (1985) Mental accounting and consumer choice. *Marketing Science*, **4**, 199–214.

Thaler, R. H. (1999) Mental accounting matters. *Journal of Behavioral Decision Making*, **12**, 183–206.

Tversky, A., & Kahneman, D. (1981) The framing of decisions and the psychology of choice. *Science*, **211**, 453–458.

Tversky, A., & Kahneman, D. (1992) Advances in prospect theory: Cumulative representation of uncertainty. *Journal of Risk and Uncertainty*, **5**, 297–323.

和田陽平・大山正・今井省吾編（1969）『感覚・知覚心理学ハンドブック』誠信書房

◆ 第11章

Abelson, R. P., & Levi, A.（1985）Decision making and decision theory. In G. Lindzey, & E. Aronson（Eds.）, *The handbook of social psychology*, vol. 1, 3rd ed. Random House.

青木幸弘（1989）「店頭研究の展開方向と店舗内消費者行動分析」田島義広・青木幸弘編『店頭研究と消費者行動分析 ── 店舗内購買行動分析とその周辺』誠文堂新光社

Beach, L. R., & Mitchell, T. R.（1978）A contingency model for the selection of decision strategies. *Academy of Management Review*, **3**, 439-449.

Bettman, J.（1979）*An information processing theory of consumer choice*. Addison-Wesley.

Bettman, J., Johnson, E. J., & Payne, J. W.（1991）Consumer decision making. In T. S. Robertson, & H. H. Kassarjian（Eds）, *Handbook of consumer behavior*. Prentice-Hall.

Biehal, G. J.（1983）Consumers' prior experiences and perceptions in auto repair choice. *Journal of Marketing*, **47**, 87-91.

Blackwell, R. D., Miniard, P. W., & Engel, J. F.（2001）*Consumer behavior*, 9th ed. Dryden Press.

Cohen, J. B., & Areni, C. S.（1991）Affect and consumer behavior. In T. S. Robertson, & H. H. Kassarjian（Eds.）, *Handbook of consumer behavior*. Prentice-Hall.

Dickson, P. R., & Sawyer, A. G.（1990）The price knowledge and search of supermarket shoppers. *Journal of Marketing*, **54**, 42-53.

Donovan, R., & Rossiter, J.（1982）Store atmosphere: An environmental psychology approach. *Journal of Retailing*, **58**, 34-57.

Ehrlich, D., Guttman, I., Schönbach, P., & Mills, J.（1957）Postdecision exposure to relevant information. *Journal of Abnormal and Social Psychology*, **54**, 98-102.

Engel, J. F., Blackwell, R. D., & Miniard, P. W.（1993）*Consumer behavior*, 7th ed. Dryden Press.

Festinger, L.（1957）*A theory of cognitive dissonance*. Stanford University Press.（末永俊郎監訳, 1965『認知的不協和の理論 ── 社会心理学序説』誠信書房）

Festinger, L., & Carlsmith, J. M.（1959）Cognitive consequences of forced compliance. *Journal of Abnormal and Social Psychology*, **58**, 203-210.

Gigerenzer, G., & Selten, R.（Eds.）（2001）*Bounded rationality: The adaptive toolbox*. MIT Press.

Harmon-Jones, E., & Mills, J.（Eds.）（1999）*Cognitive dissonance: Progress on a pivotal theory in social psychology*. American Psychological Association.

Howard, J. A.（1989）*Consumer behavior in marketing strategy*. Prentice-Hall.

Isen, A. M., & Means, B.（1983）The influence of positive affect on decision making strategy. *Social Cognition*, **2**, 18-31.

Klayman, J.（1983）Analysis of predecisional information search patterns. In P. Humphreys, O. Svenson, & A. Vari（Eds.）, *Analyzing and aiding decision processes*. North-Holland.

Knox, R. E., & Inkster, J. A.（1968）Postdecision dissonance at post time. *Journal of Personality and Social Psychology*, **8**, 319–323.
Luce, M. F., Bettman, J. R., & Payne, J. W.（2001）*Emotional decisions: Tradeoff difficulty and coping in consumer choice, Monographs of Journal of Consumer Research, 1*. University of Chicago Press.
Matz, D., & Wood, W.（2005）Cognitive dissonance in groups: The consequences of disagreement. *Journal of Personality and Social Psychology*, **88**, 22–37.
Milliman, R. E.（1986）The influence of background music on the behavior of restaurant patrons. *Journal of Consumer Research*, **13**, 286–289.
Montgomery, H.（1983）Decision rules and the search for a dominance structure: Towards a process model of decision making. In P. C. Humphreys, O. Svenson, & A. Vari（Eds.）, *Analyzing and aiding decision processes*. North-Holland.
Montgomery, H.（1993）The search for a dominance structure in decision making: Examining the evidence. In G. A. Klein, J. Orasanu, R. Calderwood, & C. E. Zsambok（Eds.）, *Decision making in action: Models and methods*. Ablex.
Mowen, J. C.（1995）*Consumer behavior*, 4th ed. Prentice-Hall.
永井竜之介・恩藏直人・大嶋俊之（2016）「消費者の買い回り行動と感情――南町田グランベリーモールにおけるGPS調査を通じて（特集 感情とマーケティング）」『マーケティングジャーナル』**35**, 90–104.
永野光朗（1997）「消費者行動における状況要因」杉本徹雄編『消費者理解のための心理学』福村出版
大久保重孝・諸上詩帆・竹村和久・藤井聡（2004）「感情が情報検索に与える影響の実験研究――アイカメラによる過程追跡を用いて」『2004「エンタテインメント感性」ワークショップ講演論文集』14–19.
大槻博（1991）『店頭マーケティングの実際』日本経済新聞社
Payne, J. W.（1976）Task complexity and contingent processing in decision making: An information search and protocol analysis. *Organizational Behavior and Human Performance*, **16**, 366–387.
Payne, J. W., & Bettman, J. R.（2004）Walking with the scarecrow: The information-processing approach to decision research. In D. J. Koehler, & N. Harvey（Eds.）, *Blackwell handbook of judgment and decision*. Blackwell Publishing.
Payne, J. W., Bettman, J. R., & Johnson, E. J.（1993）*The adaptive decision maker*. Cambridge University Press.
西道実（2000）「消費者の非計画購買過程」竹村和久編『消費行動の社会心理学――消費する人間のこころと行動』北大路書房
Simon, H. A.（1957）*Administrative behavior: A study of decision-making processes in administrative organization*. McMillan.（松田武彦・高柳暁・二村敏子訳，1989『経営行動――経営組織における意思決定プロセスの研究 新版』ダイヤモンド社）
竹村和久（1986）「意思決定ストラテジー実行におけるメタ認知過程モデル」『同志社

心理』**32**, 16–22.

Takemura, K.（1993）Protocol analysis of multistage decision strategies. *Perceptual and Motor Skills*, **77**, 459–469.

竹村和久（1996a）『意思決定の心理 —— その過程の探究』福村出版

竹村和久（1996b）「意思決定とその支援」市川伸一編『認知心理学 4 思考』東京大学出版会

竹村和久（1996c）「ポジティブな感情と社会行動」土田昭司・竹村和久編『感情と行動・認知・生理 —— 感情の社会心理学』誠信書房

竹村和久（1997a）「消費者の情報探索と選択肢評価」杉本徹雄編『消費者理解のための心理学』福村出版

竹村和久（1997b）「思考・判断と感情」海保博之編『「温かい認知」の心理学 —— 認知と感情の融接現象の不思議』金子書房

Takemura, K.（2014）*Behavioral decision theory: Psychological and mathematical descriptions of human choice behavior*. Springer Books.

Takemura, K.（2019）*Foundations of economic psychology: A behavioral and mathematical approach*. Springer Books.

◆ 第 12 章

平野和彦・若林和男・野村昌敏・池田千登勢（2004）「ユニバーサルデザインの考え方と商品開発プロセス」『映像情報メディア学会誌』**58**, 1360–1363.

海保博之編（1991）『わかりやすいマニュアルをつくる —— 企画から評価まで』日本規格協会

吉川肇子（1999）『リスク・コミュニケーション —— 相互理解とよりよい意思決定をめざして』福村出版

人間生活工学研究センター（2003）『電子データブック 日本人の人体計測データ 1992～1994』社団法人人間生活工学研究センター

Norman, D. A.（1988）*The psychology of everyday things*, Basic Books.（野島久雄訳, 1990『誰のためのデザイン？ —— 認知科学者のデザイン原論』新曜社）

Sanders, M. S., & McCormick, E. J.（1987）*Human factors in engineering and design*, 6th ed. McGraw-Hill.

Wogalter, M. S.（2003）*Providing cognitive support with technology-based warning systems*, proceedings of the 15th triennial congress of International Ergonomics Association.

Wogalter, M. S., Dejoy, D. M., & Laughery, K. R.（Eds.）（1999）*Warnings and risk communication*. Taylor & Francis.

横溝克己・小松原明哲（1991）『エンジニアのための人間工学 改訂』日本出版サービス

事項索引

(用語が本文中でゴシック体になっている頁を太字で示した)

アルファベット

ア　行

カ　行

サ　行

タ　行

ナ　行

ハ　行

マ　行

ヤ　行

ラ・ワ行

人名索引

タ 行

ナ 行

ハ 行

マ 行

ヤ・ラ行

●著者紹介
山口 裕幸（やまぐち ひろゆき）
京都橘大学総合心理学部教授，九州大学名誉教授
髙橋　潔（たかはし きよし）
立命館大学総合心理学部教授，神戸大学名誉教授
芳賀　繁（はが しげる）
株式会社社会安全研究所技術顧問，立教大学名誉教授
竹村 和久（たけむら かずひさ）
早稲田大学文学学術院教授

ARMA
有斐閣アルマ

経営とワークライフに生かそう！
産業・組織心理学 改訂版
Industrial/Organizational Psychology: Toward Effective Management and Quality Work Life, 2nd ed.

2006年 4月15日　初　版第1刷発行
2020年 3月15日　改訂版第1刷発行
2024年11月10日　改訂版第5刷発行

著　者　山口裕幸
　　　　髙橋　潔
　　　　芳賀　繁
　　　　竹村和久

発行者　江草貞治

発行所　株式会社 有斐閣
郵便番号 101-0051
東京都千代田区神田神保町 2-17
https://www.yuhikaku.co.jp/

印刷・株式会社精興社／製本・大口製本印刷株式会社

ISBN 978-4-641-22154-3